国家社科基金项目"转型期中国消费文化创新的价值选择和现实路径研究"（项目号：2012CZX011）结项成果

当代中国消费文化

创新研究

DANGDAI ZHONGGUO XIAOFEI WENHUA
CHUANGXIN YANJIU

李雨燕 著

人民出版社

目　　录

序　言

改革开放 40 多年来,我国取得了举世瞩目的巨大成就,中国成为世界第二大经济体,人民生活水平显著提高。人民群众的消费规模不断扩大,消费需求日趋多元,消费结构持续优化升级,整体上实现了从满足温饱的"生存型"向"发展型"和"享受型"消费的转变。尤其是党的十八大以来,中国特色社会主义发展进入了新时代,人民群众对美好生活的需求更加迫切,内容更加广泛。人民的经济底气更加夯实,消费发展更加迅速。消费对经济增长的基础性作用不断增强。我国已成为世界第一大网络零售市场、第二大消费品市场。党的十九大报告多处提及消费,包括培育新增长点、形成新动能、完善促进消费的体制机制等,商务部还制定了"2018 消费升级行动计划",可见,我国已经将促进人民群众消费升级作为当前经济发展的重要目标,充分体现了以"人民为中心"发展的情怀,也标志着中国人民迎来了消费新时代。但是,随着西方消费社会的发展和中国社会的转型,中西方消费文化、传统与现代消费文化的融合和冲突愈演愈烈,我国消费文化呈现出纷繁复杂的景象,制约着人们的生活和社会发展。如何在多元消费文化中实现创新、用科学的消费文化引导人们的社会生活,已经成为当代中国社会建设新的重大课题。

一、问题的提出

随着中国的改革开放和西方消费主义文化的侵入,我国的消费文化呈现出明显的消费主义特征。今天,我们的周围被不断增长的物质和服务、各种各样的商贸大厦、遍布大街的精美橱窗、随处可见的商业广告所包围，"消费至上""我买故我在""消费带来幸福"成了一些人的人生信条。人们购买不再是因为"需要"而是因为"想要"，不是为了"使用"而仅为了"占有"。炫耀性消费、奢侈性消费、"符号消费"的势头愈演愈烈。中国的奢侈品消费市场不断扩大，正成为世界上最大的奢侈品消费市场。"花明天的钱圆今天的梦"的超前消费观念早已被广大年轻人所接受，在"年轻，就是花呗"等此类广告语的煽动下，各种超前消费、网贷消费乃至"裸贷"消费也屡见不鲜。还有一次性用品消费、过度包装等影响生态环境的消费比比皆是。这些消费观念和消费行为的存在不仅导致人们的价值观念扭曲，产生人的异化，同时还带来严重的生态环境问题，威胁人与自然的和谐。

同时，受传统节俭消费观念的影响，我国居民储蓄意愿强，中国是世界上储蓄率最高的国家之一，居民消费意愿不足，消费对增长的贡献率很低，而高储蓄率必然带动高投资，呈现"高储蓄、高投资、低消费"的特征。从个人来看，传统的节俭观念在一定程度上压制了人的合理需要，个人消费不足会影响消费升级和人的全面自由发展；从社会经济发展来看，这种模式不再适合我国新时代经济发展的要求，内需的不足难以支撑中国经济的可持续发展，必将妨碍人民群众美好生活的实现。中国传统消费文化也不能适应新时代中国特色社会主义发展的新要求，亟须进行现代化创新。

此外，与城市和发达地区的奢侈繁华相对照，在我国偏远的农村和西部贫困地区，贫苦群众还处于脱贫攻坚阶段，温饱问题才刚刚得以解决，消费只能满足最基本的生存需要，所谓"极简主义"只是他们迫不得已的选择。消费差距的不断扩大威胁社会和谐发展和全面小康社会的实现。如何营造更加公平合理的消费环境和制度环境，保障消费公平和共享发展，防止落入"中等收入陷阱"也成为消费文化创新亟待解决的重要问题。

可见，新时代呼唤新的消费文化。中国特色社会主义消费文化不应是西方消费主义文化的翻版，也不是中国传统消费文化的再版。中国特色社会主义需要一种符合中国实际，适应时代发展的新的消费文化。可如何在批判中创新，在创新中建构？中国消费文化创新应该坚持怎样的价值取向？

怎样实现消费文化的经济合理性、伦理合理性和生态合理性的统一？如何才能实现中国消费文化的创新？等等,这些是新时代赋予广大学术研究者的新使命。

二、研究目的和研究意义

本研究立足新时代中西方消费文化交流交锋、传统与现代消费文化冲突碰撞的现实,坚持以"人民为中心"的价值立场,探讨新时代中国消费文化创新的价值选择和现实路径,旨在倡导正确的消费观念和消费方式,引导人们走向健康合理的消费,最终达到抵制西方消费主义文化的侵蚀,推动人民群众消费升级,促进经济持续健康发展的目的。

在消费全球化,中国特色社会主义进入新时代的今天,进行新时代中国特色社会主义消费文化的研究具有重要的理论意义和现实意义。

本研究具有重要的理论意义。本研究立足新时代中国特色社会主义的基本国情,回应现实问题和理论关切,探索新时代中国特色社会主义消费文化创新的规律、价值立场、价值取向及路径等问题具有重要的学术价值。

本研究具有重要的现实意义。一是消费文化是文化的组成部分,是国家软实力的一种体现。构建一种适合新时代中国特色社会主义的消费文化有利于彰显民族国家形象、增强国家软实力、实现文化强国。本研究细化了文化研究的范围,给文化研究者提供了可供参考的视角。二是新时代中国特色社会主义消费文化的创新有利于促进消费结构升级、扩大内需、缩小消费差距,推动消费公平,为实现"以人民为中心"的发展、促进人的全面自由发展开辟道路。本研究能为经济社会建设中如何坚持"以经济建设为中心"和"以人民为中心",防止落入"中等收入陷阱"提供决策参考。三是本研究还有利于给沉溺于消费主义泥潭不能自拔的人,尤其是青少年,以一壶清醒剂,使之明白消费的本质,树立正确的消费观念,自觉扬弃消费异化,选择健康合理的消费方式。

三、研究方法和研究思路

(一)研究方法

一是文本分析法。本研究从马克思经典著作中系统梳理马克思消费理论,阐释了消费与生产、消费与人的发展等辩证关系。同时,借鉴西方马克思主义法兰克福学派、后马克思主义和生态马克思主义等代表人物关于消费理论与批判理论的观点,参考当前中西方关于消费与人的发展理论的现有成果,为本文深入研究打下坚实的基础。

二是多学科综合分析法。消费文化的创新关乎到哲学、文化学、经济学、心理学等学科,本书以马克思主义基本原理为遵循,结合相关学科现有的理论成果,对消费与人的发展进行综合分析,力求在多学科视野中探讨中国消费文化的创新。

三是比较分析法。关于消费文化的研究必须具有全球视野。本书对西方消费文化、传统消费文化与现代消费文化进行了比较研究,旨在建构适合中国国情、既有民族特色又有时代特色的新时代中国特色消费文化。

(二)研究思路

本书立足新时代中国特色社会主义的现实背景,在多学科比较视野中界定了消费文化的内涵,通过梳理马克思主义的消费文化思想和西方消费文化研究的话语资源夯实理论基础;通过回顾传统消费文化的变迁厚实研究的历史根基,分析改革开放以来我国消费文化变革的原因,为当前消费文化的复杂性图景探索根源;通过描述当代中国消费文化的复杂图景和存在的问题,说明我国消费文化创新的必要性和紧迫性,最后分别从五个方面阐述消费文化创新的价值选择和现实路径。全文分为七章,具体如下:

第一章为消费文化概述。主要阐释与消费文化相关的基本概念,如消费、消费文化、消费主义等,并论述消费文化的基本功能。

第二章为消费文化研究的话语资源。充分挖掘了马克思主义经典著作中有关消费文化思想、梳理了西方学者对消费主义文化研究的主要理论成果,为研究我国消费文化创新奠定厚实的理论根基。由于马克思的经典著作中并没有就消费问题作集中系统的论述,因而马克思的消费文化思想在学术界并没引起充分重视,但是我们从其一系列著作中,梳理了马克思关于消费问题独特而精辟的见解,总结了马克思的消费文化理论,具有一定的新意。

第三章为中国传统消费文化的阶段性特征。主要从消费观念、消费方式、消费环境等方面梳理了传统农业社会、半殖民地半封建社会时期的消费文化以及我国建国初期计划经济时代的消费文化,分析了其基本特征。为当前消费文化创新的研究提供了传统消费文化基础。

第四章为我国传统消费文化向现代消费文化的转变。重点分析了我国改革开放以后,尤其是市场经济以来,我国消费文化发生变革的原因,其中从市场经济对消费文化的影响、全球化时代西方消费文化的冲击、"物的依赖性"时代人的生存境遇三个层面进行了详细的分析,其中从"物的依赖性"社会形式进行分析,体现了深度的哲学思考和较强的新意。

第五章为当代中国消费文化图景及其存在的问题。客观真实地总结了当前我国消费文化的现状以及存在的问题。针对我国消费文化领域中的纷繁复杂的现象,在大量的调查研究的基础上,分别从消费观念多元化、消费需求多层化、消费方式多样化、消费目的多重化四个方面总结出了我国当前消费文化的图景,指出了崇洋消费方式盛行、精神文化消费不足、居民消费差距较大、消费异化现象突出、生态消费意识不足等五方面的问题,说明了消费文化创新的必要性和紧迫性。

第六章为新时代中国消费文化创新的价值选择。明确指出了我国新时代消费文化创新的价值选择。这是本研究的一大亮点。消费文化创新的价值选择关系到消费文化的立场、取向、目标和创新路径,是消费文化创新的核心问题。本研究紧扣当前消费文化存在的问题,结合社会主义核心价值观和五大发展理念,以习近平新时代中国特色社会主义思想为指导,指出我国消费文化的创新要突出民族性的价值特色、坚守人民性的价值立场、突出公正性的价值取向、体现主体性的价值原则、凸显生态性的价值维度,实现了消费文化应该体现的经济合理性、伦理合理性和生态合理性的统一。

第七章为新时代中国消费文化创新的现实路径。详细探讨了新时代消费文化创新的现实路径,这是此研究的重点。本研究认为,消费是关乎经济、政治、文化及社会多重维度的问题,所以消费文化的创新也要从多个方面进行创新。围绕我国消费文化创新的价值选择,分别指出通过培育民族消费文化自信突出消费文化的民族价值特色;通过加快供给侧改革为广大人民群众提供高层次的物质文化产品,补齐服务业短板,促进人民群众消费升级;通过完善收入分配制度,缩小收入分配差距,扩大内需,促进消费公平;通过消费教育,培育合格消费主体,重新回归人的主体性,使消费成为人的自由全面发展的手段;通过正确理解可持续消费的内涵、培育可持续消费氛围、完善可持续消费政策、走可持续消费之路,达到绿色发展、建设社会主义生态文明的目的,实现消费文化的生态性价值。

第一章　消费文化概述

消费是日常生活中最重要的问题之一,作为人的活动,作为社会性的行为,消费涉及哲学、经济学等社会科学甚至自然科学领域。将消费问题纳入文化研究的视野,开始于人们自觉关注日常生活中消费领域问题,并将人们消费行为本身上升到文化的高度,自觉通过先进文化的规范影响消费者的层次和走向,旨在使消费成为人类获得幸福的手段和途径。关于消费和消费文化的内涵,学术界有众多讨论,本文首先对消费、消费文化、消费文化的功能等进行逐一论述。

第一节　消费的多重内涵

消费具有多重内涵,不同学科对消费有不同的理解。消费一词最早是在经济学意义上使用的。从经济学意义上看,其含义大致经历了三个演变阶段:

最早的消费是作为"浪费"的同义词,有"否定性的消耗"的意义。在中国古代,最早提到"消费"二字的人,是东汉的王符,他在《潜夫论·浮侈》中说奢侈品生产"既不助长农工女,无益于世,而坐食嘉谷,消费白日……"①。可见,"消费"这个词至少在一千八百年前就提出来了。但中国古人在谈到"消费"时,常常用"靡""文养""养生""食""穿衣吃饭"等词代替。在西方,前工业社会或是工业社会初期,这一时期处于资本的原始

---

① 王符:《潜夫论·浮侈》。

积累阶段,社会生产力水平相对较低,绝对稀缺制约着整个社会的发展。在《大不列颠百科全书》中,消费(consumption)其字面含义是"对货品和服务的最终消耗"。根据雷蒙德·威廉斯的研究,消费(consumption)是 14 世纪出现在英语中的,刚开始它含有"摧毁、用光、浪费、耗尽"等贬义。

近代工业化大生产以来,消费演变为与生产相对应的概念,意为使用物品和享受服务。此时资本主义的生产方式逐渐全面代替了封建社会的生产方式,从而释放出了巨大的生产力,人们通过劳动获得作为工资的货币,再拿货币去购买商品,从而把本来作为个人生活过程的消费纳入巨大生产系统的一部分。这种过程重复地进行着,千百万人能够通过消费拥有他们非常希望得到的工业文明产品,能够享受到由这些产品带来的方便和安逸。消费作为生产产品的去处,是整个经济过程的一个环节。在马克思看来,"生产直接是消费,消费直接是生产。每一方直接是它的对方"①,消费同生产一起,构成了经济流程中的一个必要的部分。

随着生产的发展,消费对生产的作用越来越大,以消费为主导,消耗性的消费变成了拉动经济增长的手段和社会可持续发展的核心动力之一。正如桑巴特在《奢侈与资本主义》中认为,奢侈品的普及促进了消费,给资本主义市场的发展提供了动力,因此资本主义发展的伦理精神是"奢侈"而不是"节约",消费的积极作用凸显出来。与以往将消费等同于"浪费"不同,这里的消费已经具有了肯定意义,成为社会发展的动力和彰显社会进步的标志之一。

除经济学之外,消费也是社会学、心理学、文化学、人类学、哲学等学科的研究对象。马克思说:"消费这个不仅被看成终点而且被看成最后目的的结束行为,除了它又会反过来作用于起点并重新引起整个过程之外,本来不属于经济学的范围。"②也就是说,我们把消费作为经济行为,仅仅是从"它会反过来影响起点",即影响生产,并引起整个经济过程变化的意义上说的。我们还可以看到消费在其他学科中的含义。

---

① 《马克思恩格斯全集》第 30 卷,人民出版社 1995 年版,第 32 页。
② 《马克思恩格斯全集》第 30 卷,人民出版社 1995 年版,第 30 页。

从社会学意义上看,消费不仅是一种以满足个人需要为目的的个人行为,同时也是一种能够表现某一群体特征的社会行为。每个消费者的消费行为受个人需要的支配,而个人的需要又取决于自然、经济、文化以及各种社会因素。在一般人看来,自己的消费是由自己决定的,包括消费什么、以何种方式消费都不会受别人左右。然而,消费社会学的研究发现,不同社会阶层、不同文化背景甚至不同职业或不同年龄的社会人群,有着彼此不同的消费特点,而处于同一分类层次上的人群却具有大致相同的消费特征。同时,从一定意义上说,现代消费还起着建构社会身份的作用。

从心理学上看,消费不仅是一种物质行为,而且是一种心理行为。在消费中始终伴随着各种情感的投入。从消极的意义上说,消费首先是摆脱因匮乏而导致的心灵的痛苦;而从积极的意义上说,消费不仅是为了追求快乐,而是消费过程本身就因驱走了匮乏而产生快乐的心情。消费过程是一种快乐的激发、快乐的流逝过程。愉快、高兴、爽的感觉是消费过程的常客。然而,因羡慕、嫉妒、虚荣等情感的活动,消费也经常引起恼怒、怨恨和失望的情绪。

从人类学角度看,消费对象本身就是使用价值、交换价值和符号价值或象征价值的结合。美国哲学家兰吉提出的"象征"概念使有关消费的研究发生了一次转折。在把象征纳入消费的分析之后,消费分析已不仅停留在宏观的社会制度层面的文化上,而是深入到常常被人们所忽视的日常生活深处,甚至是个体的潜意识深处,这样就拓宽了有关消费的研究范围,符号价值或象征价值也反映了人们在物质需求得到满足之后,对精神消费的更深层次的追求。

从哲学意义上看,正如生产、实践是人的存在方式一样,消费也是人的一种存在方式,是人们在一定的社会经济关系中借助这种社会经济关系所进行的物品或劳务满足自己生产和生活需要的行为和过程,它是人满足自身生存需要、进行自身再生产的途径之一。同任何其他动物一样,人需要从外界补充能量才能生存,因而他们都需要消费物质和能量。但是,由于人们的消费是在一定的社会关系中进行的,所以消费是社会生产关系的一个重要方面,具有社会和历史的规定性。这是人和动物的根本不同。动物的生存与自然界是直接同一的,而人的生存则不仅仅是一个生物学的事实,人具有与动物不同的超自然的生存方式:人的生存方式是社会的、历史的,消费者不是作为一个孤立的个体来追求自己的消费方式,而是往往根据社会的消费取向或效仿他人的消费样式来确立自己的消费趋向和消费行为。动物是直接消费自然界,而人则直接消费自己的劳动产品;动物的消费是封闭的和不可改变的,它的消费方式和消费对象是由物种的本性决定的,而人的消费方式和消费对象则是开放的、并随着生产和实践的发展而历史地变化。

在现代社会,温饱问题解决之后,消费本质上已经成为文化现象,超越生理需要之上的消费品和消费行为越来越以表达意义的象征和表征的符号体系而出现。今天的消费承载着人的心理需求、社会期望和宗教性的关怀等任务,这远远超出了经济学的范围,具有深刻的社会文化内涵,"消费过程不仅是商品的交换价值和使用价值实现的过程,而且也是商品的社会生命和文化生命的形成、运动、转换和消解的过程。换句话说,消费不但是物质生活过程,而且也是文化、交往和社会生活的过程。消费在物理意义上消解客体的同时,也在社会和文化的意义上塑造主体,并因此找到了使个体整合到社会系统中去的媒介。消费是生活的'辩证法',它使某种东西(如商品)消失,同时又使其他东西(如自我与社会认同)产生。所以,现代消费不再主要是受生理因素驱动的! 也不单纯是由经济决定的! 而是更带有社会、心理象征的意味,是一种个性、身份和关系的建构手段"①。鲍德里亚认为,现代消费不再是同生产方式相反的一种消极的吸收和使用的方式,而是一种积极的建立关系的方式,消费者借此与这个世界产生密切的联系,获得认同感。现代消费是一种特殊的社会交往活动,人们越来越依赖通过消费这个手段来使个体在整个社会中获得较好的心理定位和认同感。米勒在剧本《代价》第一幕中说"许多年前,一个人如果难受,不知如何是好,他也许上教堂,也许闹革命,诸如此类。今天,你如果难受,不知所措,怎么解脱呢?去消费!"可见,消费成了逃避不幸,寻找自我感和认同感的一种手段,甚至

① 王宁:《消费社会学——一个分析的视角》,社会科学文献出版社2001年版,"绪论"第1页。

超过了宗教和政治的力量。

从现代消费主体来看，"消费者不单单是一个'经济人'，而是一个具有多重角色的人，甚至一个充满矛盾的人。消费者可以同时是理性选择者、意义传播者、生活方式的探索者、认同寻找者、快乐主义者、商品消费的牺牲者、反叛者、活动主义者和公民"①。从现代消费的对象来看，今天的消费不仅消费商品的使用价值，而且消费商品的"符号价值"。在现代社会，由于广告的创造，大众传媒的宣传，消费品被打上了文化的烙印，消费品本身具有了符号价值。消费品自身的设计、造型、品牌、色彩、图案、包装等外在特征显示出的独特性，传递着消费品本身所固有的格调、档次和美感等信息，使之具有符号价值，并越来越成为彰显个体财富、权力、地位的重要指标，社会越来越通过所消费的而不是生产的东西来辨认"他是谁"。也就是说，与传统的消费不同，现代消费本身就构成了一种有意义的领域，它把消费与文化混同起来，通过消费来表达自我意志，这就是一种消费文化。于是，对物品的选择，表面上是满足物质需要，实际上是为了满足价值需求，通过寻找依附于这些物品上的那些社会价值以及社会意义达到自我构建、自我表达和自我认同，甚至显示高贵身份和显赫地位的目的。

就消费的分类而言，消费可以分为生产消费和生活消费两种。生产消费是指人们在物质资料的生产过程中对原材料的耗费、劳动力的耗费以及对生产工具的磨损，所以它是在生产领域中进行的，与生产具有直接的同一性，"直接与消费同一的生产，直接与生产合一的消费，称做生产的消费"②。生活消费是指人类为了生存和发展以及劳动力的再生产而进行的对生活资料的消费。生活消费属于最终消费，产品一经生活消费，其原有的使用价值便消失了。这也是马克思所讲的"原本意义上的消费"，是一种"被理解为起消灭作用的与生产相对的对立面"。③ 就消费行为的构成而言，主要包括个人（家庭）消费行为和公共消费行为。个人（家庭）作为消费者，其消费行

---

① 王宁:《消费社会学——一个分析的视角》，社会科学文献出版社 2001 年版，"绪论"第 2 页。

② 《马克思恩格斯选集》第 2 卷，人民出版社 2012 年版，第 690 页。

③ 《马克思恩格斯选集》第 2 卷，人民出版社 2012 年版，第 8 页。

为通常是由个人的消费目的、消费手段和消费支出构成并由之而表现出来的。公共消费行为通常是指由国家、政府和社会团体组织的某些消费,它同样也是通过消费动机、消费方式等表现出来的。由此可见,消费涉及的内容很广,不仅有消费的范围问题,而且与消费的主体构成、消费者的消费目的、消费动机和消费方式的诸多问题紧密相关。本文中的消费主要是指人们的生活消费,并且主要是指个人的生活消费。

消费的多重含义说明,消费不仅仅是一种经济现象,更是一种复杂的、综合性的经济、社会、政治、文化和心理现象,而且直接就是一种道德实践行为。消费是一把"钥匙",它可以从经济生产过程四环节的末端反馈、开启整个链条;消费是一面"镜子",它也可以折射出文化与社会生活的许多"秘密"。因而,王宁指出:"消费所隐含的意义远远超出了经济学和市场营销所能把握的范围;对消费与消费者,不但应该而且也迫切需要从社会学以及其他社会科学分支的角度来进行研究。"[1]如果我们对消费作一个界定的话,消费可以被描述为:人们在一定的社会经济关系中借助这种社会经济关系所进行的用物品或劳务满足自己生产和生活需要的行为和过程。由于人们的消费是在一定的社会关系中进行的,所以消费是社会生产关系的一个重要方面,具有社会和历史的规定性。这意味着,人的消费行为与动物消费行为具有根本的不同,动物的消费行为只是个体单独的行为,而人的消费行为不仅是个人单独的事,更重要的是在与他人的社会经济关系中展开的;消费者不是作为一个孤立的个体来追求自己的消费方式,而是根据社会的消费取向或效仿他人的消费样式来确立自己的消费趋向和消费行为。

第二节　消费文化的内涵

在解释消费文化的内涵之前,本文先对"文化"这一对人类影响深刻,古今中外众说纷纭,莫衷一是的概念稍作梳理,以便更好地理解消费文化。

---

[1]　王宁:《消费社会学——一个分析的视角》,社会科学文献出版社 2007 年版。

从词源上看,在中国语言系统中"文""化"二字早已有之。其一,"文"其本义是"各色交错的纹理"。如"物相杂,故曰文"①。"五色成文而不乱。"②《说文解字》对"文"的解释是"错画也,象交叉"。后来,"文"引申为包括语言文字在内的各种象征符号,也具体化为文物典籍、礼乐制度等。如:"伏曦画八卦,造书契,由是文籍生焉。"③其二,"文"与"质""实"并用,引申为人为修养之义。如"质胜文则野,文胜质则史,文质彬彬,然后君子"④。其三,"文"引申为美、善、德行之义。如"礼减而进,以进为文"⑤,"文命敷于四海,祗承于帝"⑥。"化",原意为改易、生成、造化。如"化而为鸟,其名曰鹏","可以赞天地之化育"⑦,等等。可见,今天我们将"变化"连用,就是取"化"的变易之义,"教化"就是取"教行迁善"之义。

"文""化"二字连用首先出现在《周易》中:"观乎天文,以察时变;观乎人文,以化成天下。"⑧这里,文化仅仅指观察人类社会的规律以寻求教化民众的意思,这是中国最早的关于文化的内涵,并没有今天的宽泛语义。

据统计,今天关于"文化"一词的定义已多达 200 多种。最通俗的是金山词霸中对文化的解释:"人类所创造的财富的总和,特指精神财富,如文化、艺术、教化、科学。"《中国大百科全集》对"文化"的定义是:"文化即人类在社会实践过程中所获得的能力所创造的成果。"这一表述更为清晰和明确。在《中国大百科辞典·七》对"文化"的解释:"文化,广义指人类在社会历史过程中创造的物质财富和精神财富的总和。狭义,则指精神生产能力和精神产品。"⑨这一定义基本上综合了国内外多种文化定义,是"文化"内涵的综合性理解。

---

① 《易·系辞下》。
② 《礼记·乐记》。
③ 《尚书·序》。
④ 《论语·雍也》。
⑤ 《礼记·乐记》。
⑥ 《尚书·大禹谟》。
⑦ 《礼记·中庸》。
⑧ 《易·贲卦·象传》。
⑨ 中国大百科辞典编委会编著:《中国大百科辞典·七》,中国大百科出版社 2002 年版,第 1 页。

西方学界对文化的研究比我国要晚,但是其定义和方式很多。文化的词源为拉丁文的 cnturao,本义是耕作、培养、教育、发展出来的事物,是与自然存在的事物相对而言的。

美国文化学家克罗伯(A.L.Kroeber)和克拉克洪(C.Klackhoha)对西方1871—1951 年期间多达 164 种定义进行清理和综合,给"文化"下了一个定义:文化由外显的和内隐的行为模式构成,这种行为模式通过象征符号而获取和传递;文化代表了人类群体的显著成就,包括他们在人造器物中的体现;文化的核心部分是传统的(即历史的获得和选择的)观念,尤其是他们所带来的价值;文化体系一方面可以看作是活动的产物,另一方面则是进一步活动的决定因素。这一定义比较准确地揭示了文化的基本表现及其实质,是对文化内涵的综合性、概述性理解。

可见,由于从不同的学科角度出发,对"文化"二字的理解也有所不同。但是,文化的基本特质表现为以下几点:一是文化是人所创造的,是人类所特有的范畴;二是文化是可以传承、延续和发展的,文化的发展演化具有积累性和渐进性;三是文化是可以影响人的个人心理状态、身心素质和能力形成与发展的客观实在,文化又是个人可以认知、提炼和习得的;四是文化的核心是价值观念。

将消费问题纳入文化研究的视野,就是自觉地关注人类消费领域中的问题,并按其本性将消费上升到文化的高度,从而形成了消费文化,消费文化是人类文化的重要组成部分。

从广义上看,消费文化是指在一定的历史阶段中,人们在物质生产与精神生产、社会生活以及消费活动中所表现出来的消费理念、消费方式、消费行为和消费环境的总和。

我国学者对消费文化的研究始于 20 世纪 80 年代。尹世杰教授最早指出要为消费文化正名,倡导建立消费文化学;于光远、李左人等学者开始了消费文化的探讨。《消费经济》杂志也刊出了一系列文章论述消费文化。自 1992 年起,消费文化的研究引起了社会各界的共鸣。目前已经在经济学、文化学、社会学、伦理学、哲学、心理学等学科开展了研究,并取得了丰硕的成果。

一是从经济学角度定义消费文化。尹世杰指出："消费文化是消费领域中人们创造的物质财富和精神财富的总和，是人们消费方面创造性的表现，是人们各种合理消费实践活动的升华与结晶。消费文化包括优美的自然环境、人文环境，人们精心创造的实物生活资料和精神文化产品，以及富有创造性的有利于人的身心健康的消费行为。"①在他看来，消费文化可以分为物质消费文化、精神消费文化与生态消费文化。这一概念侧重于对消费品的阐述。

二是从社会学的角度定义消费文化。王宁认为："消费文化是伴随消费活动而来的，表达某种意义或传承某种价值体系的符号系统。这种消费符号不同于一般意义上的满足需求的自然性、功能性消费行为，它是一种符号体系，表达、体现或隐含了某种意义、价值或规范。"②邓向阳指出："消费文化是人们在长期经济生活中所形成的对消费的一种稳定性的共同信念，即约束居民消费行为或消费偏好的一种文化行为规范。"③这类概念更注重消费观念。

三是从文化学的角度定义消费文化。杭爱明认为："消费文化是某一社会成员在消费方面内在的和外在的行为规则，它广泛涉及某一社会成员的消费价值观念、消费心理、消费知识及其外在的反映诸如消费模式、消费习俗及具体消费行为等等。"陈江文则认为，消费文化是在社会消费活动中表现出来的各种文化特征的总称，它包括消费文化的主体性要素，构成消费文化的社会背景因素以及影响消费行为发展的社会文化因素，等等。④

在西方语境中，消费文化一般被理解为"消费主义文化"。20世纪40至50年代，法兰克福学派从反思的角度对消费主义文化进行了研究和批判。法兰克福学派的一些成员发现，在大众文化的影响下，消费所具有的社会政治和文化功能日益显现。如霍克海默、阿多诺、马尔库塞以及弗洛姆等

① 尹世杰：《加强对消费文化的研究》，《光明日报》1995年4月30日。
② 王宁：《消费社会学——一个分析的视角》，社会科学文献出版社2001年版，第144页。
③ 邓向洋：《论社会主义市场经济消费文化建设》，《理论月刊》2002年第12期。
④ 参见陈文江：《消费文化对现代社会文化发展的影响》，《科学·经济·社会》1995年第2期。

人,其中马尔库塞是最早提出"消费社会"概念的思想家,他们敏锐地感知到了商品化的力量正在向社会的精神和文化领域中渗透,消费与资本主义生产关系、资产阶级意识形态之间存在着本质关联,资本主义的统治方式也因此发生了重要改变,从对生产过程的控制转向了对消费过程的控制,通过这种控制,资产阶级向消费者灌输虚假意识并操纵了他们的行为,从而保证了资本主义的稳定。他们写了大量的著作如:霍克海默的《现代艺术与大众文化》(1941)、阿多诺的《论音乐的拜物性和听觉退化》(1943)与《无线电音乐的社会批判》(1945)、阿多诺与霍克海默合著的《启蒙辩证法》(1944)、马尔库塞的《爱欲与文明》(1955)、《现代文明与人的困境》(1958)以及后来出版的《理性与革命》(1960)和《单向度的人》(1964)、弗洛姆的《对自由的畏惧》(1942)和《健全的社会》(1955),在这些著作中,他们提出了著名的"虚假需求"与"消费异化"等批判性命题。总的来说,他们对发生在现代文化和商品领域中的消费异化持一种悲观态度,认为人的理性的"否定性"力量会逐渐被"单向度"所削弱,人成为肯定的、单向度的人。同时,在弗洛姆、马尔库塞、费斯克那里,消费主义批判和消费社会及其相关的大众文化成了批判的重要内容,他们集中批判了生产结构对人的控制。

西方学者还将消费文化理解为与"技术社会""后工业社会""后现代社会"相适应的"后现代消费文化"。如对后现代社会有着深刻洞见和批判的鲍德里亚在《消费社会》中就将消费文化理解为后现代文化。他指出:"所谓消费文化是指不是为了实际生存需要的满足,而是追求被文化形式所不断制造出来的欲望的满足的生存方式和价值观,它具体表现为把占有更多的物质财富和消费更多的高档商品作为人生成功的标志,并以此为生存意义的源泉和人生的价值尺度。消费文化所表征的是人们被刺激起来的消费欲望,而消费欲望的意识必须在一定的文化价值系统中才能获得合法性。"[①]迈克·费瑟斯通在《老年与不平等:消费文化与中年的重新定义》(1981)中,第一次将消费(consumer)与文化(culture)联系在一起使用,创造

---

① [法]让·鲍德里亚:《消费社会》,刘成富、全志钢译,南京大学出版社2000年版,第25页。

出了"消费文化"(consumer culture)这一概念,他用此来强调商品化社会及其结构化原则对于当代社会来说具有核心地位,消费文化就是消费社会中的文化。他在《后现代主义与消费文化》中指出:"消费文化顾名思义,即指消费社会的文化,它基于一个这样的假设,即认为大众消费运动伴随着符号生产,日常体验和实践活动的重新组织。"①"消费文化是 20 世纪后半叶出现在欧美社会的物质文化的一种特殊形式。"②他还指出:"鲍德里亚的消费文化,实际上就是后现代文化。"③

　　关于消费主义文化兴起的原因,主要有以下说法:一是认为消费主义的历史滥觞于 19 世纪。1899 年,凡勃伦针对当时美国新兴上流社会的消费至上心理,写了著名的《有闲阶级论》一书,他着重分析了暴发户的消费模式及其形成的社会和文化机制。在他看来,由于暴发户的财富都是新近获得的,为了赢得社会的承认和博取自我荣誉,他们竭力模仿欧洲的贵族,从事"炫耀性消费"。后来,德国社会学家西美尔在《时尚的哲学》《都市与心理生活》等论著中考察了 20 世纪初新的消费模式与城市化之间、消费与社会时尚之间的关系。尽管他们的著作中没有出现"消费社会"一词,但是,他们的研究已经涉及消费与生活方式,阶级分层、日常生活审美体验的关系等若干问题,从他们的著作中已经可以看到"消费"一词向文化含义上的转变。二是认为消费文化可以追溯到 18 世纪的英国资产阶级以及 19 世纪的英国、法国和美国的工人之中,认为当时的广告、百货商店、度假胜地、大众娱乐及闲暇的发展是消费文化的起源。三是认为美国在两次世界大战期间已经显露出消费文化发展的征象,尤其是 1929 年经济危机之后,由于凯恩斯主义的推动,超前消费盛行,美国信用制度从制度上催生了消费主义,广告、电影业、时尚和化妆品生产、交相传阅的杂志等,一系列的消费文化广泛地传播开来,美国成为在太阳还未升起的时候就开始购物的国家。

①　[英]费瑟斯通:《消费主义与后现代主义》,刘精明译,译林出版社 2000 年版,第 125 页。
②　[英]费瑟斯通:《消费主义与后现代主义》,刘精明译,译林出版社 2000 年版,第 165 页。
③　[英]费瑟斯通:《消费主义与后现代主义》,刘精明译,译林出版社 2000 年版,第 125 页。

　　综合来看,消费主义文化形成的原因主要有三个:一是资本主义社会的商品生产不断增加,物质财富日益丰富;二是生产效率不断提高,大众休闲的时间日益增多,人们有了更多自由时间参与消费和休闲娱乐活动;三是大众传媒的发展及其对消费主义生活方式的建构。人们在积极构建生活方式融入消费文化的同时,媒介宣传的生活,如成功、精致、美好等可能引发人们去探索全新的生活体验,享受个性化的自我生活。正如:"生活方式的建构意味着,一个人的体态、外貌和消费品的休闲活动等可以积极地融入一个具有鲜明特色的庞然整体。"①

　　我们认为,消费文化与消费主义(文化)截然不同。消费主义是在消费取代生产占据社会主导地位的背景下,将本用来满足人的需要的手段的消费视为人生的根本目的,通过消费(占有物或是享受某种服务)来彰显自我的价值和建构自我身份的一种文化价值观念,以及在这种价值观念指导下的人的行为实践。消费主义的核心是"以物为本",其最为重要的特征就是消费不在于满足人的需要,而在于不断追求难以满足的欲望,消费追求的不仅是物的使用价值,更重要的是追求物的"符号价值"。并且,从根本上讲,作为文化意识形态的消费主义从属于资本运行的逻辑,使人在不断被刺激出来的消费活动中异化为资本增值的工具。消费主义将消费的社会文化含义发挥到了极致,甚至脱离了消费的基本内涵。成为一种为消费而消费的文化。

　　综上所述,本研究是在广义上使用消费文化的概念,借用杨槐和董雅丽对消费文化的结构划分:"消费文化包括三个层面:表层,即物质层,包括各类物质产品和劳务,是消费文化中的物质文化;核心层,即观念层面,是消费的指导思想,消费价值取向、基本价值观念、消费目标追求和道德观念等,是消费文化的精神文化;连接层,即制度层面,包括消费环境、消费的组织架构、消费的具体方式和消费的规范力量等,是消费文化中的制度文化。"②本

---

① 〔英〕迈克·费瑟斯通、〔日〕玉利智子:《消费文化与中国饮食在英国》,《江西社会科学》2007 年第 8 期。

② 杨槐、董雅丽:《消费文化——从现代到后现代》,中国社会科学出版社 2003 年版,第 23 页。

文重点论述的是消费文化的核心层即消费价值观念,当然在消费文化的建构中,会论及消费文化的其他层面,尤其是消费文化中的制度文化。

第三节 消费文化的功能

消费文化作为文化的一个分支,也具有文化的功能和价值。就个人而言,消费文化起着塑造个人消费心理、规范个人消费行为,实现社会化的功能;就团体而言,消费文化起着目标、规范、意见和消费行为整合的作用;对于整个社会而言,消费文化起着社会整合和社会导向的作用。这三个层面既相区别又相联系。

一、消费文化的导向功能

在消费社会中,人类创造的物质成果和精神成果都通过消费的形式展示出来。消费对象不再是单纯的物质性产品,而是物质与非物质性共存的具有一定文化价值的产品。消费者以其所受文化影响来判定消费对象的价值,对物品的消费是人际关系在经济生活中的体现。消费者的心理需要、消费态度以及消费的价值取向等对于消费行为产生十分重要的影响。任何个体都有一定的消费观念,并且在消费观念的影响之下开展消费活动。消费观念不仅包含人们对于消费的基本态度和追求,更包括深层次上的消费与人的生存发展的关系,以及消费与社会风气间关系的认知。

消费文化的引导功能体现在两个方面:就个人而言,消费文化能促进个人全面发展。人们消费的结构及规模通常与经济条件相关,收入水平较高者能够消费的产品种类和数量往往区别于收入水平较低者。但收入水平趋同者之间的消费差异却源自消费文化,受消费文化所倡导的消费观念、消费倾向影响。合理的消费文化正如一束精神之光,引导消费者远离攀比消费、炫耀消费等庸俗消费,而在经济能力范围之内选择能帮助我们陶冶情操、提升综合素质的高尚消费。当我们在健身房锻炼身体而不是躺在昂贵沙发上浪费闲暇时光,当我们通过书本、电子产品获取知识信息而不是沉溺于盲目地购买华丽却并不实用的产品,当我们行走在世界各地体会不同的风土人情而不是在酒吧里醉生梦死,我们就是在享受消费文化带给我们的美好生活。消费文化有助于人的身心健康,对于促进人的全面发展有着重要的作用。就社会而言,健康的消费文化能引导良好社会风气。作为体现社会文明程度的社会风气,集中展示了社会整体的价值导向。充斥社会生活方方面面的消费是社会生活的重要部分,消费文化作为社会精神文明在消费领域的体现,它作用于消费而成的消费风气更直接影响整个社会的风气。在健康的消费文化影响之下,人们的消费理念更加健康合理,审美情趣获得提升、消费素养大大提高、精神世界更加开阔。公众的道德水平能够得到整体的提高,更多地选择健康的消费方式。因此,消费文化引导良好的社会风气,促进社会和谐,并助推社会精神文明建设。

二、消费文化的整合功能

从历史和现实来看,在消费领域,由于消费水平、价值理念、社会群体等的不同,奢侈与朴素、文明与粗鄙消费的碰撞,使得消费文化也变得多种多样,消费者之间必然会存在一定的隔阂和矛盾,不同群体之间存在认同困境。多种消费文化的相互碰撞与融合,并在此基础上曲折发展,从而形成正确的符合大众需要的文化,以此来引领人们的价值取向,指导人们生活。消费文化是人们在生产、生活和消费中形成并被广泛认可的文化,因而是由广大人民群众所共同建设的。各种形式的消费文化在不断交互碰撞中促进消费文化整体发展,能够促使社会成员形成共同的价值追求,协调不同因素之间的矛盾和冲突,从而形成较强的社会凝聚力,为人们提供积极的消费指向。一是整合社会意识。物以类聚,人以群分。生活方式一致的人更容易形成一个群体,作为生活方式组成部分的消费方式的不同也形成了不同的社会群体,通过消费加强身份的认同。消费受个体的生理需要驱动,受经济水平制约,同时也受社会环境与文化影响。消费文化决定我们消费什么、如何消费,并因此影响个体身份的确立。比如资本主义社会以追求最大剩余价值为目的,为扩大消费加速资本的流通而不断制造消费需要,在这种社会环境下形成的消费文化是与资本主义意识形态相匹配的。社会主义社会的消费文化则是以满足社会需求为目的,与社会主义的意识形态相适应。处于不同消费文化之下的人们具有不同的价值认同,不同的群体认同不同的消费文化。而同一消费文化之下的群体社会意识趋同,强化了内部整合。二是稳定社会秩序。区别于法律法规等社会机制以强制性的手段维持社会秩序,消费文化是在潜移默化间对人们的消费心理产生影响,并进而影响人们消费对象的选择及消费行为。人们通过消费文化可以明了什么样的消费观念才是正确的,什么样的消费方式和行为才是被大众所认可和接受的,并在此基础上展开消费生活。与此同时,消费文化影响之下公众眼界更加开阔,对于新事物的接受程度也更高,面对社会发展中出现的一些新形势和新问题时更加坦然。消费文化以其所具有的整合功能弥补社会发展过程中存在的负面效应,起到稳定社会秩序的积极作用。

三、消费文化的动力功能

消费文化的动力功能,主要体现在消费文化对于社会经济发展的推动上。一方面,从生产和消费的关系来看,社会生产为消费者提供消费的对象,有生产就必须有消费,只有通过消费才能产生一定的利润,生产才能最终完成。而从人们的消费活动中形成的消费文化,能够反作用于消费,而作为社会总生产重要环节的消费,又能在此基础上促进社会总生产的发展,从而维持社会经济的正常有序运转。另一方面,从经济基础和上层建筑的关系来看,消费文化作为一种消费领域的观念,促进消费者间形成积极的消费理念,又能反过来为经济社会的发展提供前进的精神动力。一是调整经济结构。社会主义市场经济对消费有极高的重视程度,消费被称为拉动 GDP增长的三驾马车之一。对消费的重视体现在日常生活各个方面,当然也反映在文化中。在经济的运行过程中随处可见消费文化的身影,消费者消费的方式和消费类型的改变会使生产结构、规模等发生改变,消费文化或直接或间接地对社会再生产过程产生影响,并进而影响到整个社会的经济结构。

符合社会发展需要的优秀消费文化,为公众描绘出美好生活方式的图景,改变人们的消费观念和消费结构,推出新的消费方式。通过消费观念渗透促使消费者欲望的更新与换代,并以消费的优化升级带动社会产业结构的优化和升级,是供给侧结构性改革的重要推动力量,是经济运行质量的重要保障。二是调节社会发展。消费文化中所蕴含的先进思想理念,直接反映在居民消费需求质量的提高上,促进社会生产在居民消费需求的基础上完善和发展,不断扩展消费产品的开发和创新,推动社会物质文明的不断发展。另一方面,先进消费文化为社会营造人际和谐、生活富裕、生态良好的环境,是社会精神文明发展的重要推动力。在社会发展的道路上,消费文化将发挥它越来越大的力量。在消费文化发挥强大动力功能作用下,物质文明与精神文明共同发展,这是公众的期盼,也是社会发展的必然走向。

第二章　消费文化研究的话语资源

　　根据广义上的消费文化的定义,人类有了消费就有了消费文化。但是将消费问题纳入文化研究的视野,是从人类自觉地关注人类消费领域中的问题开始的。古今中外,在不同的社会发展阶段都有关于消费的一些思考,尤其是当人类社会进入资本主义社会以后,消费在社会发展中的地位和作用更加凸显,成为资本增值链条上的一个非常重要的环节,并受制于资本增值的逻辑,深刻影响人与自然、人与社会以及人与人之间的和谐发展,消费文化也就受到越来越多的学者关注。其中最有影响的是马克思主义对消费文化的思考和西方学者对消费文化的批判,这些思想为当代中国消费文化的研究提供了丰富的话语资源。

第一节　马克思主义消费文化思想

　　马克思、恩格斯是马克思主义消费文化思想的创始人,但是在很多学者看来,马克思、恩格斯是重视生产而忽视消费的,其实不然,马克思的经典著作中并没有就消费问题作集中系统的论述,但是从其一系列著作中,可以窥见马克思关于消费问题独特而精辟的见解,梳理出马克思的消费理论,在此基础上,后来的马克思主义者在消费与生产的辩证关系、消费与人的发展、消费与人的解放、消费与自然的关系等方面丰富和发展了马克思的消费文化思想。

一、消费与生产的辩证关系

在《詹姆斯·穆勒〈政治经济学原理〉一书摘要》中,马克思通过对穆勒及国民经济学关于消费问题的哲学批判来体现他的消费观,并为自己的消费文化理论奠定了基础。马克思在《〈政治经济学批判〉 导言》中指出:"生产制造出适合需要的对象;分配依照社会规律把它们分配;交换依照个人需要把已经分配的东西再分配;最后,在消费中,产品脱离这种社会运动,直接变成个人需要的对象和仆役,供个人享受而满足个人需要。"①马克思将消费看作是经济活动中与生产、分配、交换并列的一个基本环节。在阐明生产分配、交换和消费的一般关系的基础上,结合对资产阶级国民经济学家的批判,马克思系统地论述了消费与生产的辩证关系,主要包括四个方面:

第一,消费与生产是直接同一的。马克思指出,"生产直接是消费,消费直接是生产……没有生产,就没有消费;但是,没有消费,也就没有生产"。② 生产的过程也是消耗生产资料的过程。在生产的消费中,主体客体化;在消费的生产中,客体主体化。

第二,生产和消费互为中介。"生产中介着消费,它创造出消费的材料,没有生产,消费就没有对象。但是消费也中介着生产,因为正是消费替产品创造了主体,产品对这个主体才是产品"。③ 生产为消费生产出材料,为消费提供客观对象,生产还规定着消费的性质和消费的方式,这是生产中介消费;所谓消费中介着生产,是指消费使得生产最终完成,并实现再生产。

第三,消费生产着生产。消费是生产的检验。马克思指出,"一条铁路,如果没有通车、不被磨损、不被消费,它只是可能性的铁路,不是现实的铁路……一间房屋无人居住,事实上就不成其为现实的房屋"④。产品只有被消费了才体现它的价值,消费是生产的目的和生产的检验标准,当然,通

---

① 《马克思恩格斯选集》第 2 卷,人民出版社 2012 年版,第 688—689 页。
② 《马克思恩格斯选集》第 2 卷,人民出版社 2012 年版,第 691 页
③ 《马克思恩格斯选集》第 2 卷,人民出版社 2012 年版,第 691 页。
④ 《马克思恩格斯选集》第 2 卷,人民出版社 2012 年版,第 691 页。

过消费,人的需求得以满足,人的主体能力不断增强。

第四,生产生产着消费。马克思说,"不仅消费的对象,而且消费的方式,不仅在客体方面,而且在主体方面,都是生产所生产的"①。生产什么决定消费什么,没有生产,没有消费的对象,人的消费就是虚幻的,不现实的;同时,人们的消费方式也是由生产决定的。

最后,生产生产消费主体。艺术对象创造出具有艺术感的眼睛,音乐作品创造出懂得音乐的耳朵,其他产品也是如此。人的主体素质和能力不是与生俱来的,而是在生产和消费等实践过程中培养出来的。

随着社会生产力水平和人类社会发展程度的不断提高,消费与生产的辩证关系也呈现出历史性变迁。囿于落后的生产方式和生活方式,传统社会总体上是重视生产而忽视和限制消费的。近代以来,市场经济在改变人们的生产方式和生活方式的过程中,也突出了消费与生产的内在联系。现代社会,随着社会化大生产的出现,消费与生产的辩证关系呈现出新变化。

从经济学的角度看,消费与投资、出口是拉动经济增长的三大马车。而消费又是三大马车中最关键、最可持续的拉动力量。在提倡扩大内需的今天,在全面建成小康社会的道路上,消费必然要发挥重要的作用。从社会再生产过程看,消费与生产、交换、分配是社会再生产的四个基本环节。从一次循环看,生产是起点,分配和交换是中介,消费是终点;从动态平衡看,消费又是下一循环的起点和先导,它引导着下一循环的投资方向,发展的结构和规模,通过"看不见的手",传达消费者的需求信息,并通过"看得见的手",调整和改善运行功效,为下一次运行的优化提供依据。在这个循环中,只有生产与消费实现动态平衡才能维持社会再生产顺利进行。

二、消费与人的发展的辩证关系

在论述消费的问题上,马克思始终将其跟资本主义制度、人的发展联系在一起。"以哲学家的身份面对古典经济学时的某种逻辑突变,真实呈现

---

① 《马克思恩格斯选集》第 2 卷,人民出版社 2012 年版,第 692 页。

了青年马克思学人本主义的构架去批判资产阶级经济学的努力。"①

马克思针对穆勒的消费观,首先对建立在私有制基础上的消费进行了批判。在他看来,第一,在私有制基础上,人进行生产是为了拥有这样一种功利性目的:人生产的产品不过是他直接的、利己需要的对象化。每个人都是为自己而不是为别人而生产。"我们的生产并不是人为了作为人的人而从事的生产,即不是社会的生产。也就是说,我们中间没有一个人作为人同另一个人的产品有消费关系。"②第二,马克思认为,消费本应该是人的需要的满足,但在私有制基础上,人的需要的满足不但没有成为人的本质的实现,反而成为走向奴役之路的手段和桥梁。因为,人的需要对产品而言是软弱无力的,在消费中,"你的需要、你的愿望、你的意志是使你依赖于我的纽带,因为它们使你依赖于我的产品。它们根本不是一种赋予你支配我的产品的权力的手段,倒是一种赋予我支配你的权力的手段!"③人与人之间是一种非人的关系,产品、财产、物品成为人们进行交流的唯一语言,人与人的交往的唯一目的是占有财产。"你作为人,同我的物品毫无关系,因为我自己同我的物品也不具有人的关系。"④手段成了支配物品的真正权力,人对自己的产品失去支配能力,反而沦为产品的"财产"。人被排斥于真正的财产之外,因为每个人的财产都排斥他人。可以说,所谓人们在生产劳动中相互得到需要的满足,相互实现着消费关系不过是一种假象,藏在这个假象背后的是人们之间相互掠夺、相互欺骗和相互奴役的实质。

在批判穆勒的消费观的同时,马克思对应有性消费进行了构想和描述。在马克思看来,人与人之间真正的消费前提是生产劳动成为人的本质活动,劳动产品是人的本质力量的确证。"作为人的人"从事的生产,其产品为人所拥有和满足。这种"作为人的人"从事的生产就是"社会的生产"。在这种生产中,"我的产品是你自己的本质即你的需要的对象化"⑤。那么,"假

---

① 张一兵:《回到马克思》,江苏人民出版社 1999 年版,第 187 页。
② 马克思:《1844 年经济学哲学手稿》,人民出版社 2000 年版,第 180 页。
③ 马克思:《1844 年经济学哲学手稿》,人民出版社 2000 年版,第 181 页。
④ 马克思:《1844 年经济学哲学手稿》,人民出版社 2000 年版,第 182 页。
⑤ 马克思:《1844 年经济学哲学手稿》,人民出版社 2000 年版,第 184 页。

定我们作为人进行生产。在这种情况下,我们每个人在自己的生产过程中就双重地肯定了自己和另一个人"①。这就是说,假定生产活动是人的本质的活动,生产的产品都是其本质的表现,那么,在这一活动的过程中,每个人不仅肯定了自己,而且其活动产品在满足别人的消费过程中也是对别人的一种肯定,即"双重地肯定"。那么,在交换基础上的物品消费不再是人的私利的占有,而是相互"认识到和感觉到我是你自己本质的补充,是你自己不可分割的一部分"②。

当然,应有性消费的实现要依赖于消费主体素质的全面提高。它不仅要求消费者具备经济上的消费能力,还要求消费者具备必要的艺术鉴赏能力、心理承受能力等文化修养和素质方面的能力。"因为要多方面享受,他就必须有享受的能力,因此他必须是具有高度文明的人。"③愿意欣赏艺术的人必须是一个有艺术修养的人。"对于没有音乐感的耳朵来说,最美的音乐毫无意义。"④马克思在谈到由必然王国向自由王国飞跃时指出,在这个必然王国的彼岸,作为目的本身的人类能力的发展,真正的自由王国就开始了。这就必须加强"人类能力的发展",提高人的政治思想素质和科学文化素质,"培养社会的人的一切属性,并且把它作为具有……尽可能广泛需要的人生产出来——把他作为尽可能完整的和全面的社会产品生产出来"。⑤

综上所述,马克思的消费文化理论,从其研究方法和路径看,包含批判和建构两个方面。正是在对资本主义社会"非人"的生产和消费现象的批判的同时,对应有性的消费进行了构想。从其研究的角度和内容看,马克思不仅将消费作为社会经济发展中的一个重要的环节从经济学的角度加以分析,更重要的是将消费作为人的发展的基本途径从哲学人本主义的角度加以论述。而贯穿马克思消费理论始终的一条主线便是消费与人的发展的问题。对于那种占有性的、利己的消费,他言辞犀利:"仅仅供享受的、不活动

---

① 马克思:《1844 年经济学哲学手稿》,人民出版社 2000 年版,第 183—184 页。
② 马克思:《1844 年经济学哲学手稿》,人民出版社 2000 年版,第 184 页。
③ 《马克思恩格斯全集》第 30 卷,人民出版社 1995 年版,第 389 页。
④ 马克思:《1844 年经济学哲学手稿》,人民出版社 2000 年版,第 87 页。
⑤ 《马克思恩格斯全集》第 30 卷,人民出版社 1995 年版,第 389 页。

的和供挥霍的财富的规定在于:享受这种财富的人,一方面,仅仅作为短暂的、恣意放纵的个人而行动,并且把别人的奴隶劳动、把人的血汗看作自己的贪欲的俘获物,所以他把人本身因而也把他自己本身看作可牺牲的无价值的存在物;他把人的本质力量的实现,仅仅看作是自己无度的要求、自己突发的怪想和任意的奇想的实现"①。而对于应有性的消费,他满怀憧憬:消费的本质是"人的复归",是"对人的本质的真正占有","它是人和自然之间、人和人之间的矛盾的真正解决"。消费原本就应该通过使用和享用资料去创造出"同人的本质和自然界的本质的全部丰富性相适应的人的感觉"②。也就是说,人的消费应当能够使人实现体力、智力、情感力、意志力以及社会素质、精神素质、心理素质等能力与素质的综合发展与提高,使人在消费中充分而自由地提升自己的才智与创造力,获得自由个性的发展和精神上的愉悦和满足,消费的根本目的是实现人的全面自由发展。

三、消费与生态环境的辩证关系

马克思认为,自然界对于人类而言具有客观实在性,与人类存在着双向互动性,我们人类消费的一切物质资料,归根结底都来源于大自然。自然环境是我们维持生存、发展自我的基础条件。同时,人类在自然规律的前提下通过发挥主观能动性进行生产消费,并反过来影响自然环境。由此可见,人与自然环境之间是相互依存的关系,作为人的活动的重要组成部分的消费与自然环境也是相互依存的。人类必须尊重自然、顺应自然和保护自然。如果人类不顾及自然环境盲目消费,逐渐耗竭的自然资源和不断严峻的生态破坏,不仅会使生态环境遭遇危机,同时人类的生存和发展也会因为失去自然的供给而受到威胁。

马克思强调,自然界是人类从事物质资料生产和生活资料生产的前提。一方面,人是自然界长期发展的产物,"人直接地是自然存在物",是"站在

---

① 马克思:《1844 年经济学哲学手稿》,人民出版社 2000 年版,第 130 页。
② 马克思:《1844 年经济学哲学手稿》,人民出版社 2000 年版,第 88 页。

牢固平稳的地球上吸入并呼出一切自然力的、现实的、有形体的人"。而人
"作为自然的、有形体的、感性的、对象性的存在物,人和动物一样,是受动
的、受制约的和受限制的存在物"。人类的生存和发展离不开劳动,但是劳
动从来都不是抽象的,而是具体的,是和自然环境结合在一起的。马克思在
《资本论》中多次强调自然条件对劳动生产率的制约作用,告诫人们不能离
开自然条件抽象地谈论劳动和劳动的价值。

马克思在他的著作中描述了工业革命后生态环境遭到破坏的情况,对
造成生态破坏的资本主义展开谴责。他提出要转变长期以来对生态环境的
掠夺式态度,消费活动必须要遵循自然规律,与自然环境相适应,如同保护
自己的身体一样保护我们无机的身体,即自然界。并且提出要利用科学技
术实现废弃排泄物的再利用,从而减少生态破坏、节约自然资源,实现人与
自然的矛盾的和解。

今天,环境问题、资源危机、能源危机、人口爆炸已经成为全球问题。中
国的马克思主义者高度关注生态环境问题,并把良好的生态环境看成是最
普惠的民生福祉、认为保护生态环境就是保护生产力、按照系统工程思路抓
好生态文明建设,指出要走绿色发展、绿色消费的路子。"绿水青山就是金
山银山""良好的生态环境是最普惠的民生福祉"已成为当代中国的发展共
识。这些关于消费与生态关系的思想具有鲜明的时代特征和中国特色,体
现着辩证唯物主义的精神,丰富了马克思主义生态文明思想,为科学消费提
供了行动指南。

四、消费与社会制度的辩证关系

马克思认为生产和消费并不仅仅体现物与物的关系,更多地生产和消
费体现的是人与物,尤其是人与人的关系,是与包括价值观念、社会制度在
内的社会环境紧密联系在一起的。通过在资本主义条件和社会主义条件下
对生产和消费的不同态度的分析,马克思认为,消费一定是处于一定的社会
关系中的,它随社会制度的变化而变化,具有一定的社会和历史规定性。

马克思看到了资本主义条件下人的异化状态。"异化"作为一个哲学

概念,意指主体在自己发展过程中,由于自身的活动而产生出自己的对立面,然后这个对立面又作为一种外在的、异己的力量反过来反对主体自身。马克思在《1844年经济学哲学手稿》中将异化同现实社会的工人劳动相联系提出了异化劳动理论,并分析了扬弃异化的历史条件,完成了这一影响深远的创造,并由此展开了对资本主义的批判和对共产主义的憧憬。马克思对异化劳动有四个规定。第一,工人同其劳动产品相异化,这是人同外部世界、自然世界相异化,是物的异化;第二,工人同劳动过程相异化,这是人同自己的生命活动相异化,是人本身的异化,即自我异化;第三,人同人的类本质相异化;第四,人同人相异化。人同自己的劳动产品、自己的生命活动、自己的类本质相异化这一事实所造成的直接结果就是人同人相异化。这四种关系分别表现了人的生命活动的外在实现和内在发展。前两种异化是人的生命活动的外在实现,后两种异化是人的生命活动的内在发展。人和人相异化则说明,在资本主义这个异化的社会里,每一个人,不仅工人而且包括与其相对立的资本家,都与合乎人的类本质的真正的"人"不相符合,也就是说工人和资本家都不是真正意义上的"人",尽管他们的异化在其内容和状态上存在着天壤之别。总之,在马克思看来,异化劳动是一种生产,通过这种生产,产生出人与外部世界、人与人、人与人自身的异己的、敌对的关系。这是生产领域的异化。

在资本主义制度下,受资本逻辑影响,为了避免消费不足、生产过剩与占社会大多数的工人的较低消费能力之间产生矛盾,避免引发资本主义的经济危机,资本家竭尽全力地剥削工人,追求更多剩余价值,将人的需要歪曲为物质需求,甚至将人等同于经济动物,将消费颠倒为人的目的,就是消费异化。对此,马克思进行的深刻而经典的批判。他指出,物质消费或是物质享受只是满足人的生存的手段,在这一点上,人跟动物的需求并没有多大的区别,从某种意义上说,只是履行动物的功能。"吃、喝、生殖等等,固然也是真正的人的机能。但是,如果加以抽象,使这些机能脱离人的其他活动领域并成为最后的和惟一的终极目的,它们就是动物的机能。"①这说明,人

---

① 马克思:《1844年经济学哲学手稿》,人民出版社2000年版,第55页。

和动物的根本区别不在于是否执行肉体机能或是否有肉体的生活,而在于这些肉体机能是否被抽象化片面化,即脱离其他的活动以致变成唯一的和终极的目的。在资本主义条件下,恰恰把表现动物性的一面误当作人所独有的东西加以享受,用对物质享受的追求替代对通过劳动来实现本质的追求,而真正要他表现为人性的一面时,他却像动物一样地运作:"人(工人)只有在运用自己的动物机能——吃、喝、性行为,至多还有居住、修饰等等的时候,才觉得自己在自由活动,而在运用人的机能时,却觉得自己不过是动物。动物的东西成为人的东西,而人的东西成为动物的东西。"①实际上,这里马克思明确指出了,仅仅满足于物欲或是物质消费就等同于经济动物,只有自由自觉的活动即劳动才是人的本质。

可见,私有制是异化消费的源头,异化消费是资本逻辑运行的必然结果。要扬弃消费异化必然要与资本主义决裂。正如马克思所言:"既然人的生命的现实的异化仍在发生,而且人们越意识到它是异化,它就越成为更大的异化;所以,对异化的扬弃只有通过付诸实行的共产主义才能完成。"②

第二节 西方消费文化批判的话语资源

在消费主义文化兴起之后,西方学者从不同的角度对消费文化展开了批判,大致说来,他们对消费文化的批判是与对文化工业的批判、意识形态批判、科学技术的批判、工具理性的批判、大众传媒的批判,以及资本主义条件下人的异化的批判等联系在一起的。这尤以法兰克福学派为典型。法兰克福学派的批判理论对整个现行制度的合理性进行了反思,力图破坏既定社会秩序,证明它的不合理性和虚假性,揭露它对人性的扭曲,并力图唤起人们去推翻现行的社会秩序,寻找更为理想的社会。其次是鲍德里亚等人

---

① 马克思:《1844 年经济学哲学手稿》,人民出版社 2000 年版,第 55 页。
② 马克思:《1844 年经济学哲学手稿》,人民出版社 2000 年版,第 128 页。

对消费社会的批判,主要是从符号学的角度解读消费社会并展开对消费文化的批判。

一、"文化工业"批判

"文化工业"一词是由霍克海默和阿多诺在他们合著的《启蒙辩证法》一书中共同提出的,用来意指文化领域商品化的结果。他们对消费主义的批判是从文化工业批判开始的。在他们看来,传统文化领域被认为是一块自由的乐土,不受任何商品形式的影响,但是,战后资本主义制度以工业化生产方式制造、推销大众文化商品,同时也借此操纵了大众的意识。他们还将文化工业与大众文化区别开来,文化工业在本质上是资产阶级的文化,而不是人民大众性的文化,它是为资产阶级而不是为大众服务的。阿多诺正是为了避免人们望文生义地认为现代大众文化是为大众服务的文化,才创立了"文化工业"的概念,他指出:"选择文化工业这种表述而舍弃大众文化,主要原因在于为了消除一种误会,即防止望文生义,认为大众文化的主要特点是从人民大众出发,为人民大众服务的。"①在他们看来,文化工业履行着意识形态功能,由此,他们展开了对文化工业以及消费文化的批判。

首先,"文化工业"的标准化生产扼杀了人的个性,但是又伪装个性化来欺骗消费者。一方面,文化工业的标准化生产方式要求人的个性与普遍性完全达成一致,他才能得到承认。艺术家或是作家受到文化工业的制约,加之对经济利益的追求,他们的创作不再是源于对生活的深刻体验,源于艺术家的艺术冲动,不是通过独到的艺术符号自然而然地表现出来,而是按照工业化的标准强行制造出来的,这是对个性的一种扼杀。尤其是当一件作品受到大家的追捧的时候,就有许多的作品对它进行模仿。于是,很多作品其主题、结构、人物、情节等都具有相似性,艺术作品的风格呈类型化趋势,这让整个文化工业变得更加标准化。另一方面,由于标准化的生产方式会让艺术或是文化的受众产生审美疲劳,作品为了吸引人们的眼球就不得不

---

① [德]阿多诺等:《社会水泥》,陈学明等译,云南人民出版社1998年版,第5页。

与众不同,追求个性。而这种个性是伪造出来的,作品与作品之间确实存在差异,但这些差异都是细枝末节的差异,绝大多数的同类产品所用的材料基本相同,制造的工艺也基本相似,产品的基本使用价值几乎相差无几,它们的区别只不过是生产商和销售商所故意夸大的噱头而已。"在文化工业中,个性就是一种幻象,这不仅是因为生产方式已经被标准化。个人只有与普遍性完全达成一致,他才能得到容忍,才是没有问题的。虚假的个性就是流行:从即兴演奏的标准爵士乐,到用卷发遮住眼睛,并以此来展现自己原创力的特立独行的电影明星等,皆是如此。个性不过是普通性的权力为偶然发生的细节印上的标签,只有这样,它才能够接受这种权力。"[1]

第二,文化工业对消费者具有整合作用。"文化工业别有用心地自上而下整合它的消费者。它把分隔了数千年的高雅艺术与低俗艺术的领域强行聚合在一起,结果,双方都深受其害。高雅艺术的严肃性在它的效用被人投机利用时遭到了毁灭;低俗艺术的严肃性在文明的重压下消失殆尽——文明的重压加诸它富于造反精神的抵抗性,而这种抵抗性在社会控制尚未达到整体化的时期,一直都是它所固有的。因此,尽管文化工业无可否认地一直在投机利用它所诉诸的千百万的意识和无意识,但是大众绝不是首要的,而是次要的:他们是算计的对象,是机器的附属物。"[2]顾客只是默许的购买者,不是上帝,不是文化产品的主体,而是客体,在文化工业的操控中,他们忘却了什么是个性,进而被同化了。在这一点上,大众传媒起到了推波助澜的作用。比如,大众传媒具有跨越时空的特征,音乐的表演者和听众身处不同的时间和空间,音乐作品的传播只是单向的传播,而听众只是单纯的受众,其情绪反应、意见和建议无法传达给表演者,听众和表演者无法进行沟通。观众只能按照大众传媒所规定的时间表和所规定的内容进行欣赏,而无法进行选择,这就丧失了对音乐作品进行选择的自由;另一方面,商品化和标准化的音乐要去迎合听众的水平,而不是提高听众的水平一部分,听

---

① ［德］霍克海默、阿道尔诺:《启蒙辩证法:哲学断片》,渠敬东、曹卫东等译,上海人民出版社 2003 年版,第 172 页。

② Theodor. W. Adorno, *The Culture Industry: Selected Essays On Mass Culture*, edited by J. M. Bernstein, Routledge Published, 1991, p. 98.

众也只把音乐当作一种娱乐功能,漫不经心而不是聚精会神地欣赏音乐,他们甚至丧失了聆听音乐的责任感和接受能力。此外,由于现代社会人们分散在不同的地点,即使在同一单位工作或是在同一地点居住,他们也缺乏沟通和交流,这种"原子化"的个人使大众传媒很容易介入人们的生活,由于不能从他人那里获得消费经验,人们也容易相信媒体所给予的信息,不管其是真实的或是虚假的。

第三,文化工业履行着意识形态功能。首先,文化工业履行着意识形态的欺骗功能。"文化工业通过不断地向消费者许愿来欺骗消费者,它不断地改变享乐的活动和装潢,但这种许诺并没有得到实际的兑现,仅仅是让顾客画饼充饥而已。需求者虽然受到琳琅满目、五光十色的招贴的诱惑,但实际上仍不得不过着日益惨淡的生活。同样,艺术作品也不能兑现性爱。但是由于艺术作品把不能兑现的东西表现为一种消极的东西,它就似乎又贬低了欲望,从而对不能直接满足欲望要求的人,是一种安慰。……文化工业不是纯化愿望,而是压抑愿望。"①大众文化作品在其显在形态上是享乐消遣品,其表面具有相当的亲和力,但在深层次意义上,它对大众具有极大的愚化作用,它使消费者从一开始就放弃了对作品的艺术审美和苛求,在享乐和消遣的过程中,按照这种文化所制定的模式来反思整个社会整体,从而达到愚昧无知的心满意足。文化工业编造了很多成功的神话,使生活在社会底层的人们相信,社会制度是公平的,通向上层社会的大门永远对社会中下层的人开放,只要通过自己的努力奋斗,社会中下层的人就可以成功地晋级社会的上层阶级,实现自己的梦想。阿多诺说:"消费者总是那些工人、雇员、农民和地位偏下的中产阶级。资本主义生产从身体和灵魂上都对他们进行了限制,使他们成为孤立无助的牺牲品。……今天,受骗的大众甚至要比那些成功人士更容易受到成功神话的迷惑。他们始终固守着奴役他们的意识形态。普通人热爱着对他们的不公,这种力量甚至比当权者的狡诈还要强大……"②其次,文化工业执行着意识形态的操纵功能。大众文化产品

①　[德]霍克海默、阿多诺:《启蒙辩证法》,洪佩郁、蔺月峰译,重庆大学出版社1990年版,第131页。

②　[德]阿多诺:《否定的辩证法》,张峰译,重庆出版社1993年版,第149页。

通过模糊了现实和艺术之间的关系,赋予不幸经历以幸福意识,让人分不清幻觉与真实,从而使消费者沉迷在似真似假的幻觉之中,达到对个体成员内在思想及其个性的总体控制。霍克海默和阿多诺指出,文化工业以技术程序和产业运作方式表现出它对人的实质压抑和全面控制,个人只有当自己与普遍的社会完全一致时,他才能容忍个性处于虚幻的这种处境。在他们看来,文化工业不仅抑制人们的主观创造力和想象力,约束人们的内在思维,使文化消费者的想象力和能动性趋于萎缩,使统一的个性变成了一种假象,而且它还使表达思想的语言也变成了模糊空洞的东西。"它们越是单纯地和清楚地表达了它所应表达的意思,它们本身同时就越是变得不清楚。"①文化工业使语言词汇同其思想内容出现永久的分裂,语言词汇遏制了思想,文化工业压抑个性、控制思想,导致批判与敬畏都消失了。机械的鉴定取代了批判的功能,这就是文化工业在整体上所代表的意识形态操纵社会、控制思想的结果。最后,文化工业执行着意识形态的辩护功能。其实无论是欺骗大众还是控制大众,都是为资本主义制度辩护,最终是要使大众服从资本主义的统治。霍克海默指出,资本主义文化是资本主义大厦的"水泥"或是"黏合剂",为正在建筑的资本主义大厦提供地基所需要的泥浆,为资本主义统治体系构筑"防护工事",为那些想要各自独立的部分提供使它们被人为黏合在一起的"水泥"。即便人们对文化工业的欺骗性有了清醒的意识,也不敢轻易地去揭露和反抗,因为对文化产业的反抗意味着个人与社会将会产生剧烈的社会冲突,于是,在文化工业的威力下,人们选择了循规蹈矩而停止了反思、停止了反抗,从而认同了整个资本主义制度。

当科学技术带来了社会的发展,工具理性带来了社会繁荣,大多数人沉迷于文化工业的消遣性和娱乐性时,霍克海默和阿多诺却清醒地看到了文化工业的反启蒙、对大众的欺骗和对人的自觉意识的束缚,文化的商品化"妨碍了自主的、独立的个人(他们自觉地为他们自己下判断、做决定)的发展"②,

---

① [德]霍克海默、阿多诺:《启蒙辩证法》,洪佩郁、蔺月峰译,重庆出版社 1990 年版,第 154—155 页。

② Theodor.W.Adorno, *The Culture Industry : Selected Essays On Mass Culture*, edited by J.M. Bernstein, Routledge published, 1991, p.106.

可见他们是具有远见卓识的,并且他们的批判对我们今天认识和批判社会主义市场经济条件下文化的商品化、趋利化现象具有重要意义。但是在他们的批判中,我们也很容易发现他们的文化精英主义立场,他们将商品化看作是艺术的灾难,把大众文化看成是一无是处,在这一点上,他们并没有辩证地看问题。事实上,大众文化和大众传媒为艺术的发展和普及提供了可能,艺术从"私人博物馆"走向大众,应该说是社会的进步。另外,他们认为所有的文化产业都在维护统治阶级的意识形态,这是不符合事实的,摇滚音乐的兴起就是来自社会底层的黑人对当时的社会和音乐的不满。特别是他们认为文化商品的消费者缺乏主动性和分辨意识,忽略了消费者的复杂性和主体能力,事实上,他们并不是如同木偶,他们有着积极的主动性,他们对"文本"的解读也有着多种可能性,即使他们购买包含着意识形态的文化产品,也并不意味着他们被意识形态成功地操纵,即便一时沉浸在所谓"成功的神话"中,在现实生活中,他们总会醒来。后来的伯明翰学派就对他们这些缺陷进行了批评。

二、"单向度消费"批判

作为法兰克福学派的创始人和主要代表人物之一的马尔库塞,认为现代资本主义社会是单向度的社会,而人们的消费也是单向度的消费。马尔库塞认为,他所生活的时代的资本主义与马克思所处时代的资本主义已经大为不同,他称这种发达工业社会为"消费社会"。在这种社会里,科学技术已经作为一种独立的力量推动着生产力的迅速发展,发挥着举足轻重的作用;工业技术力量高度发达,以至于这一力量大部分被用来生产和分配奢侈品,被用来享受、玩乐和挥霍;社会的整个生活水平有了极大的提高,"甚至连非特权阶级也分享到了一部分好处"[①];工人阶级不再像马克思所处的时代那样,仅仅能够维持自己和家庭的生存,他们可以享受资产阶级所享受的很多商品,并乐此不疲;资本主义发展初期阶段的"清教禁欲主义"已经

---

① [美]马尔库塞等:《工业社会和新左派》,任立编译,商务印书馆 1982 年版,第 1 页。

被抛弃,人们所崇尚的精神是"凯恩斯主义",以消费来促进经济的发展和进步,节俭被当成了罪恶;同时,由于科学技术的进步,生产力水平的提高,人们的劳动时间大为缩短,休闲时间有了极大的扩展,人们获得了极大的自由。但是,马尔库塞绝对不是在为资本主义唱赞歌,而是通过这种种变化看到了资本主义的痼疾,他总结道,"资本主义进步的法则寓于这样一个公式:技术进步=社会财富的增长(社会生产总值的增长)=奴役的加强。商品和服务在不断增加,牺牲是日常的开支,是通向美好生活道路上的'不幸事故',因此剥削是合情合理的"。① 事实上,他对资本主义"消费社会"展开了深刻的批判。

第一,在马尔库塞看来,现代资本主义社会是一个"消费受控的社会",这是一种"控制的新形式"。资本主义制度为了其自身的存在和发展不停制造出"虚假需求",并且将这种虚假需求置于真实需求之上,否定和压制各种真实的或者现实的需求。"虚假需求"的社会功能在于使人们按照资本主义社会所制造出来的服从和服务于资本追求利润的流行需求来生活,这些流行需求的共同点是把人们引向消费领域,使人们沉醉于商品消费中体验自由和幸福,而忘记对自由和解放的追求,进而丧失对资本主义社会的批判否定能力,使整个社会盛行一种顺从意识。"由于更多的社会阶级中的更多的个人能够得到这些能给人以好处的产品,因而他们所进行的思想灌输不再是宣传,而变成了一种生活方式。这是一种好的生活方式,一种比以前好得多的生活方式;但作为一种好的生活方式,它阻碍着质的变化,由此便出现了一种单向度的思想和行为方式。"② 过去,尤其是资本的原始积累阶段,工人是在皮鞭与棍棒的威胁之下从事异化劳动,而在当代资本主义社会,统治者采用了一种"控制的新形式",通过不断制造"虚假需求",致使人们为了赚得更多的工资以增强自己的购买力而"心甘情愿"去劳动,在这样的社会里,人们按照广告来放松、娱乐、行动和消费,爱或恨别人所爱或所恨的东西,人的唯一目标是拥有更多的东西,消费更多的东西。传统社会赤

---

① ［美］马尔库塞等:《工业社会和新左派》,任立编译,商务印书馆 1982 年版,第 82 页。
② ［美］马尔库塞:《单向度的人——发达工业社会意识形态研究》,刘继译,上海译文出版社 2006 年版,第 12 页。

裸裸的压迫式统治方式很容易激起人们的敌对情绪,引起人们的暴力反抗。而在消费社会中,人们与统治制度的关系形式上不再是对立的关系,而是转化为亲密无间的合作,人们不再去反抗,反而拼命地去维护它,而解放的需要和自我发展的需要——这些人的"真实的需要"完全被遮蔽了。他指出,"发达工业社会的显著特点是它有效地窒息了那些要求自由的需要,即要求从尚可容忍的、有好处的和舒适的情况中摆脱出来的需要,同时它容忍和宽恕富裕社会的破坏力量和抑制功能。在这里,社会控制所强求的正是对于过度的生产和消费的压制一切的需要;对于抚慰和延长这一麻木不仁状态的缓和方式的需要;对于维持欺骗性自由的需要……"①对于这种"控制的新形式"的实现,马尔库塞认为,一个重要的原因是科学技术跟商品结合在一起发挥着意识形态的功能。马尔库塞说:"我们社会的突出之处是,它在压倒一切的效率和日益提高的生活水准的基础上,依靠技术而不是恐怖去压服那些离心的社会力量。"②在发达资本主义社会,科学技术融合到了整个生产过程中,提高了劳动生产率,为人们提供了更加便利和便宜的商品,人们能以更加低廉的价格获得这些商品,过上丰裕的生活。但当这些商品被人们大规模地消费时,包涵在商品中的意识形态同时也就被人们所接受,也因为如此,科学技术使自己披上了神圣的外衣,在打破中世纪神话后,成为新的神话,新的拜物教和意识形态的推进方式。马尔库塞强调,即便对于什么是"真实需求"和"虚假需求"的问题,这个原本可以由个人自由回答的问题,都由于资本主义社会借助科学技术带来的巨大物质财富,牵引和支配人们消费的方向和内容,使人们丧失了回答这一问题的能力。他问道:"人们当真能对作为新闻与娱乐的工具和作为灌输与操纵力量的大众传播媒介作出区分吗? 当真能对制造公害的汽车和提供方便的汽车作出区分吗? 当真能对实用建筑的恐怖与舒适作出区分吗? 当真能对为保卫国防和为公司营利的手段作出区分吗? 当真能对提高生育率方面私人的乐趣和商业上、政治上的

---

①　[美]马尔库塞:《单向度的人——发达工业社会意识形态研究》,刘继译,上海译文出版社 2006 年版,第 8 页。

②　[美]马尔库塞:《单向度的人——发达工业社会意识形态研究》,刘继译,上海译文出版社 2006 年版,"导论"第 2 页。

功用作出区分吗?"①答案是令人失望的。这既意味着社会对人的控制日益全面和深入,也意味着科学技术已经成为一种控制人的政治意识形态工具。

第二,社会财富的增长,消费品的增加,生活的便利,并不意味着人向自由迈进了一步,反而是对人的奴役更进了一步。前面提到,在消费社会里,商家不只供给货品,而且还制造货品的"价值",进而塑造消费者的物品意识形态、人生意识形态,致使消费行为不纯然出于清楚的自主意识,而是在商人所构造的意识形态网络里的一种非自主性行为。也就是说,在极其多样的产品和后勤服务中进行自由的选择,并不意味着自由。所谓"自由"不过是一种被控制的,是服从于资本利润原则的一种虚假的自由。"这些自由是垄断价格中的自由竞争,审查制度下的自由出版,以及商标和圈套中的自由选择。"②人并不是主动地参与这些活动而是被动"吸收"这一切,人的情趣是被安排好的,需求是被煽动起来的,它使人从本能结构上自觉与现实消费方式联系在一起,更依赖于现有的社会制度,消费传递的只是虚假的自由,或者说只是一种自由的影像,事实上人是被虚幻蒙蔽了,试图在这种消费方式下获得真正的自由,消除自身的不幸,只能是饮鸩止渴。他总结说:"在抑制性总体的统治之下,自由可以成为一个强有力的统治工具。决定人类自由程度的决定性因素,不是可供个人自由选择的范围,而是个人能够选择的是什么和实际选择的是什么。自由选择的准绳决不可能是绝对的,但也不完全是相对的。自由选择主人并没有使主人和奴隶归于消失。如果商品和服务设施维护对艰辛和恐惧的生活所进行的社会控制的话,就是说,如果它们维护异化的话,那么,在大量的商品和服务设施中所进行的自由选择并不意味着自由。何况个人自发地重复所强加的需要并不说明他的意志自由,而只是证明控制的有效率。"③即便是看似自由的

①　[美]马尔库塞:《单向度的人——发达工业社会意识形态研究》,刘继译,上海译文出版社 2006 年版,第 9—10 页。
②　[美]马尔库塞:《单向度的人——发达工业社会意识形态研究》,刘继译,上海译文出版社 2006 年版,第 8 页。
③　[美]马尔库塞:《单向度的人——发达工业社会意识形态研究》,刘继译,上海译文出版社 2006 年版,第 8—9 页。

时间或是闲暇也是被强制的,不自由的。他说:"在交换能丰富个体的生活所需的商品时,个体所付出的不仅仅是他们的劳动,而且还有他们的自由时间。生活条件的改善被对生活的全面控制抵消了。人们住的是公寓群,乘的是限制了其接触范围的私人小汽车,用的是装满冰冻食物的电冰箱,看的是几十种宣传同一理想的出版物,玩的是无数精致品和小玩艺,这些东西使他们忙忙碌碌,无暇顾及现实问题,因而也不能萌生既可以少工作又可以确保自己的需要及满足的思想。"①当消费主导人们的生活,消费领域成为被控制的新领域,对消费的控制成为"新的控制形式","个体,由此付出的代价是,牺牲了他的时间、意识和愿望;而文明付出的代价则是,牺牲了它向大家许诺的自由、正义和和平"。② 在科学技术理性和消费主义的推行下,个体失去了否定性和批判性,无法反思和批判现实社会,成为单向度的人,而社会成为使大众丧失批判性和否定性维度的单向性社会。消费主义设立了一个虚假命题:一旦你提供了消费者自由,你就完全解决了自由问题,而事实上,不说人的自由根本不仅仅是消费的自由,就连消费者自由也是需要很多条件的,比如经济支付能力,自由的消费其实是对你的"钱袋"的一种考验。更严重的是,即便没有支付能力的障碍,而一味沉溺于购物的感觉,不断地占有,最终将自己束缚在"物"的牢笼中,根本无法获得真正的自由。

第三,制造消费能带来平等和幸福的神话,履行着意识形态的辩护功能。在传统的社会,社会阶层之间等级森严,消费什么,如何消费是由其阶级等级决定的。越级享用物品,轻则受罚,重则削官去爵,甚至丧失性命。资本主义废除了这种严格的等级制度,在法律意义上确立了人的自由和平等。就消费层面而言,只要消费者具有足够的货币,就有权购买他想要购买、占有和享用的某种商品。所谓"消费面前,人人平等"。然而正如马尔库塞所看到的,这种消费上的平等只不过是表面上的平等,它只能表明人们消费某种商品的平等,并不意味着人与人之间实现了真正的平等。消费的

---

① [美]马尔库塞:《爱欲与文明》,黄勇等译,上海译文出版社2005年版,第75—76页。
② [美]马尔库塞:《爱欲与文明》,黄勇等译,上海译文出版社2005年版,第76页。

平等只不过是社会平等的幻象而已。消费同一种商品,并不能掩盖消费者在权力资源、经济资源和文化资源方面的巨大差异,并不能掩盖他们社会地位上的天壤之别。马尔库塞评论道:"在这里,所谓的阶级差别平等化显示了它的意识形态功能。如果工人和他的老板享受同样的电视节目并漫游同样的游乐胜地,如果打字员扮得像她的雇主的女儿一样漂亮,如果黑人也拥有凯迪拉克牌高级轿车,如果他们阅读同样的报纸,这种相似并不表明阶级的消失,而是表明现存制度下的各种人在多大程度上分享着用以维持这种制度的需要和满足。"①事实上,资本主义社会是借助消费以制造平等的神话,迷惑大众,维护资本主义制度。

同时,消费还给人幸福的许诺,同样,在这里大众传媒起到了推波助澜的作用。人们都渴望幸福美满,而商品生产商恰恰就把这种幸福的意识灌注到商品之中,大众传媒和广告不仅仅提供信息,还想方设法将种种美好的含义附加于普通的商品之上,并竭力规劝消费者去购买,仿佛只要占有了这种商品,你就得到了幸福。幸福本来是一种实在的自由和满足,是人类永恒的追求,而在消费社会中,人的这种幸福也变了质,幸福变成了对商品的占有。借助商品,哪怕是瞬间的满足,也是值得的。在马尔库塞看来,这恰恰说明了在一个没有幸福的世界里,人们有着种种不幸的意识,幸福实质上只能是一种慰藉,是在不幸锁链之中间环节出现的一美妙时辰的慰藉,其本身就孕育着幸福即将消逝的痛苦。就孤独个体实际所处的孤立状态看,没有一个人能够在此片段消逝后保存住他的幸福,没有一个人不屈从于这种孤立状态。事实上,消费者并没有因为购买、占有或是使用商品而成为幸福的人。他指出,"无疑,不幸意识依然普遍存在;幸福意识还相当脆弱,它只是蒙在恐惧、挫折和厌恶之上的一层薄薄的表皮"②。正是统治阶级对人们的不幸意识的利用和控制,使大众缺乏反抗意识,而服从现实的社会。"幸福意识,即相信现实的就是合理的,并且相信这个制度终会不负所望的信念,反映

---

① 〔美〕马尔库塞:《单向度的人——发达工业社会意识形态研究》,刘继译,上海译文出版社 2006 年版,第 9 页。

② 〔美〕马尔库塞:《单向度的人——发达工业社会意识形态研究》,刘继译,上海译文出版社 2006 年版,第 71 页。

了一种新型的顺从主义,这种顺从主义是已转化为社会行为的技术合理化的一个方面。它之所以是新型的顺从主义,是因为其合理性达到了前所未有的程度。它对这样一个社会起着支持作用,这个社会是一个已经减少了(而且在其最发达地区已经消除了)先前那些历史阶段所具有的、更原始的不合理社会;是一个比以前更有规律地延长和增加其寿命的社会。"①

可见,现实的"消费社会"并没有给人以自由、幸福和平等,不过是加重了人的奴役程度。同时,对于这种被奴役和被控制,无产阶级争取自由和平等的意识却慢慢泯灭,他们已经不再是革命可以依靠的力量。那么如何走出单向度的社会? 人怎样才能得到解放? 在马尔库塞看来,虽然社会的科学技术充当了维护意识形态的帮凶,但是它也为人们的解放提供了可能。"在成熟工业文明的'理想'条件下,劳动全部实现了自动化,劳动时间减少到了最低限度,劳动机能可以相互交换,所有这些便结束了异化状态。"②在《单向度的人》一书的最后,他把希望寄托在那些"亚文化"群体身上。那些被遗弃者和被排斥在外者,被剥削被迫害的其他种族和有色人种,失业者和不能就业者,他们都是在民主之外存在的,他们的生活最直接最现实地要求结束不可容忍的条件和制度。因此,即使他们的意识不是革命的,他们的敌对行为也是革命的。

为了使更多的人支持革命,马尔库塞指出:"富裕生产的放弃决不意味着赞成一种纯粹的、简朴的、自然的状态,相反,它标志着(并有助于)人类发展到一个以技术社会成就为基础的更高阶段。由于不再生产那些奢侈品、有害物(这个阶段意味着资本主义的彻底终结),本来由这种生产给人带来的身心创伤也就可以消除了。换而言之,推动人们去塑造环境、改造自然的,将是解放了的而不是压抑着的生命本能。"③也就是说,革命并不意味着放弃舒适的生活,而是"所有这些都指向这样一种历史的替代性选择:有计划的利用资源并花费最小量的劳动以满足最根本的需要,把闲暇时间变

---

① [美]马尔库塞:《单向度的人——发达工业社会意识形态研究》,刘继译,上海译文出版社 2006 年版,第 78 页。

② [美]马尔库塞:《爱欲与文明》,黄勇等译,上海译文出版社 2005 年版,第 110 页。

③ [美]马尔库塞:《爱欲与文明》,黄勇等译,上海译文出版社 2005 年版,1966 年政治序言,第 6 页。

为自由时间,使生存斗争和平化"①。后来,马尔库塞又不再乞求于那些社会的亚文化群体,不再指望那些激进的学生、嬉皮士、流浪汉、贫民和越南游击战士,而是把目光投向了艺术家。在他看来,艺术家们能够唤醒整个世界,唤醒人们的反抗意识。在革命主体这一点上,他完全否定应该最具革命力量和革命精神的无产阶级的作用,这也是他的理论不可能成为现实的革命力量的一个重要的制约因素。

三、"异化消费"批判

从异化的角度对资本主义消费文化进行批判的西方马克思主义学者以弗洛姆为代表,在批判资本主义消费文化方面,他同大多数法兰克福学派的代表人物一样,认为资本主义社会带来了物质财富的极大繁荣,人们的生活水平有了极大的提高,然而资本主义社会并没有像它所许诺的那样,给人类带来自由、平等和幸福。他着重指出,科学技术的发达提高了生产力水平,也加深了人类的异化,使异化从生产领域扩展到消费领域。

第一,异化从生产领域延伸到整个社会生活领域,连消费领域也没有幸免。弗洛姆指出,现代资本主义社会,异化的触角已经从生产领域延伸到人们的日常生活领域,成了一种普遍的存在状态,消费领域同样没有幸免。异化劳动是促使异化消费的一个重要原因。由于在生产领域,劳动是一种异化劳动,人们从事着单调、乏味、无聊的工作,感到缺乏自我表现和自由劳动的意义,于是就逃避到以广告为中介的商品的消费中去寻找人生的意义,实现其创造性,人们把满足、快乐同消费等同起来,并将之看成是对异化劳动的补偿。本·阿格尔就指出:"一句话,劳动中缺乏自我表达的自由和意图,就会使人逐渐变得越来越柔弱并依附于消费行为。"②也就是说,劳动的异化使人只能到消费领域中去寻找自我确证,期望丰裕的物质能成为自己

---

① [美]马尔库塞:《单向度的人——发达工业社会意识形态研究》,刘继译,上海译文出版社2006年版,第230页。

② [加]本·阿格尔:《西方马克思主义概论》,慎之译,中国人民大学出版社1991年版,第495页。

在劳动中遭受到的乏味、单调等痛苦的补偿。而弗洛姆明确指出,人类用获得商品的办法去补偿其令人厌烦的、非创造性的,而且往往是报酬不足的劳动生活,期望通过消费成就人的幸福,其实已陷于异化消费的圈套,即消费本来是满足人们需要的手段,但在当代资本主义社会,消费的这一功能却异化了,"消费本质上是人为刺激起来的幻想的满足,是一种与我们真实自我相异化的虚幻活动"①。消费被赋予其他意义,它成为人们在劳动中失去自由的一种"补偿",成为人们逃避现实痛苦与不幸的"避难所"。他指出,在劳动领域,人已经不再是人了,变成了一个东西,即成了生产机器上的一个齿轮。而在消费领域,"不管我怎样去弄到金钱(姑且不论我雇佣他人来赚钱),我还是以一种与我的技能相一致的方式去获取。但在消费的时候,我得到的钱就转换成一种抽象的劳动,它能够同任何东西进行交换。假如我拥有钱,我不用努力就可以得到我想要的东西。如果我有钱,即使我没有一点艺术鉴赏力,我也能买到珍贵的画;即使我没有欣赏音乐的情趣,我也可以买到最好的留声机;即使我为了卖弄才使用图书馆,我也可以买下一个图书馆;即使我把教育看作一种附加的社会财富而用不着它,我也可以花钱受教育。我还可以毁掉我买来的画和书籍;除了钱的损失之外,我不觉得有什么损失。正是因为占有金钱,我就有权利得到并支配我所喜欢的一切"②。而他们并没有考虑所获取的东西应该在性质上与人的能力相称,就像人类获得面包和衣服,这只是为了生存的需要,人类有了书籍和艺术作品,就要去认识和使用它们。在消费的异化状态,"我们获取事物的方法同我们使用事物的方法是脱离的"③。在工作时间,个人被当作生产组织的组成部分来加以控制,在闲暇时间,人似乎更具有"主动性"和"自由性",可事实上,"个人被作为上好的消费者来加以控制和操纵。这种消费者喜欢别人告诉他去买喜欢的东西,却还误以为他是在实现他自己的爱好"④。这样的消费

---

① ［美］弗洛姆:《健全的社会》,欧阳谦译,中国文联出版公司1988年版,第133页。
② ［美］弗洛姆:《健全的社会》,欧阳谦译,中国文联出版公司1988年版,第131—132页。
③ ［美］弗洛姆:《健全的社会》,欧阳谦译,中国文联出版公司1988年版,第132页。
④ ［美］弗洛姆:《让人压倒一切》,载《人的呼唤——弗洛姆人道主义文集》,王泽应等译,上海三联书店1991年版,第85页。

并没有给人带来真正的幸福，"在异化的享乐形式中，我心中什么也没有发生"①。闲暇时间里人也不是自由的、被当作目的。"实际上，他不是自由地享受'他的'闲暇，他对闲暇时间的消费，就像他所买的商品一样是由工业所决定的，他的趣味受到控制，他想看和想听的是社会允许他看和听的东西；就像其他东西一样，娱乐也是一种工业，消费者被指使去买娱乐就像他被指使去买衣服鞋子一样，娱乐的价值取决于它在市场上的流行与否，而不是从人的角度去衡量的。"②即使占有商品是为了使用，在这个使用的过程中，我们并没有成为物的真正的主人。"我们吃一个无滋味无营养价值的面包，只是因为它又白又'新鲜'而引起我们对财富和地位的幻想。事实上，我们在'吃'一个幻想而与我们所吃它的真实物品没有关系。我们的消费行为根本不考虑我们自身的口味和身体。"③物本来是用来满足人的需要的，而在这种消费中，我们只是在消费一个幻象，却以付出我们珍贵的健康为代价。

　　第二，异化不仅是一种客观存在的社会现象，而且深入到人的内心世界，人的心理被异化。与其他学者不一样的是，弗洛姆还把弗洛伊德的精神分析方法融合于其批判理论，他对当代社会中的消费者进行了深入的心理学分析，找出了消费者趋同消费的心理原因之所在，深化了对消费文化的研究。弗洛姆利用弗洛伊德的精神分析理论，从社会心理学的角度对资本主义的堡垒进行了猛烈的攻击。在他看来，在发达资本主义社会中，人性非但没有走向健康发展之路，反而更加扭曲。弗洛姆从人的心理角度指出了人为什么会追求无尽的占有："只要消费人的品格结构仍占支配地位，就永远不会有真正的'丰裕'（指心理学意义上的）对于贪婪的人来说，永远存在着贫乏，因为他永远没有足够的东西，不管他实际上是多么的富有。此外，他还会对其他每一个人都有一种垂涎、竞争之感。"④他接着也指出持有这种

　　①　[美]弗洛姆：《让人压倒一切》，载《人的呼唤——弗洛姆人道主义文集》，王泽应等译，上海三联书店1991年版，第108页。
　　②　[美]弗洛姆：《健全的社会》，欧阳谦译，中国文联出版公司1988年版，第137页。
　　③　[美]弗洛姆：《健全的社会》，欧阳谦译，中国文联出版公司1988年版，第133页。
　　④　[美]弗洛姆：《有保证收入的心理方面》，载《人的呼唤——弗洛姆人道主义文集》，王泽应等译，上海三联书店1991年版，第106—107页。

生活方式的人的一种悲哀:"他是孤立的、恐惧的,他不能真正地享受艺术或其他文化刺激;从根本上讲,他依旧是贪婪的,这意味着,那些生活在有保证的收入水平上的人会有受挫和无价值之感,而那些赚得更多的人依旧是环境的俘虏,因为他们感到恐惧,并且失去了消费最多产品的可能性。由于以上这些原因,我相信,如果毫无改变地遵循最大限度消费的原则,有保证的收入就只能解决某些问题(经济的和社会的),但是将不会起到它应该起到的巨大效果。"①他们"已经使自己成为一种消费人,人是贪婪的、被动的,且企图通过不间断的、日益增多的消费来填补他内心的空虚——对于这种机械的生活方式存在许多临床实例,即过度的吃,过度的买,过度的喝,以弥补压抑和焦虑。他不仅消费教育、书籍、讲座和艺术,也消费烟、酒、性、电影、旅行。他好像是积极的、'激动的',然而在内心深处,他却是焦虑的、孤独的、压抑的、厌烦的(厌烦可以定义为延续性的压抑,这种压抑可以由消费成功地来弥补)"②。人们为了躲避这种孤独,付出了沉重的代价,他把自己的个性完全抹杀了,个体失去了自我,生命毫无乐趣可言,他只不过是作为一个抽象的消费者而存在着。也就是说,人们并没有真的能够在消费中摆脱烦恼,补偿异化劳动的不足,在金钱中实现人的自由和幸福。异化消费加剧了人与人、人与自然、人与自身之间的矛盾,其并没有补偿异化的劳动,而是让期待的幸福更加遥远,异化的消费不过是对自由劳动的一种虚假的"自由"补偿。

第三,鉴于现代资本主义社会人的异化状况,他提出建立健全的社会,发展健全的"新人"来拯救社会,并提出了对未来社会的理想状态和理想人格的构想。在"健全的社会"中,"人不是别人达到其目的的手段,而永远是他自己的目的,因此,没有人被别人当作手段,也没有人把自己当作手段,人可以展现他身上的人性力量;在这种社会中,人是中心,一切经济和政治的

---

① [美]弗洛姆:《有保证收入的心理方面》,载《人的呼唤——弗洛姆人道主义文集》,王泽应等译,上海三联书店1991年版,第106—107页。
② [美]弗洛姆:《有保证收入的心理方面》,载《人的呼唤——弗洛姆人道主义文集》,王泽应等译,上海三联书店1991年版,第105—106页。

活动都要服从于人的发展这一目的"①。未来的人是精神健康的人,以自我
发展为中心,又与世界和谐相处,既与社会保持密切的联系,又不屈从于外
界的压力,"只要他生存着,他就会不断地发展自身,他把生命的赠予看作
是他最宝贵的机会"②。就消费而言,人们将走向一种人道而健康的消费方
式,代替"占有很多价值"的是"有价值的生存"。这些都体现了弗洛姆的人
本主义思想,具有重要的意义。但是如何使人摆脱异化的状况,走出焦虑、
孤独、压抑和厌烦,消除那些贪婪、剥削、占有和自恋,从而实现自我的需要,
成为一个健全的新人? 人们会自觉地按照良心行事,关心公共事务吗? 一
句话,如何实现健全的社会? 他提出了一系列的改良的方式,甚至企图依靠
国家和企业来改变社会,放弃以经济增长和提高利润率为目标的社会发展
模式,而这本身就是违反资本主义的追求利润的本性的,企图不改变资本主
义制度的改良方式,充满了浓重的乌托邦色彩,对变革现实根本无济于事。

四、"符号消费"批判

鲍德里亚借助符号学理论与方法对消费文化展开了批判。国内有学者
将鲍德里亚的思想划分为三个阶段:第一个阶段的著作主要有《物体系》③、
《消费社会》和《符号政治经济学批判》,在这个阶段,鲍德里亚依然处在西方
马克思主义的研究框架内,同时又运用了符号学和精神分析学的方法;在第
二个阶段,他从西方马克思主义转向了后马克思主义,激烈地批判了马克思
的唯物主义,与马克思开始决裂,这个时期的著作主要有《生产之镜》《象征
交换与死亡》;第三个阶段则同一切的思想决裂,符号支配了他的世界。④

根据这种划分,我们主要考察其处于西方马克思主义研究框架中,也就
是第一阶段的思想。鲍德里亚受到了符号学创始人索绪尔思想的影响,当
过去意义上为满足需要的消费转变为追求欲望的消费,即对欲望本身消费

①　[美]弗洛姆:《健全的社会》,欧阳谦译,中国文联出版公司1988年版,第279页。
②　[美]弗洛姆:《健全的社会》,欧阳谦译,中国文联出版公司1988年版,第278页。
③　在《物体系》一书中,J.Baudrillard被译为:尚·布西亚。
④　仰海峰:《走向后马克思》,中央编译出版社2004年版,第9—10页。

的时候,鲍德里亚认为只有用符号学的模式才能破译现代商品的意义结构,只有从不断变动的符号象征体系出发才能解释人们的需求,因为这种变幻不定的符号象征体系具有一种永无止境地激发人们的欲望的能量。关于现代消费,他说:"消费既不是一种物质实践,也不是一种富裕现象学,它既不是依据我们的食物、服饰及驾驶的汽车来界定的,也不是依据形象与信息的视觉与声音实体来界定的,而是通过把所有这些东西组成意义实体来界定的。消费是在具有某种程度连贯性的话语中所呈现的所有物品和信息的真实总体性。因此,有意义的消费乃是一种系统化的符号操作行为。"①

根据索绪尔的符号学理论,符号包括了能指与所指,内涵是符号的意义,也就是符号的所指,外延是符号的形式,也就是符号的能指。符号的所指和能指在同一体系中具有一一对应性,在不同的体系中,又具有任意性。形式是不变的,比如"马"就是"马"这个符号,但是其意义(内涵)是不断变化的。同样的能指,其所指不同,同样的物品使用价值相同,符号价值不同。并且对符号价值的追求被看成是一种个性化的实现,也就是在能指的载体下,实现了所指的变换,产生了差异性,而这种差异不过是一种符号的编码而已,不同的符号编码将产生不同的意义,而其能指并没有发生变化。

在鲍德里亚看来,原始社会的交换是一种"象征交换",注重物品的功能性,而如果只注重物品的功能性,就无法理解具有同样使用价值的物品也能构成差异、构成系列,它们之间可以互相替换。他认为是因为符号所指的不同,消费社会所有的消费品才有了替换性,消费本身也成了一个具有文化意义的自组织领域。在这个领域中一切都成了具有文化意义的东西,物品的原始功能性层面被物品符号文化层面也就是文化象征意义所取代。"物品在其客观功能领域以及其外延领域之中是占有不可替代地位的,然而在内涵领域里,它便只有符号价值,就变成可以多多少少被随心所欲地替换的了。"②由此,他展开了对消费社会的批判。

---

① [法]让·鲍德里亚:《消费社会》,刘成富、全志钢译,南京大学出版社2000年版,第27页。
② [法]让·鲍德里亚:《消费社会》,刘成富、全志钢译,南京大学出版社2000年版,第67页。

　　首先,鲍德里亚认为消费社会是一种消费者受符号操控的社会。在鲍德里亚看来,消费者决不是一个普遍性的人,而是一个社会政治的人,是一种"生产力"。因此,消费社会蕴含着深刻的危机和新型的矛盾。这种新型危机与矛盾在于,"消费并不是通过把个体们团结到舒适、满足和地位这些核心的周围来平息社会毒症……恰恰相反,消费是用某种编码及某种与此编码相适应的竞争性合作的无意识纪律来驯化他们……"①,通过驯化,人们被普遍地"提升为消费者",与此同时,意味着他们彻底从属于自己的奴隶命运,因为他们必须服从消费社会新的逻辑:符号操纵的逻辑。在其著作《物体系》中,他指出,消费社会是一种商品极大丰盛的社会,让消费者追求个性,正是物体系意识形态的运行方式。在"消费社会",商品不再是单个存在,而是成系列存在,他用模范/系列这一对概念来说明"消费受控"的情况。模范只是一种虚拟的理念,它不是不存在,也不是存在,而系列是用来投注个性的,它首先要服从物体的死亡要求。在鲍德里亚看来,由于模范与系列的对立,实际上就产生了两种追求流行的方式,对于上层阶级而言,他们追求的是模范,这就要求模范本身必须时刻被创新;而对于下层人士而言,对系列的追求,实际上是追求看似"个性化"的无个性的配件,这种配件以朝生暮死的方式存在着,而这正是消费时代的"欲望策略",这也是风格消失时代的物体意识形态的深层操控。通过模范/系列的对立,上层阶级透过模范所体现出来的特权已经被内化为人们内心中的自然感受,成为人们的自然理想,成为我们力图接近的目标,这才是消费社会或者说民主社会的意识形态控制,并且这种控制正是通过鼓励个性自由的方式实现的。

　　其次,鲍德里亚认为消费社会通过消费提供的所谓自由和平等为资本主义的合法性进行辩护。因为人人都可以消费,在使用价值面前人人平等,似乎是完成了资本主义运动长久以来所追求的口号:平等。而事实上,因为消费并不在于物品的使用价值,不在于物品的有用性,而在于"物体系"中,

---

　　①　[法]让·鲍德里亚:《消费社会》,刘成富、全志钢译,南京大学出版社 2000 年版,第 89 页。

对物的意义的一种消费,任何物品不是单独存在的而是存在于一个物体系中,只有在这种体系中它才有意义,也正是这种体系赋予物品以意义。即使使用同样的商品,由于其消费的意义和所在的体系不同,事实上也是不平等的。也就是说,使用价值的平等并不意味着"符号价值"的平等,资本主义在消费中所体现的"平等"不过是一种平等的幻觉。尽管鲍德里亚对消费主义的批判与法兰克福学派对消费主义批判的角度不同,但在这一点上,他们得出的是共同的结论。消费社会中的消费本身就具有为资本主义辩护的意识形态功能。对此,鲍德里亚指出,整个消费社会以"偷梁换柱"的方式,把整个社会政治领域内的平等、民主和幸福转移到消费领域。人们消费的是它们的幻象,还误以为已经真正地拥有了它们;消费社会的物品是以个性化和社会认同的方式诱惑人们不断去追求整个物品体系中的那个因差异而产生的、存在于理念中的模范。消费社会的意识形态就是这样悄无声息地控制着消费者;大众传媒改变了人们感受生活的方式,广告以预言、母性的方式实现着它的压迫;信用卡以及信贷让人们追求一种超前消费的生活方式,陷入永不停息的消费旋涡之中。

最后,鲍德里亚对大众传媒进行了非常深刻的批判。电讯传媒在现代消费中起着重要作用,大众传媒如电视,以一种"真实的内爆"使出现于屏幕的内容等同于在场的真实,过多地生产了威胁人们真实地感知现实世界的影像与符号,符号与影像的激增消解了现实与想象世界的区别,导致了一个仿真世界的出现,这种"超真实"使人不经意地停留在画面的切换上。于是,社会关系为符号所操纵,由符号主导的客体逻辑代替了由理性主导的主体逻辑,人们理解世界的方式发生了变化,即不再通过真实,而是通过仿像、超现实的画面建构自己与外部世界的关系。杰姆逊将这种由影像等构筑起来的后现代的文化为"无深度的文化",无中心、反权威、叙述化、零度化、无深度等概念构成了这种文化的基本特征。而当代社会已经呈现为不断增长的购物中心、旅游胜地、主题公园、各式展览馆的组合和符号的拼贴,形成了一个符号的世界;在无深度的消费文化中,大众陶醉于无方向性的"编码游戏",体验着裂变式的精神紧张和感官刺激,表现出种种歇斯底里的狂躁症状。鲍德里亚看到了大众传媒在社会心理和个体心性的健全方面造成了巨大的威胁,由于垃圾信息无休止地出现,各种意图意象纷至沓来,不免使大众渐生一种对立的厌恶情绪。于是,大众由冷漠到忧郁沉默,社会也因缺乏反馈而消失,不同阶级、不同的意识形态、不同文化形式之间,以及媒体的符号制造术与真实本身之间的各种界限均已经"内爆"。符号已不再指涉外在的真实世界而仅仅指涉符号本身的真实性和产生符号体系本身的真实性,镜头代替了任何批判理论模式。于是,必须对传媒在"文化工业"生产中消蚀意义的功能加以清算。在《消费社会》一书的前言中,L.P.梅耶这样说道,《消费社会》一书的任务就在于:"砸烂这个如果算不上是猥亵的,但算得上物品丰盛的、并由大众传媒尤其是电视竭力支持着的恶魔般的世界,这个时时威胁着我们每一位的世界。"①鲍德里亚对传媒的审理,已经进入了后现代理论本身的审理,为后现代社会传媒的研究打开了一种全新的理论视角。但是,他认为大众传媒的全球化趋势只能加以认同,因为在他看来,没有什么东西能够取代大众传媒在当今世界的地位和影响。于此,鲍德里亚作为后现代哲人的有限性和拒绝超越性的矛盾心态显示出来。

鲍德里亚后来走向了后现代主义,与杰姆逊等后现代主义学者一样,他们认为,"符号与商品水乳交融""真实与影像之间界限消失""符号能指的游移""超现实""无深度的文化""感觉的超负荷"等等都表明符号客体对人的主宰的形成,个人空间已经为传媒技术所瓦解,缺乏反思性和批判性,主体的历史感也被符号的生产方式以及超现实空间的发展所剥夺。鉴于此,鲍德里亚与杰姆逊对后现代社会中的符号对人的操控持一种虚无主义或是悲观主义的态度。尤其是鲍德里亚,认为整个社会是符号操控的社会,事实上他没有看到被符号控制背后的经济利益关系,符号并不是凭空产生的,而是由巨大的传媒机构生产和编码的,而这背后有着不同利益集团的斗争、妥协和竞争。他主张通过采取沉默或是消极被动的"宿命策略"来对待消费社会的信息过剩,以瓦解消费社会的符号逻辑,并主张用"象征性交

---

① 　[法]让·鲍德里亚:《消费社会》,刘成富、全志钢译,南京大学出版社 2000 年版,"前言"第 2 页。

换"来取代资本主义社会的一切商品交换。其结果要不充满了乌托邦的幻想色彩,要不就走向了虚无之境。

　　此外,还有一些学者对消费主义进行了批判。英国社会理论大师齐格尔蒙·鲍曼发现消费主义是一个非常中心的范畴,相比工业资本主义它具有巨大的欺骗性。在《自由》一书中,鲍曼从两个方面对消费主义的欺骗性作了批判。其一,比较消费主义与工业资本主义,他认为工业资本主义比消费主义更诚实,更少一些欺骗性,因为工业资本主义直截了当地告诉人们:这是老板,那是出卖劳动力者,因而人是被区分开来的,社会能为你提供的唯一东西就是这一种可能性,但赢家和输家也始终存在。而消费主义则并非如此直接明了,消费主义甚至还允诺它无法给予的东西,事实上,它允诺的是一种幸福的普遍性:每个人都可以自由地选择,也就是说,人们同样允许进入消费主义的商店,他们同样被允诺将得到幸福,这是欺骗性之一。其二,鲍曼认为消费主义设定了一个虚假命题:一旦你提供了消费者的自由,你就完全解决了自由问题,这又体现了它的欺骗性。这一虚假的命题使人们忘却了除了消费比如买一套漂亮的衣服之外,还存在着自我实行的途径。鲍曼对消费主义欺骗性的两方面的概括揭示了消费主义对人的控制的隐蔽性,也因为这一点,走出消费主义困难重重。

　　综观西方学者对消费主义文化的批判,在一定程度上都看到了在当今资本主义社会中,从生产社会到消费社会,资本主义社会工人的受压迫和奴役的状况没有发生根本变化,新的奴役形式不是减轻而是加剧了工人的受奴役状况。一个根本原因就是消费控制比起生产控制来说,表面更为温和,消费比生产更容易让人上瘾,身处消费社会的工人不是反对消费主义,而是积极地认同并且参与推动资本主义和资本主义消费文化的进一步发展。于是在无产阶级的解放道路上,法兰克福学派持一种较为悲观的观点,认为工人阶级已经不是可靠的依靠力量,只有那些不具备消费能力的人如学生、精神病人等潜在的反抗力量还在。同时他们也不主张通过社会革命来变革现实,而是希望通过文化领域也就是掌握"文化领导权"以成为现实变革的力量,事实证明这不过是乌托邦的幻想,是不可行的。鲍德里亚对消费社会进行了无情的批判,对消费主义文化进行了深刻的符号学解读,并且认为应该破除消费社会的种种神话如丰裕的神话、幸福的神话等，但是他提出走出消费社会的途径是回到"象征交换"的时代，这是不可行的。我们应该看到无论是消费社会还是其意识形态——消费主义文化，都是资本主义的产物，都是资本逻辑运行的结果。要超越消费主义只有斩断资本运行的链条，在当今资本主义条件下，除了依靠无产阶级推翻资本主义制度之外，别无选择。

第三章　中国传统消费文化的阶段性特征

　　消费文化作为文化的一部分,在历史的进程中呈现出斑驳多姿的样式,在整个中华文化中占据着非常重要的历史地位。早在自然经济时代,我国古代思想家就有了对消费活动和消费行为等问题的道德思考,有了关于节俭和奢侈善恶问题的争论,以及由此引起的对人类生活目的和意义的思考,历经两千多年的传统社会的变迁,形成了丰富多彩的消费文化。当然,由于传统社会历经的时间漫长,社会变化节奏缓慢,人们的消费结构、消费方式和消费观念的变化也是非常缓慢的。总的来说,中国传统消费文化历经了由中国传统农业社会的消费文化、被动迎新的半殖民地半封建时期消费文化到计划经济时代的"苦行者"消费文化的变迁。

第一节　中国传统农业社会的消费文化

　　在我国传统农业社会时期,社会主要经济形态包括农业、手工业、商业三大类,农业是其中的支柱产业,农业经济也就成为中国传统经济的重要来源,而小农经济是传统中国农业经济占主导地位的经济形式。小农经济,即个体农民经济,指以小块土地个体所有制和自己劳动为基础,从事农业生产的个体经济。① 小农经济深刻地影响着人们的生产生活方式,形成了独特

---

① 顾龙生:《毛泽东经济思想大辞典》,辽宁人民出版社1993年版,第108—109页。

的中国传统农业社会的消费文化，主要表现为自给自足的消费方式、结构单一的消费内容、等级森严的消费制度、宗亲为主的消费模式、崇俭抑奢的消费观念等。

一、自给自足的消费方式

在中国传统农业社会时期，农业社会结构包含大量自给自足的经济单元，按时间顺序分别是原始氏族公社、奴隶制庄园、封建和宗法式的农民家庭等。不同的社会结构下，自然经济也拥有着不同的形态，大部分情况下还是以小农经济为基本表现形式。整个传统农业社会发展过程中，小农经济始终是各个时期主要经济形态，这也使得自给自足的消费方式成为家庭主要的消费方式。

小农经济作为中国传统农业社会主要的经济形态，以个体农民为初级生产单位和消费单位，这种农业结构经济形态能够自给自足并且有很强的再生能力，所以，这种男耕女织的生产生活方式也就导致了自给自足的消费方式。例如，每个家庭通过拥有或租借他人的土地形成基本的生产单元，各个成员通过自然分工，从事耕种、蓄养家畜、砍柴、纺织、制衣、工具加工以及做饭、照料孩子等不同的劳动，从而获得各个成员维持生存的相关产品以及一些手工加工物品。对于中国封建社会这种自给自足的小农经济方式，马克思说："由于农民家庭不依赖于市场和它以外那部分社会的生产运动和历史运动，而形成几乎完全自给自足的生活"①。

中国传统农业社会消费文化是由当时的社会结构决定的，由于占社会最大比例的农民是主体，人们通过家庭劳作以满足自身基本生活需要，这就构成了当时生产消费方式的主流。"农民家庭差不多生产了自己所需要的一切：食物、用具和衣服"②，小农家庭生产模式单一、结构小、生产力与生产方式十分落后，家庭收获的粮食和蔬菜以及蓄养的肉禽大多用于满足家庭

---

① 《马克思恩格斯全集》第25卷，人民出版社1974年版，第897页。
② 恩格斯：《反杜林论》，人民出版社1970年版，第269页。

成员的日常需要。很多农民的着装,基本来自各个家庭本身进行的手工纺织与裁剪,农业与家庭手工业相互依存的自给自足的消费方式成为当时消费文化的主要特征。这一时期生产的意义是为了满足自给自足的生存需要,而不是为了交易。但是,从一定意义上看,这种小农经济下的自给自足的消费方式又存在着明显的弊端,其不利于社会生产力的发展,社会剩余产品也不丰富,整个社会发展极其缓慢。

我国传统经济思想对自给自足的生产方式和消费方式有非常多的反映。早在神农氏、尧、舜和禹时期,思想家们对早期的农耕社会中男耕女织的生产生活状况就有了形象的描写,如"身亲耕,妻亲织"就是对男耕女织农业生产的生动描述。儒家代表人物孟轲主张社会经济应当是:"五亩之宅,树墙下以桑,匹妇蚕之,则老者足以衣帛矣。五母鸡,二母彘,无失其时,老者足以无失肉矣。百亩之田,匹夫耕之,八口之家足以无饥矣。"①其中场景非常形象地描绘了传统农业社会男耕女织、自给自足的经济状态。西汉后期曾经举行了一次盐铁会议,参会者有许多文学大家,他们坚持封建正统思想,表示"千室之邑,百乘之家,陶冶工商,四民之求足以相更。故农民不离畦亩,而足乎田器,工人不斩伐而足乎陶冶,不耕田而足乎粟米。百姓各得其便,而上无事焉"②才是社会经济生活的正确方向。就连蓄养牲畜也可以不去进行市场交易,仅在家庭或者团体内部操作整个过程。另外,在东晋诗人陶潜笔下的"世外桃源",对男耕女织、自给自足、怡然自得的消费生活场景刻画得非常细致。在西汉后期,除了农业消费具有明显的自给自足性,手工业者、商人之间的产品交换,范围也十分有限,只存在于百乘之家、千室之邑之内,很少会出现同外面的圈子进行交易,因而有了"远方之物不交,昆山之玉不至"③。即便是社会发展到近代,龚自珍也同样提倡自给自足的社会经济方式与消费方式。

自给自足的消费方式的原因在于生产力低下,一夫一妻只能满足自己家庭的生产生活,没有更多剩余产品进行交易,加之封建社会交通不便,工

① 《孟子·尽心章句上》。
② 《盐铁论·水旱》。
③ 《盐铁论·通有》。

业和商业发展十分迟缓,各地区之间缺乏交流,也就出现了自给自足才能维持生活的现象。这种生产消费方式容易带来自我的满足感,但其消费对象极其单一,在很大程度上会阻碍社会的发展。

二、等级森严的消费制度

中国传统农业社会是一个重等级、重尊卑的等级森严的社会。从黄帝、炎帝到尧舜禹各位君王时代,每个地区甚至每个部落都有严格的等级制度。等级制度是以血缘为纽带发展起来的,是中国传统封建社会的基本制度,同时也是维护其专制统治的必要手段。中国封建社会等级区分非常鲜明,贵族官僚中也还有品级高低的区别,这些政治形态也深刻地影响着传统消费文化。南宋遗民谢枋得在《谢叠山集》中戏谈:"一官二吏,三僧四道,五医六商,七猎八民,九儒十丐。"虽称戏说,但也可窥见等级制的森严和分明。贵族在政治上位高权重,经济上占有大量社会财富,与社会底层人民之间等级差距明显,这就导致了消费观念的差别,由此形成了等级森严的消费制度。

与等级森严的皇权统治和官僚贵族体制相适应,消费文化也呈现出明显的等级特征。由于吃、穿、住、行,还有婚嫁、丧葬等全部要遵从规范,底层人民不会去触碰统治者所拥有的特殊消费。在饮食方面,不同等级的人饮食是不一样的,每个等级的人该吃什么不该吃什么都有严格标准。在穿衣方面,为了更好地区分不同等级之间的人群,凸显出贵族的高贵身份,每个等级都有每个等级特定的服装颜色。在出行方面,不同等级的人员也会存在巨大差异,体现在出行时马匹的数量与马车的大小等。总之,即便腰缠万贯,政治地位低的人也不能享受超越其阶级地位的高档消费品和其他代表等级的特殊商品。每一个等级都有其各自的消费规范,各种消费全都要根据自身所在的等级进行,不能僭越等级规范。因此,从维持生活所必需的饮食、穿衣、住房和出行方面,便能直观地区分出不同等级之间的差别。例如,我国古代封建社会将商人视为社会最底层的人,称之为贱商;汉朝时期,即便是富甲一方的商人,他也不能穿比较高档的丝织衣物,当然也不能享受当时社会阶级象征意义的高档物品,否则在社会风尚上视为不敬,犯有不知"礼"逾其"规"之嫌疑。一般说来,即使等级很高,经济上很富有,也没有人会去购置君王或者统治者才能穿的龙袍,更没有人敢随便享用那些写着御用的东西。

　　当时诸多思想家都是主张等级消费的,孔子是最早倡导等级消费的重要代表人物。他认为,每一个等级都应该有各自等级的消费水平,这是由每个等级的财富状况决定的,孔子既不主张低等级的人去越级消费,也不主张高等级的人降级消费。季氏八佾舞于庭,孔子严厉斥责其越礼行为,"是可忍,孰不可忍也"①。季氏是一位大夫,在当时的身份与地位相对普通官员高很多,但是也达不到天子的待遇,然而他却使用了天子的专用,因此遭到了孔子的指责。颜回逝世,颜父请孔子卖掉马车给颜回换外椁,孔子拒绝了,并说:"才不才,亦各言其子也。鲤也死,有棺而无椁。吾不徒行以为之椁,以吾从大夫之后,不可徒行也。"②孔子是很喜欢颜回的,那他为什么又回绝颜父呢?原因有二:一是孔子的亲子孔鲤死时亦没有用外椁,从儒家的宗亲观念来说,颜回虽很有才华但仍不及孔鲤。另一个是,当时的孔子已经是士大夫了,相对贫民来说,已经具有较高的身份和地位。根据当时的等级观念和相应的礼仪,士大夫出门不能徒步而需要坐车。由此可见,孔子是主张每个社会成员包括具有官衔的士大夫阶级,都要严格按照等级来进行消费,绝对不能有超越阶级的消费行为。

　　中国传统农业社会等级森严的消费制度存在的根源是统治者为维护自身统治而规定与倡导森严的等级制消费,在消费行为和消费方式上对不同阶层的人们进行强制规定。这种行为严重固化了社会风气,使民众背上等级消费的道德约束,使社会进入一种虚假的平静景象。这种等级消费理论的形成,加剧了民众和皇亲贵族之间的差距,导致底层民众生活越来越苦,而等级层次高的生活却越来越奢侈,由此社会矛盾也越来越尖锐。

---

① 《论语·八佾》。
② 《论语·先进》。

三、宗亲为主的消费模式

按照血缘聚居是人类早期的聚居方式。在原始社会,人类为了能够生存,他们以血缘关系为纽带生活在一起,为整个群体消费进行劳作,这个群体是当时社会的基本构成,他们每个人作为群体的一部分,共同生产和消费,从而也就形成了早期的以宗亲为主的消费模式。到封建社会时期,人类继承了这一传统,并将群体扩大,制定血缘宗法制度,同样以宗亲为主的消费模式也得以传承。

在传统农业社会的大家族中,存在以家长为首的血缘和宗族等级次序,甚至整个国家都可以看作是一个大"家族","家长"自然就是国家最高统治者。以最高统治者为首的大家族式等级次序,也就是所谓的"宗""法"一体,"家""国"同构。一般认为"家"指代家族,这个家族有共同的祖先,同时包含着众多的小家庭,根据家谱或者共同的祠堂联系在一起,一般都生活在一个地区,推选一位德高望重的长者作为家族首领。另外,家族的宗法等级制度非常严格,"君为臣纲,父为子纲,夫为妻纲","仁、义、礼、智、信"的三纲五常是封建社会及家庭关系的基石,是在小农经济基础上形成的中国传统农业社会人际关系的基本原则,其核心就是无条件地服从,因此也形成了"家族主义"文化传统。在家族中的每一位成员,终其一生都要依附家族,其在家族里面的地位与这个家族的当家人是息息相关的,他们依照宗法和"三纲五常"等行为规范,遵从长幼顺序、尊卑关系、亲疏有别、(家族)内外区分,家族整体利益至上。宗亲关系中的轻个人重家族逐渐延伸为轻个人重家国,引领了社会各阶层的思想,也引导了各个领域的人际交往,从而也就引领了家族内部人员的消费文化,每个家族成员都严格按照自己的等级地位进行消费活动,因此就出现了中国传统消费文化中比较独特的宗亲为主的消费模式。

正因为宗亲为主的消费是一种以家庭为主的共同消费模式,因而个人的个体消费很少出现。宗亲家族是一个财富共享的共同体,家族财产归全部族人共同拥有,生活消费上一般遵循"尊卑差异,长幼有序"和"尊尊,亲亲"的原则,家族中的管理者管理与分配全族的"共有"财富和生活需求品,每个家族成员很难在家族中获得经济自主权,所以说在家族内很少会出现个人消费心理,消费偏好以及消费行为,也就不会出现个体消费。另外,由于生活在同一个宗亲家族里,每一个家族成员的消费需求应该以家族的消费需求为中心,完全服从于家族的消费需求,这种消费模式经过长期的发展,形成了宗亲家庭固有的消费模式,其弊端就在于,长此以往,家族成员的消费就会变得一致且缺少个性消费,这必然导致消费的趋同性与盲从性。而且,家族消费强烈的人际等级意识,家族内部超强的亲和力和凝聚力,导致了对外的排他性,由此,宗亲消费必然是闭塞的消费模式。

四、崇俭抑奢的消费观念

自然经济是基于生产力低下而形成的自给自足的经济形态。一方面,劳动工具简陋,劳动力较少,家庭生产的可供消费的物质产品少,社会总的可供消费的物质产品匮乏;另一方面,自然经济完全依靠自然环境,天灾人祸不可避免。在这种劳动效率低、物质产品产出低、生活水平低的生产生活模式下,人们倍感劳动的艰辛和劳动成果的来之不易,只有节俭度日,精打细算,勤奋劳动,农民才能维系家庭的生存,由此,我国传统农业社会形成了"崇俭抑奢"的消费观念。

以节俭为核心的消费观念是中国传统农业社会消费文化的核心,"崇俭抑奢"是中国消费思想中影响最大、流传最广的一种消费观念。《左传》云:"俭,德之共也,奢,恶之大也。"孔子说:"礼与其奢,宁俭。"同时他还指出:"中人之情,有余则奢,不足则俭,无禁则淫,无度则失,纵欲则败。故饮食有量、衣服有节、宫室有度、蓄聚有数、车器有限,以防乱之源也。"[①]孟子曾经把当时人们所向往的理想生活描述为:"五亩之宅,树之以桑,五十者可以衣帛矣;鸡豚狗彘之畜,无失其时,七十者可以食肉矣;

———

① 《孔子集语·齐侯问》。

百亩之田,勿夺其时,数口之家,可以无饥矣。"①后来他把这种理想生活又向前推进了一步:"上足以事父母,下足以畜妻子。"也就是说只要能满足人的真实需要就行,节制个人欲望被视为一种美德。在荀子看来,"天子诸侯无靡费之用,士大夫无流淫之行",他所推崇的上层社会和上层阶级节俭的思想,是中国消费文化史上一大进步。道家学派的代表人物老子也说:"我有三宝,持而保之。一曰慈,二曰俭,三曰不敢为天下先"。②汉代贾谊定义"节俭"和"奢靡",认为"广较自敛谓之俭,反俭为奢;费弗过适谓之节,反节为靡"。③ 他主张人们根据自己的经济状况调节个人消费标准,这对汉朝以及后世的消费观念影响深远。理学集大成者朱熹认为俭和奢,俭是天理,奢是人欲,存天理灭人欲也就是崇俭抑奢。明代朱柏庐曰:"一粥一饭当思来处不易,半丝半缕恒念物力维艰。宜未雨而绸缪,毋临渴而掘井。自奉必须俭约,宴客切勿流连。器具质而洁,瓦缶胜金玉。饮食约而精,园蔬愈珍馐。"④由此可见,崇俭抑奢贯穿我国历史发展的过程,一直影响和制约着国人的消费行为和消费方式,更是每个流派、思想家都会认真思考和谈论的问题,可以说是我国传统消费文化的核心。

"崇俭"不仅是一种小农经济形态下的消费观念,在一定意义上更是一种生产伦理。自然经济条件下每个参与生产的家庭只有收入和支出达到平衡才能维系家庭的和谐,这也是整个社会稳定的前提条件。所以,"崇俭"同时要求增加收入和合理支出两个方面。一方面,生产力决定生产关系,只有生产力发展,人们的收入才会增加,节俭的作用才能得到体现,剩余产品的多少是收入的直观体现;另一方面,在以家庭为单位的小农经济家庭生产中,在劳动生产力水平低,投入产出水平不高的状态下,物质产品匮乏,只有精打细算,节俭度日,才能够达到收入和支出的平衡。例如,唐代诗人李绅诗出:"锄禾日当午,汗滴禾下土。谁知盘中餐,粒粒皆辛苦。"这首至今耳

---

① 《孟子·梁惠王上》。
② 老子:《道德经》。
③ 《贾谊集·道术》。
④ [明]朱柏庐:《夫子治家格言》。

熟能详、妇孺皆知的唐诗,阐述的道理就是食物来之不易,应当尊重劳动成果,不能浪费每一颗饭粒,是劝导人们"节俭"消费的生动教材。《弟子规》作为清朝中叶以后开始盛行的儿童行为规范劝诫的读物,在其文中也体现了崇简戒奢的消费思想,如"衣贵洁,不贵华,上循分,下称家","对饮食,勿拣择,食适可,勿过则","若衣服,若饮食,不如人,勿生戚"等,都是在劝诫人们要节俭,不要有奢侈浪费和攀比的日常消费心理和消费行为。另外,如"物尽其用""艰苦朴素"等这些日常用语也是人们对传统的消费规范的遵循和体现。

"崇俭抑奢"是落后的自然经济条件下,协调生产与消费两者之间矛盾的最好途径。中国传统农业社会,深受自然灾害的影响,对抗天灾的能力较弱,祈天保佑是唯一的办法。另外,朝代的更迭,土地占有和生产经营的不确定性也使得小农经济发展不稳定。所以,推崇"崇俭抑奢"是人民维持生计、保留部分积蓄的唯一办法,这样才能避免因天灾、战乱带来的风险。对于大多数民众来说,"崇俭抑奢""安贫乐命"似乎只能是生产生活唯一的出路。但是,由此而形成的崇俭抑奢消费价值观,具有了意识形态的相对稳定性,长久地影响着人们的消费观念。

中国传统农业社会的封建统治阶级一方面通过严格的等级制度和宗法制维护其政治统治,另一方面又依靠广大农民阶级上缴的赋税维护其经济统治。在政治上,加强中央集权;在经济上,保护农民的土地,稳定和巩固小农经济。为此,历代王朝推行的经济政策无不与农业生产关系密切,与户籍和土地紧密关联,其均把农业生产视为保障国家经济发展和社会稳定的主要生产方式。农业为本,"固本"的手段一方面维护了小农经济的稳定性,但缺乏拓新又导致了生产力的落后性。正是这种小农经济形态深刻地影响和决定了传统消费方式的基本内容和表现形式。在经历了几千年传统农业经济的发展后,中国传统消费文化逐渐成形,并打上了深深的小农经济的烙印。作为中华民族传统文化的重要组成部分,中国传统消费文化在一定程度上反映了历史各个时期人民物质文明和精神文明发展的特征。

第二节 半殖民地半封建社会时期的消费文化

传统农业社会消费文化的第一次大变动开始于鸦片战争。中国进入半殖民地半封建时期,西方帝国主义对当时积贫积弱的中国强加干预,通过强制手段对中国进行贸易来获得经济利益,而洋货是其经济实力的物质载体,也是启动这一时期中国消费模式转型的重要外力。西方帝国主义列强用军事实力强行进入中国后,如影而至的便是西方大量消费品,而伴随西方消费品一同进入中国的,便是西方的消费文化。当时整个中国大地处在被动迎新的冲击下,中国传统小农经济结构不断遭到破坏,传统的节俭生活方式和消费观念遭到不同程度的消解,崇洋消费、奢靡享乐、反对节俭、打破等级消费等消费方式和消费观念开始盛行和蔓延。

一、崇洋消费风气盛行

面对帝国主义的压迫和无理的要求,清政府同意与西方帝国主义进行部分贸易,允许一些消费产品以及消费生活方式进入我国,但是这些都要以不改变中国封建政治体制、伦理道德观念为原则。然而,大量西方帝国主义的产品涌入中国,迅速影响了人们的生活观念和社会风俗习惯。随着甲午战争的失败,通商口岸的进一步开放,洋货如洪水一样从各个通商口岸涌进来。社会大众在大量的洋货消费中逐渐形成了以洋货为贵、以洋货为美的消费观念和消费方式,崇洋消费风气开始盛行。

在帝国主义列强要求增加通商口岸的条约中,越来越多的通商口岸设立,西方的消费品和消费习惯也由此进入中国。如在通商口岸城市上海,1881年部分居民就用上了自来水,1882年部分居民也用上了电灯,到1896年,部分居民居然看到了当时被称为"西洋影戏"的电影。此外,一些带有科技创新的西洋产品也流入我国,如时钟、玻璃器皿、西洋镜等。"凡物之极贵重者,皆谓之洋,重楼曰洋楼,彩轿曰洋轿,衣有洋绉,帽有洋筒,挂灯曰洋灯,火锅名曰洋锅,细而至于酱油之佳者亦名洋酱油,颜料之鲜明者亦呼洋红洋绿。大江南北,莫不以洋为尚。"①上海、广州等通商口岸所流行的崇洋消费风尚迅速向广大内陆地区蔓延,在他们的消费示范作用下,崇洋消费向下、向内地、向农村蔓延。《国货月报》有一作者描述自己的家乡:"单从我所熟悉的故乡来说,居民平时自耕自织,穿的大部分是土布,但亦非纯粹的,因亦有洋纱纺的。遇婚、丧、喜、庆、出门、拜客,大都是穿花花绿绿的外国货。富的不消说,满身罗绮;就是贫的,也去花一二元钱买花洋布,做一身半套的衣服,以为风光。这种现象,普遍了我们这里,同时,我敢相信,不单我们这里如此,全中国没有一处不如此。""以穿外国货为荣,以穿国货为贱的念头,深入人民的脑海。"②

随着与帝国主义的贸易不断增加,到了19世纪后期,帝国主义要求开放的通商口岸数量达到了70多个,清政府也顺应形势主动开放了20多个通商口岸,这便导致了洋货在中国更为广泛流通。即便在许多内陆的非通商口岸地区,洋货也变得极为常见,甚至是某些村子也能够看到一些新奇的洋货。甲午战争失败后,外国人可以在中国投资建厂,通过中国廉价的劳动力市场、便宜的原材料以及优越的地理位置,一时间吸引了大批外国人来中国投资建厂,丰富的产品与原来的洋货相比更便宜,又进一步加剧了洋货在中国市场的流通。关于这一时期中国居民对洋货的钟爱,当时报纸、杂志均有大量的记载,仅从上述实例足可说明,20世纪前后洋货进口对中国居民消费方式、消费水平、消费文化的影响已深入人心。

广大民众在衣、食、住、行、用等各个方面都学习西方,形成了以洋货消费为时尚的消费现象。正如《为提倡国货告妇女》中所说:"社会心理都爱慕洋货,许多放弃很好的绸缎不穿,都去穿外来的假货,无非以为洋货时髦些。"③由于长期存在的崇洋消费观念,甚至出现了许多商人将买卖洋货看作是至高无上的荣耀,有些消费者也认为,洋货不管怎样都是好的。1905

---

①　严昌红:《中国近代风俗史》,浙江人民出版社1992年版,第78页。

②　吴忠匡:《怎样去提倡土布》,《国货月报》1934年第8期。

③　郭立珍:《中国近代洋货进口与消费转型研究》,中央编译出版社2012年版,第189页。

年《时报》评论："商人以售外货为荣,买客以购外货为乐","见外货则趋之若鹜,见土货则弃之若遗"。① 中国形成一种"鄙视国产,重视洋货,以为非舶来无以显其尊贵"②,从而形成争相购买洋货的不良消费风气。"崇洋洋货,争购洋货"的现象在 1912 年后愈演愈烈。《申报》评论某些民众在洋货和国货之间选择尚"洋"时说:"中国之缎甚好,偏爱穿外国缎;中国之纱甚好,偏爱买外国纱;中国之呢甚好,偏爱用外国呢;中国之戏甚好,偏爱外国戏;中国之话甚好,偏爱说外国话;中国之酒甚好,偏爱饮外国酒;中国之菜甚好,偏爱吃外国大餐;中国之木甚好,偏爱摆外国家生;中国之旅馆甚好,偏爱挂外国商旗……"③

值得指出的是,在半殖民地半封建社会中出现的中国工商业阶层,为西方消费文化的引入作出了巨大贡献,他们最先接受了西方的消费方式,然后成为了这一方向的先驱,不断推崇着西方消费以及不必要的过度消费。这其中不仅有对长期"重农抑商"等封建制度与思想的抵制;也有对未来规模巨大的洋货市场的期待,通过将洋货放在一个社会普遍关注的位置来鼓动广大民众自发地选择洋货,以此来达到自身的目的。《申报》中有一篇报道是关于当年的机关工作人员的,其中讲道:"头戴外国帽,眼架金丝镜,口吸纸卷烟,身着哔叽服,脚踏软皮鞋,吃西菜,住洋房,点电灯,卧铜床,以至台灯、毡毯、面盆、手巾、痰盂、便桶,无一非外国货。算来衣食住处处效仿外国人。"④普通市民老百姓也是流行穿西服,吃西餐,将洋货视为生活的一部分。尤其一些爱追赶时髦的年轻人更是处处模仿西方,有人戏说他们"洋帽洋衣洋式鞋,短胡两撇口边开,平生第一伤心事,碧眼生成学不来"。⑤

除此之外,知识分子群体也是推崇西方消费方式的一大群体,既包括传统的士大夫群体,也包括受新式教育的知识分子群体。尤其是知识分子群体,由于其大多生活在通商口岸地区,接触西方文明的机会较多,深受西方

---

① 《时报》1905 年 4 月 9 日。
② 民国《巴县志》卷五,第 40—41 页。
③ 《偏爱》,《申报》1912 年 3 月 11 日。
④ 《中华民国国务员之衣食住》,《申报》1912 年 5 月 7 日。
⑤ 《公余日录》卷十,转引自《中国传统文化的再估计》,上海人民出版社 1987 年版,第 262 页。

物质文明影响,对于西方消费文化也比较青睐,多是西方生活消费方式的推崇者。清政府在鸦片战争中的失败,使得一直自诩中国为天朝上国的国人失去了以往的优越感,对西方资本主义国家的军事制度、科学技术、政治体制、思想艺术、生活行为以及消费习惯等开始争相学习。这一现象在19世纪末20世纪初的30年间尤为明显。甲午中日战争的失败,让一大批爱国知识分子开始寻求救国救亡之路,戊戌变法就是一场由先进知识分子领导的民族自救之路,它猛烈抨击了封建顽固专制以及人们生活方式的落后性,大力推崇西方先进的生活方式,同时也掀起了一场消费方式新的革命。而"五四"运动作为我国历史上一场思想大解放运动,其通过新式学堂培养出来的年轻人和留学归来的人们一起将西方先进思想带到了中华大地,不仅如此,他们也把西方的消费理念和消费方式带入了中国。

洋货进口推动了中国消费模式转型。洋行通过多种手段如降低洋货在中国的售价、扩大洋货在中国的营销网络等,来吸引中国居民的注意力,使中国居民购买和使用洋货越来越多,洋货在中国市场上所占份额愈来愈大,对中国传统社会经济结构的破坏力不断加强。因此,中国传统自然经济结构不断遭到瓦解,传统的手工业、商业、交通运输业逐渐衰败。与此同时,现代工业、商业、交通运输业随着洋货的大量倾销得到了发展。在洋货进口的冲击下,中国传统经济结构发生较大改变,开始出现资本主义经济结构,导致了中国传统消费模式所依赖的小农经济基础作用不断衰弱。中国民众在使用洋货时,慢慢地被西方的消费方式、消费观念所影响甚至同化。因而,洋货加速瓦解了传统消费文化的经济基础,其在中国不断拓展市场从而加速了中国消费文化的转型。

二、奢靡享乐之风蔓延

清朝末年,随着资本主义经济在中国的快速发展和崇洋消费风气的盛行,传统社会的消费方式发生了巨大变迁,奢侈性消费在上层社会开始流行,奢靡享乐之风在不同社会阶级之间蔓延。到民国初期,整个社会都被笼罩在奢靡享乐的雾霾之下,最严重的表现是在日常消费方面。当时有学者言道："竞奢侈尚浮华渐成社会风气,以致民国建立十一年中进步最快的就是奢侈。"①

　　在19世纪中期广州、上海等地由于商品经济的发展,消费品日益增多,人们在消费上已经一改过去节俭为主的消费观念,开始纷纷追求高消费。1842年后洋货的大量进口,为人们的物质消费提供了更多的渠道和保证,从而也加剧了通商口岸等地生活上的奢侈之风,清朝末年到民国初年这一时期此风更烈,在上层达官贵人和名流、买办、有钱人的消费中,比阔气、坐洋车、盖洋房,其中以上海、广州、武汉、天津、南京等地的上层人士最为显著。1913年5月28日《大公报》有评论道:"官僚也,议员也,政客也,元勋伟人也,以及办学务、办公益之绅若董也,惟日孳孳,莫不以攫取金钱为首要目的,腰缠富,取精既多,用物斯宏,溺情于声色赌博者无论矣,既言官室车马服用筵席之类,亦突过王侯而不为泰,精神上无一事堪与欧美仿佛,惟用度之奢侈骎骎将凌欧而轶美!"②这种奢靡消费风气很快就传播到一般市民生活中。在上海等几个主要通商口岸城市,居民消费结构中消费资料的来源极为广泛。如上海富裕居民的食品构成非常复杂,不仅有国内的食品,还有进口食品,米来自暹罗,面来自美国,饼干来自英国,葡萄酒来自法国,香肠来自德国,咖啡、糖果等食品也都来自不同的国家。再如上海时髦女士身上穿的衣服、佩戴的服饰,帽子来自美国,眼镜来自法国进口,衣服的布料来自英国,手上戴的金表来自瑞士进口。服饰不仅来源广,而且从做工来看,不仅有工业品,还有中国传统的手工制品,具有明显的中西并陈的特点。如当时上海的《申报》中有文章评论:"从前家中陈设不过榆树器具及瓷瓶铜盆已觉十分体面,今上海人红木房间觉得寻常之极,一定铁床、皮榻、电灯、风扇才觉得适意。学生非舶来品不御。"③这一时期奢侈消费风气泛滥的原因是复杂的,但有一点可以肯定的是与洋货进口日多、崇洋消费密切相关,大量质优价高的洋货输入为奢侈风气的发展奠定了物质基础,各种美观、便用、价廉的洋货充斥各地的市场,为人们炫耀性消费提供了物质条件。

---

① 《奢侈戒》,载《申报》1922年3月16日。
② 《不生活之生活程度》,《大公报》1913年5月28日第1版。
③ 《做上海人安得不穷》,《申报》1912年8月9日。

　　洋货进口激增不仅助长了上海等地的奢侈之风,而且把西方的享乐主义消费观念带到沿海通商口岸等地。国人受西方享乐文化的影响巨大,其中一条重要途径就是广告。广告不仅对中国居民消费行为起到导向作用,还潜移默化地影响着中国居民的消费观念。在上海等地的广告中都暗含着这样一种消费观念:人生的幸福与快乐以及人生的意义就存在于对各种物欲的消费中。如《申报》为精益眼镜所作的广告说:"人身上的福分,就是眼福和口福。"①它明确地告诉读者一种全新的消费思想,一种新的生活观点:人的幸福不再是安贫乐道,成为传统儒家文化所期望的有德之士,而是一种感官的满足、活在当下的快乐,消费物质的数量以及消费物质的档次都成为了评估幸福与否的指标。

　　上层人士的道德堕落更是奢侈享乐风气蔓延的又一重要原因。民国初年,各地军阀利用局势混乱,大肆掠夺财富,身价一般都有几百万乃至几千万,无尽的财富令他们穷奢极欲,自上而下地腐朽着社会风气。而且民国官吏的薪水极高,官民收入差距不断拉大,富者骄奢淫逸无度,穷者破产求救无门。《申报》文章写道:"军官也,官僚也,富商大贾也,一宴会娱乐之费,而动至数十万金焉。一婚嫁丧葬之费,而动至数千百金焉。其下焉者日征逐于花天酒地中,衣必文绸,食必粱肉,居室必美备,更无论矣。夫如是,则举国上下,财用恒苦其不足,而势不得不出之于争,由是而贫而诈而暴。"②由此便知,当时社会的恶劣道德风气主要存在于达官显贵阶层。奢侈之风由上及下,成为一种普遍现象。随着资本主义经济快速崛起,商人社会地位与日俱增,为凸显其财力和身份,他们也开始了骄奢淫逸生活,进一步使享乐之风不断蔓延,"今朝有酒今朝醉"成为流行的生活方式。当时有观点批判:民国都会"比年号称文明者,究不外奢侈品之增多,性欲之发达"③。这种奢靡享乐之风在民国经久不衰,导致整个社会发展缓慢,百姓怨声载道,社会矛盾不断激化。

---

①　《申报》1922 年 3 月 12 日。
②　《俭为各种美德之基》,《申报》1921 年 4 月 13 日。
③　陈生任:《青年与欲望》,《新青年》第二卷第一号,1916 年 9 月。

三、节俭消费观念遭弃

随着资本主义工业和商业在中国的迅猛发展,一些地区的经济水平得到了迅速提升,随之而来产生了对传统节俭消费质疑的观点,甚至出现了某些激进分子的公开抵制,并且开始宣扬西方的消费思想,这一大变化深刻地影响了当时民众的生活方式。如清朝末年上海出现了公开争辩"俭与奢"的现象。当时《申报》上有篇名为《论治世不必偏重节俭》的文章,该文写道:节俭这个传统美德,"可行诸三代以上,不能行之三代以下也""繁华之事皆哀多益寡,以有济无道也。行之何害?禁之何为……裕国足民之道,不在乎斤斤讲求崇尚节俭,盖自有其道也。此道若得,则上下皆富矣,何至有患贫之时哉?区区节俭又何足道哉?"[1]再如《申报》也有类似"崇俭能久,此特为一身家之计耳,非长民者因俗为治之道也"[2]的观点说法。当时的《申报》代表主流媒体,由此可见,当时的主流社会观点开始对传统的节俭方式和行为进行公开批判,已经不能作为做大事成就大业,治国治世之道了。换言之,节俭已经成为当时救国救民的绊脚石了,这也为主动迎接西方消费方式提供了理论依据。

这个时期在一些地区存在大量的崇洋媚外的消费方式,比如说沿海地区,其中的有钱人盲目的购置各种西洋产品,并且盖起了洋楼,建起了赛马场和游乐场,整日整夜地流连于各种舞会或者宴会。这一切的根源在于富商之间的相互攀比,以挥霍性消费的多寡来满足自身的好胜心。1913年5月9日的《时报》报道:"今之沪上,一般士夫无论学界或商界,每有聚数十同志创为俱乐部者……麻雀也,牌九也,鸦片也,酒食也,叫局也,群居终日,言不及义,少年子弟趋之若鹜,乐而忘返……是直秘密之销金窟耳。"[3]当时中国的政治体制与生产方式不可能马上照搬西方资本主义国家的模式,但是西方社会的民间生活方式却不知不觉在我国开始盛行。中国早期的资产

---

① 《申报》1877年2月28日。
② 《申报》1872年5月21日。
③ 《时报》1905年6月21日。

阶级加速了西方消费文化在中国的推广,通过奢侈享乐来彰显自身社会地位,同时打压其他的竞争对手,将奢侈消费作为自己区别于其他群体的重要特征,这与贫苦大众的苦难生活形成巨大反差。

四、等级消费制度破除

中国封建社会时期消费文化是有等级之分和尊卑之分的,具体体现在衣食住行上的不同,只有达官显贵才能消费到社会最高等级的消费品,民众与之无关。半殖民地半封建时期中西方贸易往来频繁,西方大量消费品涌入中国市场,随之而来的还有西方的消费文化,广大民众在大量西方消费品的蛊惑下和西方消费文化的冲击下,逐渐摒弃了与传统小农经济相适应的节俭消费观念,不断向以彰显财富地位的消费主义方式靠拢。这在一定程度上加速了以财富为基础的货币在市场领域的流通,货币在市场领域的价值提升,打破了以出身、血缘、宗亲为标志的封建阶级固化局面,货币拥有的多寡和消费能力的展示逐渐成为区分个人能力水平和社会地位高低的标准。由此,一种新的由市场经济主导的消费文化在清末民初时期迅速蔓延开来。

以服饰为例,在封建社会中,服饰可以表示一个人身份的贵贱等级,等级消费制松懈后,被压抑数千年的中国居民在服饰消费上追求新颖、美观、适用,标新立异,只要有钱想穿什么就穿什么,"西装东装,汉装满装,应有尽有,庞杂至不可名状。"[1]民众也不再局限于传统的发型,而是根据衣着需要进行搭配,发型不再是身份地位的表征,人们往往根据自身喜好设计打扮。南京"妇女衣服,好时髦者,每追踪上海式样,亦不问其式样,大半出于妓女之新花色也。男子衣服,或有模仿北京官僚,自称阔佬者,或有步尘俳优,务趋时髦者。至老学究之古董衣服,新学派之西服革履,则各是其是。"[2]奇怪的是,当时还出现了"中国人外国装,外国人中国装""男子装饰

---

①　《大公报》1921 年 9 月 8 日。

②　胡朴安:《中华全国风俗志》(三),上海大达图书供应社 1936 年版,第 2 页。

像女,女子装饰像男"①的情况。至于服饰的颜色,则根据心情随意挑选,颜色不再受到限制,在都市"翩翩纤纤、洋洋洒洒、陆离光怪,如入五都之市,令人目不暇给"②。针对民国初期服饰消费上洋风盛行,当时的《民立报》认为西装是对清朝冠服所体现的等级消费观念的否定,还有人分析民国初期的妇女"抛弃本国服饰,模仿外国"的原因,在于"宁愿挨咬受冻亦不甘再受束缚"。从服饰消费上可以看出这一时期中国居民的消费模式已经打破了中国数千年来那种古板、单调、等级森严的消费模式,取而代之的是生动活泼、千变万化的消费方式。尤其是在上海、广州等工商业发展水平相对较高的地方更为明显。过去"商贾不衣锦,中产家妇女无金珠罗绮,士大夫一筵之费不过一、二千钱";现在却是"无论士庶舆台,但力所能为,衣服宴饮,越次犯分不为怪","向时缎衣貂帽,例非绅士不得僭,今则舆台胥吏亦有服之。一切器用必用红木、楠、梨等。寻常燕(饮)享,无海错山珍,群以为耻"。③

半殖民地半封建社会时期的消费文化发展是由两个方面引起的。其一,这种发展是被迫的,西方资本主义国家通过武力打开了中国的大门,强迫中国接受西方消费文化,而这种消费文化不管是内容上还是形式上甚至是在观念上都与中国的传统消费方式大相径庭;其二,这种发展也是一种迎新,加速社会生活方式转变。在"五四"新文化运动后,越来越多的知识分子加入其中,成为倡导新消费主义的主力军,同时也成了加速社会生活方式转变的早期群体。这些人包括康有为、梁启超、谭嗣同、严复等一大批在当时名满神州的文化精英,他们呼吁变法图强,也鼓励解放思想,学习先进文化,抛弃封建顽固思想。不仅如此,他们是最早一批敢于直面传统生活方式的桎梏并提出抵制的有识之士。他们将新型消费文化推广到了千家万户。在他们的努力下,国民政府出台了政府文件,例如,民众不得吸食鸦片、废除女性缠足陋习、对称谓改革、剪辫子、文明婚姻等。这一系列措施旨在对社

---

① 《改良》,《申报》1912 年 3 月 20 日。
② 《梦游民国》,《申报》1912 年 9 月 14 日。
③ 黄苇、夏林根编:《近代上海地区方志经济史料选辑》,上海人民出版社 1984 年版,第346 页。

会风俗、人民生活以及思想观念进行改造。

　　从戊戌变法提出"托古改制"、辛亥革命倡导"三民主义"到进步青年发起的"五四运动",每一次思想的冲击都对传统消费文化形成了强有力的抨击。虽然这种文化启蒙运动取得了不错的成就,但由于新兴的资产阶级极力推崇并一味追求的西方消费方式是通过强行灌输给广大民众的,其只顾眼前而不管未来的发展,很难被广大民众所接受。因而,在当时这些新文化启蒙运动并没有得到占中国绝大部分的农民的支持,甚至还遭到了一些农民的抨击。这种旨在表面进行修修补补的消费文化领域的改革创新,并没有考虑到彻底的价值观念的创新,也不能从根本上推翻原有的封建传统消费文化,它能够做的仅仅是很肤浅的形式上的"破旧立新",因而这些尝试并没有使得半殖民地半封建社会下的中国在消费方式上发生变化。

第四章　我国传统消费文化向现代消费文化的转变

改革开放以来,随着社会消费品的供给不断丰富,人们的消费水平也在逐渐提升,相伴随的消费文化也发生了很大的变化。中国人民曾经在五千年的漫长历史中为基本的衣食住行痛苦挣扎过,从"新三年,旧三年,缝缝补补又三年"的艰难岁月里走过,至今人们对昨天的贫穷依然记忆犹新。"成于勤俭,败于奢"的古训一直伴随着勤劳而节俭的中国人,高积累低消费的战略方针还深刻着影响着走过那段岁月的人。可是,随着中国改革开放事业取得日益明显的成效,中国人民"富"起来了。当越来越多人们的基本生活需要得到满足,当越来越多的商品充斥市场等待更多的人们去消费,中国人民似乎在一夜之间,消费模式和消费观念都发生了变化。可谓"中国的社会转型伴随着中国消费的革命"。其主要原因在于中国实行改革开放和社会主义市场经济,同时,从历史发展的规律看,我们也还没有超越"物的依赖性"的历史阶段,必然滋生消费文化的"物质主义"。同时,随着全球化进程的加速,作为西方消费社会的意识形态即消费主义文化联合媒体力量,借助跨国公司传入中国,成为了影响中国消费文化变革进程中的重要力量。

第一节　市场经济创造了"消费者"

改革开放带来了社会的巨大变化和迅速转型,而在经济领域的最重要的表现就是由计划经济向市场经济转型,这种转型在消费领域甚至政治文化领域里都掀起了一场革命。戴慧思指出:"在不到10年的时间里,数千万人有了新的通讯方式,新的社交词汇以及通过新的商业化途径产生的新的休闲方式。毫不夸张地说,中国经历了并正在经历着一场消费革命。"①那么,市场经济是怎样掀起消费革命或是怎样造就了真正的消费者?本节将从市场经济凸显了消费在经济增长或是资本增殖中的作用、市场经济为消费者提供了消费自主权两方面来说明市场经济的客观效应。

一、凸显了消费的积极作用

根据消费与生产的关系,维尔斯曾经创立了一套社会分类理论,把社会划分成高生产—高消费社会(过度发达的享乐主义社会类型),低生产—高消费社会(衰退中的寄生性社会类型),低生产—低消费社会(不发达的传统社会类型),以及高生产—低消费社会(禁欲式的发展主义社会类型)。②"在那里,高度的生产主义,特别是对重工业和资本商品的注重,与压低群众可支配收入增加的政策所造成的低度消费主义结合在一起。"③而随着社会主义市场经济的逐步建立,"高生产—低消费"状况导致国内消费的严重不足,对经济增长造成了巨大的束缚,这也从另一个角度将消费对经济增长的本来意义凸显了出来。

一方面,消费是经济过程中的一个重要环节。马克思十分重视消费在经济运行中的重要作用,他将消费作为社会大生产四个环节——生产、分配、交换和消费——中的重要环节,并认为,"在生产中,社会成员占有(开发、改造)自然产品供人类需要;分配决定个人分取这些产品的比例;交换

---

① 　戴慧思、卢汉龙主编:《中国城市的消费革命》,上海社会科学出版社2003年版,导论第3页。

② 　见 Wells, A. *Picture - Tube Imperialism? The impact of U. S. television on Latin America Maryknoll*,NY:Orbis.1972,p.195.

③ 　L.Sklair,*Sociology of the Global System*,Harvester Wheatsheaf,1991,p.148.

给个人带来他想用分配给他的一份去换取的那些特殊产品;最后,在消费中,产品变成享受的对象,个人占有的对象"①。马克思认为,在社会大生产的四个环节中,首先,在生产这个环节是制造阶段,生产出适合人们需要的对象或物品;其次,在分配环节,按照社会规律进行生产对象或物品的分配;再次,在交换环节,按照商品价值规律和个人需要,对已经分配的对象或物品进行再分配;最后,在消费环节也是最后一个环节,产品可以脱离社会这种大运行规律,直接成为人们享受的对象和个人占有的对象,如果把四个环节联系起来,就形成了一个不断循环运行的社会大生产活动:"生产表现为起点,消费表现为终点,分配和交换表现为中间环节"②。在马克思看来,消费的重要性还表现在其在两个方面对生产起着决定作用:一是产品只有在实际的消费中才能体现它的现实价值和使用价值,只有把产品消灭了才算消费环节的完成。"产品在消费中才得到最后完成。一条铁路,如果没有通车、不被磨损、不被消费,它只是可能性的铁路,不是现实的铁路。"③"因为产品之所以是产品,不在于它是物化了的活动,而只是在于它是活动着的主体的对象。"④二是通过消费又能创造出新的生产需要,可以把观念上的消费对象,通过生产变为现实,也就是说把消费需要再生产出来。从这个意义上说,没有消费,就没有生产。

另一方面,消费是资本增殖的重要指示器。资本运行的逻辑就是增殖的逻辑,因此,资本的本质就是增殖。资本以货币为运行起点,以商品为其运行的中介,以货币的增殖为其终点,即马克思所说的"G-W-G′"。也就是说,资本运行的目的不是为了给社会提供"庞大堆积"的商品,而是为了获得"庞大堆积"的货币。作为资本的货币是要以货币(G′)的流回而不是以商品(W)为目的,否则"没有这种流回,活动就失败了,或者过程就中断而没有完成,因为它的第二阶段,即作为买的补充和完成的卖没有实现"。⑤

---

① 《马克思恩格斯全集》第30卷,人民出版社1995年版,第30页。
② 《马克思恩格斯全集》第30卷,人民出版社1995年版,第30页。
③ 《马克思恩格斯全集》第30卷,人民出版社1995年版,第32页。
④ 《马克思恩格斯全集》第30卷,人民出版社1995年版,第32页。
⑤ 《马克思恩格斯全集》第44卷,人民出版社2001年版,第175页。

由此可见,出售商品的目的不是为了购买原材料再次投入生产,而是在以货币进行商品交换的过程中,实现资本增殖。"作为资本的货币的流通本身就是目的,因为只是在这个不断更新的运动中才有价值的增殖。因此,资本的运动是没有限度的。"①

市场经济本身是需求导向型经济,消费是社会一切生产经营活动的目的、归宿和根本动力。为了实现经济的繁荣,市场就需要不断激发人们的消费需要与消费热情,不断创造出新的经济增长点。在一定意义上,消费对推动经济增长、为经济增长注入持久的动力等方面具有重要的作用,刺激消费也能够鼓励人们提高生活水平,刺激工业的发展,保证充分就业,为社会发展提供动力。否则,即使生产有了一定的发展,而消费的环节没有跟上,社会长期处于低消费状态,必然会影响社会的正常生产和经济的良性运行。凯恩斯的经济学"有效需求原理"在一定程度上揭示了消费对促进经济增长和解除经济危机的作用。在市场经济条件下,生产的规模决定于需求,包括消费需求和投资需求的大小,要促进生产发展,必须扩大需求,也就需要通过各种手段去挖掘人们潜在的消费欲望。对此,20个世纪90年代,我国制定的消费政策是围绕着刺激人们的需求、延长人们的消费时间(如"黄金周"的出现)和拓展人们的消费空间(各种度假方式),即通过刺激消费达到扩大生产的目的而制定的,这大大提高了国内需求,为经济发展注入了强大的动力。

可是,当刺激消费成为政府政策的一个主要目标时,"消费"开始强烈地渗透到我们社会生活的各个角落,成为衡量人们生活信念的一条价值标准。对于个人来说,"消费就是爱国",于是无论是合理消费还是畸形消费都尽力通过各种渠道去满足;对于政府来说,"消费促进经济增长",坚持"一切以经济建设为中心"这一基本原则,在具体的贯彻中,很容易被理解并执行为片面追求经济发展,也就是单纯GDP的提高,于是为了追求更多的所谓的政绩,有些地方政府不惜牺牲基本设施的建设,置地方有限资源和环境于不顾,大肆兴建能够带动经济发展的消费和娱乐场所,甚至对于一些

---

① 《马克思恩格斯全集》第44卷,人民出版社2001年版,第177—178页。

不当消费场所实行"地方保护主义"。这种导向促使人们从节俭一跃走向过度消费、奢侈消费与非理性消费等。

二、凸显了消费者自主权

在计划经济时代,评价一个人的社会价值是根据其在生产领域对社会的贡献,认真努力工作、做一颗兢兢业业的螺丝钉的人会得到较高的社会评价和荣誉。相应地,在消费领域,大家都是按部就班地遵从国家为每个人制定的平均消费水平,基本没有消费者的自主权。尤其是在新中国成立初期(1953年),国家实行"统购统销"的政策后,人们基本的生活消费资料都控制在国家手里。在农村,农民把生产出来的粮食卖给国家,自己食用的数量和品种必须由国家批准后才能留下。在城镇,每个家庭有一个粮本,凭粮本供应粮食,不允许粮食自由买卖,居民的日常生活用品都是采取限量供应,当时的人们只能根据有限的配额从国营商店购买到如粮食、棉布、食用油等之类的基本物品,其他如手表、自行车等高档消费大部分是处于短缺状态。这种消费方式是与计划经济时代物质匮乏的状况相适应的,它有利于稳定社会秩序,并有利于国家着力解决迫切需要解决的问题。可是到了现代社会,尤其是改革开放和中国实行社会主义市场经济以来,这些消费方式与社会发展矛盾日益突出。一方面,过于勤俭的消费观念,使社会总的消费不够,内需严重不足;另一方面,过于平均的消费水平,在一定程度上限制了人的个性发展,掩盖了社会矛盾,滞后了社会的发展。尤其是随着社会主义市场经济的推进和民主政治的实施,个体对自己的权利(包括消费的选择权等)需要更为迫切,市场经济凸显了消费的自主权。所以有人认为:"改革创造了消费者。"①

第一,社会主义市场经济的实施改变了计划经济时代的"平均主义"观念,肯定了收入和消费差距的合理性,为消费者自主权的产生提供了社会环

---

① 戴慧思、卢汉龙主编:《中国城市的消费革命》,上海社会科学院出版社2003年版,第67页。

境。中国自古以来有着"大同"社会的理想,平均主义思想比较严重,直到计划经济时代,私有财产还是被打击的对象,"家无恒产",大家的收入和消费水平都比较齐一。尽管在工厂里,工人之间存在工资级别差异、工龄差异和地区差异等其他种类的差异,但是,总体上来说,当时的人们在收入上的差异很小,尤其是同等工龄和资历的人的收入几乎一样,不存在差异。"整个中国如同一个寄宿制学校,大家穿一样的衣服,吃一样的饭菜,坐的是公共汽车,住的是单位分配的住房。"[1]收入的均等,加上当时物质产品的匮乏,人们在消费水平上缺乏相互攀比的客观条件。并且,如果一旦有人超出当时社会的平均消费水平,往往会遭到同事或他人的嫉妒,随之而来的便是来自各方面的批判和指责。因此,在这种平均主义的大背景下,为了避免嫉妒和批评,人们往往会采取与他人和社会大众保持一致的消费方式。一言以蔽之,在这个吃"大锅饭"和平均主义为特征的计划经济社会里,人们的消费需求被长期压制在最低层次,同时相对比较凝固和稳定,消费基本上既不具有建构自我也不具有社会区分的作用。

随着改革开放的推进,"平均主义的观念"被一步步打破,尤其是对"让一部分人先富起来"这一政策的正面宣传,肯定了个人获取财富的合理性,从政策上肯定了收入和消费差距的存在。"金钱""商品"和"市场"这些词及本身所蕴涵的丰富内涵,开始被中国人深入感知并悄悄认同。"君子不言利"的传统观念被与市场经济相联系的"市场""利润""竞争"等新观念所取代。由于市场给很多人提供了自由展示的机会,有人"占据先机",成了中国"先富起来"的一部分。但是刚刚建立的市场经济却忽视了人文精神的培养培育,朝着市场经济迈进的中国,在文化体制上没有及时跟进,虽然国家层面一直提倡物质文明和精神文明两手抓、两手都要硬,但是如何引导和规范富裕者的行为,进行社会生产的再投入和规模的扩大,都没有实施明确的举措和办法。因此,那些具有敏锐嗅觉、抓住机遇先富起来的群体,对于财富的合理分配缺乏应有的办法和参照,只能因循守旧照搬古人做法,

---

[1]　戴慧思、卢汉龙主编:《中国城市的消费革命》,上海社会科学院出版社 2003 年版,序言第 12 页。

挥霍享受掉积累起来的财富,而不是考虑用于扩大再生产,创造更多的财富。简而言之,在改革开放初期,这些先富群体缺乏现代大生产的理念与现代企业家精神。另外,这些先富群体对于个人价值和社会价值的定位也缺乏合理的认识,大部分人以为人生在世的目的就是为了吃喝玩乐,获得财富的目的就是满足自己的物质欲望,尤其是刚刚经历过消费欲望被长期压抑、消费需求长期得不到满足的人们,现在有足够的购买能力买到丰富的消费品,自然需要对自己进行补偿。另一方面,他们又常常通过炫耀性消费来显示其"出人头地",用名牌消费和奢侈消费等"符号"来标示个人的身份,以求得到认同。随着以工作上的成功为中心逐渐转向以生活上的成功为中心,社会结构也从刚性向弹性发生转化,原本作为品质与功能保证的名牌,转而变成彰显自身身份的一种符号,对品牌的消费也达到了炫耀性的目的。消费逐渐从生产的附庸走向了社会的前台。消费的意识形态方面也发生了很大的变化,"在社会层面上,消费不再是生产的附庸,日益发挥着启动内需和激发生产的作用;在个人层面上,消费不再具有被动消极的含义,而是成为个人自我建构的手段"①。这为许多人纵情消费提供了崇高的理由。同时,我们知道,个体的消费行为很容易受到参照群体和其他社会因素的影响,先富群体的炫耀性消费开启了社会其他消费群体模仿、攀比的风气,人们通过相互攀比、炫耀性消费以建构新的社会地位和身份,加之中国固有的"平均主义""大同"理想的影响,一旦邻居拥有了某件消费品,自己也会跟着购买,所以,在改革开放初期的几年中,冰箱、洗衣机和彩电等耐用消费品快速进入了每一个家庭。

第二,生产的发展导致"买方"市场的形成,为消费者自主权的产生提供现实基础。改革开放之后,特别是实行社会主义市场经济以来,我国的经济迅速复苏,"以经济建设为中心"不仅带来了中国社会经济的快速发展和社会物品的丰富,人们的收入水平得到了大幅提升,消费能力也随之得到提高,而且以市场配置资源打破了国家和各级行政权力对资源的控制,供给和

---

① 郑红娥:《社会转型与消费革命:中国城市消费观念的变迁》,北京大学出版社 2006 年版,第 117 页。

需求两条闸门同时被打开,两股经济洪流汇集到一起,市场经济取代国家计划经济已经成为资源控制有力的、潜在的力量,它可以充分利用这些自由流动资源与自由流动空间,发展独立于国家的物质生产和社会交往活动,丰富人们的物质和文化消费的内容,提供影响个人生存与发展的机会。随之,"卖方"市场正在逐步变为一个以消费者起主导作用的"买方"市场。这为消费者自主选择提供了现实基础。消费者可以按照个人实际需求和情况,主动地选择消费品,而不是像过去一样被动地接受国家分配的消费品。这样,市场经济的发展使消费品和服务更为丰富,为消费者自主选择提供了自由选择的空间,也为消费者自主权的确立创造了前提。因此,中国在由计划经济向社会主义市场经济体制转轨的过程中,消费者在消费经济能力大大提高的情况下,其地位也从"被动"走向"主动",消费形式和内容从"单一化"走向"多样化"。

第三,中国的消费政策也相应发生了变化,从一定程度上也孕育着消费文化的产生。有学者对新中国成立后的消费政策的变迁进行了详细的研究,得出的基本结论是:"从消费政策范式的演变可以看出在中国的社会主义建设事业中对消费的认识经历了一个从抑制、歧视、忽视消费作用的发挥到重视消费的重要作用的发挥再到注重消费的主导作用的发挥的过程。"[①]从新中国成立以来实行的第一个五年计划,其指导方针和基本任务就是集中主要力量发展工业,建立国家工业化和国防现代化的初步基础。当时的新闻多是指导意义的"生产方式报道",最典型的莫过于报道农业生产的"四季歌"。因消费居于次要地位,此时有关消费的报道则处于缺位状态。在接下来的时间内,基本上采取了"先积累、后消费"的发展政策。根据新中国成立之初的基本国情,采取重积累、轻消费的方针是完全必要的。因为任何工业化建设的起步阶段,必然要求把生产放在首位,强调发扬勤俭节约,为重工业发展奠定必要的基础。"它不但符合以'崇尚节俭和谨慎消费'为核心的中国传统消费文化,而且也契合当时社会主义建设处于起步

---

① 郑红娥:《社会转型与消费革命:中国城市消费观念的变迁》,北京大学出版社 2006年版,第 106 页。

阶段的国情。必须先积累、后消费,并且在发展生产的基础上逐步提高人民的生活水平,使积累和消费能够保持一种积极的、良性的互动……"①可是,这种政策长期坚持下去,就会失去它的意义,甚至会产生负面影响。改革开放后,我国逐渐认识到消费在国民经济中的重要地位,开始重视对消费政策的运用,在政策上肯定了消费的合理性,而且力求通过对消费领域的调节,实现国民经济的持续、快速、健康发展。一方面,市场经济的发展使人们有了更多的消费选择,为消费提供了物质基础;另一方面,消费政策的调整逐步肯定了人的消费需要的合理性,为解放人们长期被压制的消费欲望提供了政策保障,进一步确立了消费者的自主权。

第二节　"物的依赖性"滋生了"物质主义"

根据马克思对人类社会发展阶段的划分,"以物的依赖性为基础的人的独立性"的社会形式是人类发展必须经历的一个阶段,此时,人们之间的关系不再直接地依赖于别人或某一共同体,而是依赖于物、依赖于商品和货币。人们的需要、能力、关系乃至个性等都通过"物"来表现、实现和确证,人处于一种被动的、被外部条件决定的地位之中。由于我国处于社会主义初级阶段,在市场经济条件下,市场在资源配置中起基础性作用,我们并没有走出"物的依赖性"这一历史阶段。从本质上讲,消费体现的是人与物的关系,而当代中国消费文化复杂图景的形成与"物的依赖性"这一历史阶段的消极影响密切相关。在这一历史条件下,在处理人与物的关系上,"物"的尺度成为社会评价人的发展的一个基本的尺度,人们通过消费商品(物)占有商品(物)来达到自我认同或是社会的认同,对物的占有和消费就成为人的一种存在方式。从一定程度上说,当代中国消费文化中的物质主义倾向不过是"物的依赖性"形式下人的生存状态的一种呈现。

---

① 郑红娥:《社会转型与消费革命:中国城市消费观念的变迁》,北京大学出版社 2006年版,第 96 页。

一、全面依赖和普遍物化

马克思主义从多角度揭示了人类社会发展的一般规律,其中以社会主体个人的发展程度为标准,马克思将人类社会划分为三种阶段或是三大形式。马克思指出:"人的依赖关系(起初完全是自然发生的),是最初的社会形式,在这种形式下,人的生产能力只是在狭小的范围内和孤立的地点上发展着。以物的依赖性为基础的人的独立性,是第二大形式,在这种形式下,才形成普遍的社会物质变换、全面的关系、多方面的需要以及全面的能力的体系。建立在个人全面发展和他们共同的、社会的生产能力成为从属于他们的社会财富这一基础上的自由个性,是第三个阶段。第二个阶段为第三个阶段创造条件。"①跟马克思五大社会形态划分理论相对应,"以物的依赖性为基础的人的独立性"即是对应资本主义社会,其主要特征表现为:

其一,人与人之间形成全面依赖。在"物的依赖性"阶段,生产力水平有了一定的提高,个人已经脱离了原始氏族或公社的脐带,自然发生的或政治性的个人之间的统治和服从关系已不是社会的基础,生产者在"他在衣袋里装着自己的社会权力和自己同社会的联系",②也就是说,人已经具有一定的独立自主性。可正是在这种历史时期,由于社会分工,每个人生产的产品并不是为自己使用,要满足自己的生活需要必须将自己的产品跟他人的产品相交换,于是以交换价值和货币为中介进行交换使毫不相干的个人之间却形成互相的和全面的依赖。这里所说的全面依赖是指"每个个人的生产,依赖于其他一切人的生产;同样,他的产品转化为他本人的生活资料,也要依赖于其他一切人的消费……这种互相依赖,表现在不断交换的必要性上和作为全面中介的交换价值上"③。随着分工日益发达,个人越来越服从于愈加精细、愈加唇亡齿寒般的分工链条,即便看起来是私人利益的东西,由于这种全面依赖,"它的内容以及实现的形式和手段则是由不以任何

① 《马克思恩格斯全集》第30卷,人民出版社1995年版,第107—108页。
② 《马克思恩格斯全集》第30卷,人民出版社1995年版,第106页。
③ 《马克思恩格斯全集》第30卷,人民出版社1995年版,第105—106页。

人为转移的社会条件决定的。……毫不相干的个人之间的互相的和全面的依赖,构成他们的社会联系"①。

其二,社会关系普遍物化。在"人的依赖性"阶段表现为个人受他人限制的那种规定性,那种主要是以血缘关系和姻亲关系来维持的人与人之间的简单、透明而稳定的关系全面解除。在"物的依赖性"阶段则表现为受到不以他为转移并独立存在的关系的限制,这便是物的奴役。在这个阶段,"活动的社会性质,正如产品的社会形式和个人对生产的参与,在这里表现为对于个人是异己的东西,物的东西;不是表现为个人的相互关系,而是表现为他们从属于这样一些关系,这些关系是不以个人为转移而存在的,并且是由毫不相干的个人互相的利害冲突而产生的。活动和产品的普遍交换已成为每一单个人的生存条件,这种普遍交换,他们的相互联系,表现为对他们本身来说是异己的、独立的东西,表现为一种物"②。个人依附或听命于外在的事物,因为其产品和活动必须先转化为交换价值,转化为货币,这种物的形式才能取得和证明自己的社会权力和地位。因而,在这种普遍的物化的社会关系中,人们信赖的是物(货币),而不是作为人的自身,"人的社会关系转化为物的社会关系;人的能力转化为物的能力"③。对此,马克思在分析商品性质时也曾指出,"商品形式的奥秘不过在于:商品形式在人们面前把人们本身劳动的社会性质反映成劳动产品本身的物的性质,反映成这些物的天然的社会属性,从而把生产者同总劳动的社会关系反映成存在于生产者之外的物与物之间的社会关系"④。原本是人自己的一定社会关系,却通过物与物的关系这种虚幻形式表现出来,从而造成了社会关系的普遍物化。后来,西方马克思主义哲学的创始人卢卡奇在《历史与阶级意识》中也天才般地预见了资本主义的物化现象,提出了物化的概念,用以揭露资本主义社会的现实状况,认为资本主义社会中物与物的关系代替了人与人的关系,"物化是生活在资本主义社会每一个人所面临的

---

① 《马克思恩格斯全集》第30卷,人民出版社1995年版,第106页。
② 《马克思恩格斯全集》第30卷,人民出版社1995年版,第107页。
③ 《马克思恩格斯全集》第30卷,人民出版社1995年版,第107页。
④ 《马克思恩格斯全集》第44卷,人民出版社2001年版,第89页。

必然的、直接的现实性"①。

二、"物的依赖性"强化了消费的意义

鲍德里亚在《消费社会》中写道:"今天,在我们的周围,存在着一种由不断增长的物、服务和物质财富所构成的惊人的消费和丰盛现象。它构成了人类自然环境中的一种根本变化。恰当地说,富裕的人们不再像过去那样受到人的包围,而是受到物的包围。"②呈现在人们面前的是无尽的商品与货币之间的交换,人与人之间的交流越来越隐退于商品化的大潮之中。对物的依赖逐渐演变为对越来越多的消费品的依赖。从依赖消费到信奉消费至上,将人生的价值与意义完全锁定在消费之中。透过纷繁复杂的消费现象可以看出,消费备受追捧是对"物的依赖性"的经典演绎,也是此阶段人们必然遭遇到的生存境遇。这是因为:

首先,"物的依赖性"社会形式下,消费成为人们驱赶孤独,获得安全和幸福的最好屏障。从"人的依赖性"阶段走出来,人不再生活在一个以人为中心的封闭世界里,脱离了政治或是血缘的纽带,获得了积极的自由。可是,世界开始变得无边无际,并且由于失去了过去曾给自己安全感的纽带,强大的超人力量、资本和市场对其构成了巨大的威胁。所有人都可能是其潜在的竞争对手,人同他人的关系成了一种勾心斗角、尔虞我诈的关系。"就像一个陌生人被抛入一个漫无边际和危险的世界一样。新的自由不可避免地带来了深深的不安全、无力量、怀疑、孤独和忧虑感。"③在孤独的境遇中,人只和自己发生关系,其依赖的是自己的物品和劳动,依赖的是自己。每个人凭自己拥有的经济物品(或劳动)的价值去和别人交换,去取得别人的劳动和价值,每个人的眼中只有反映物的共同属性的货币价值,却旁若无人。于是"我们的选择受我们的社会压力、物质基础

---

①　[匈]卢卡奇:《历史与阶级意识》,张西平译,重庆出版社1989年版,第224页。

②　[法]让·鲍德里亚:《消费社会》,刘成富、全志钢译,南京大学出版社2000年版,第1页。

③　[美]弗洛姆:《逃避自由》,陈学明译,工人出版社1987年版,第86—87页。

和习俗的约束。……如果我们放弃我们的轿车而仍然生活在公共交通不发达、没有人行道的杂乱地区,我们将失去活动能力"①。在物的包围中,当广告不断传递脉脉温情与无限诱惑,传递着"我消费故我在""消费带来幸福"的观念,人们再也按捺不住自己的消费欲望,消费、消费、再消费便成了自然的选择了。

其次,"物的依赖性"社会形式下,消费被视为最好的"占有"而备受青睐。弗洛姆曾经认为,"物的依赖性"社会是一个以追求占有和利润为宗旨的社会,绝大多数人都把以"占有"为目标的生活看作是一种自然的、唯一可能的生活方式,并且认为,"我所占有的和所消费的东西即是我的生存"。可见,"作为主语的不是我自己,而是我的所有物所体现出来的我。我所占有的财产是对我的特性的解释和说明"②。这是物的依赖性社会给人的一种"幻象",因此,越来越多的人相信消费是成功的标签和幸福的符号。在现代人的消费中,人们有时购买某种东西根本就没有使用的欲望。为了害怕摔坏,我们根本就不去动贵重的餐具和水晶的花瓶。我们也许有着很多不同的房间,有着不必要的汽车……总之,购买就是为了"占有"且习惯满意于无用的"占有"。所有这些都说明:不是使用而是占有才带来愉快。这完全契合消费主义者的心理,其不是把自己看作是自身力量及其丰富性的积极承担者,而是觉得"自己变成了依赖自身以外力量的无能之'物',他把自己的生活意义投射到这个'物'之上"③。可见,人已经不重要了,我占有何种物,我使用何种样式的物、以何种方式使用物才是重要的,进而不断上演"我消费故我在"这一神话。

最后,在"物的依赖性"社会形式下,消费成为自我身份建构的最佳手段。人们往往通过消费使自我得到他人和社会的认同。在传统社会里,其消费伦理是"上下不得相侵",有什么样的社会地位才会有什么样的消费,

---

① 〔美〕艾伦·杜宁:《多少算够——消费社会与地球的未来》,毕聿译,吉林人民出版社 1997 年版,第 23 页。

② 〔美〕弗洛姆:《占有还是生存》,关山译,生活·读书·新知三联书店 1988 年版,第 83 页。

③ 〔美〕弗洛姆:《健全的社会》,欧阳谦译,中国文联出版公司出版 1988 年版,第 123 页。

僭越消费行为会受到严格惩罚,因而试图通过消费来抹平社会身份与地位上的差距是不可能的。今天,物的无阶级性和无等级性以及在空间上的分割和流动,为通过消费形式拉近身份与地位上的距离提供了可能。尤其当商品被赋予了"符号价值",并且凌驾于使用价值之上的时候,消费被赋予了更多的"重任",给予人们更多的想象空间,俨然成为个人身份构建或认同的重要因素。现实生活中,即使我们对他人身份一无所知,我们却认为可以从他的消费中知晓他是谁,"告诉我你扔的是什么,我就会告诉你你是谁"这一垃圾箱文化的出现,充分说明了现代消费日益成为人们自我表现和身份建构的重要手段。同样,如果别人对我也一无所知,我也可以通过我所占有和消费的物品告诉他我是谁。于是我们购买服装、食品、化妆品或是娱乐,不是为了表达一种预先确定的我们是什么人的感觉,而是借助于我们所购买的东西来确定我们是怎样的人。人们习惯认为,真诚或虚伪、崇高或卑贱、慷慨或吝啬、朴实或虚荣、善良或凶恶等都是通过消费活动体现出来。于是在对自我评价和评价他人的时候,"交换价值"被认为是最合适的标准。所谓财富的多少、职位的高低、荣誉的大小这些外在因素往往成为我们评价自己和他人的常用指标,而个人的自由、自尊、幸福却不值一谈。为了通过外在的"物"来体现自我的价值,构建自我身份,人们只有不停地工作,不停地消费,成了一个生产者和消费者。

第三节　全球化传播了消费主义

随着全球化进程的不断深入,各种生产要素在世界范围内流动,发源于西方的消费主义文化也在世界范围内广为扩散和传播。消费主义文化在全球的发展和扩散源于消费社会中实力雄厚的(特别是跨国的)商业财团和与之紧密配合的现代媒体(尤其是电子媒体)的联姻。按照社会学家莱斯理・斯克莱尔在《全球体系社会学》中的说法,消费主义文化意识正是为跨国公司实现资本利润服务的。同时,他还认为整个全球化现象就是由三种相互联系的主要结构或力量所推进和主导的,政治上,是以跨国资产阶级的利益需求为政治导向;经济上,是以跨国公司为组织手段;文化上,是以消费主义为主导的意识形态。也就是说,消费主义在全球化的过程中不断向其他国家渗透,其行为主体是代表资产阶级利益要求的跨国公司,其宣传中介或者手段是大众传媒,而最终所追求的价值目标,则是实现资本在更广泛程度上获得更多的利润①。从根本上说,西方消费主义文化在全球的传播和运行,其内在推动力是资本增值的运行逻辑,外在引导力是跨国公司,外在推动力是大众传媒,这三者的有效组合与联姻,加速西方消费主义文化在全球传播和盛行的进程。本文就从这三个方面来分析消费主义文化的全球化尤其是在中国的传播。

一、资本增殖逻辑的内在推动

关于资本(capital),马克思界定其为一个可供观察而且处于动态的对象,而不是一个静态不动的物体,资本运动的过程就是资本自我增殖、自我膨胀的过程。关于资本逐利的本性,马克思引用《评论家季刊》里一段话,生动而形象地进行了说明:"资本害怕没有利润或利润太少,就像自然界害怕真空一样。一旦有适当的利润,资本就胆大起来。如果有10%的利润,它就保证到处被使用;有20%的利润,它就活跃起来;有50%的利润,它就铤而走险;为了100%的利润,它就敢践踏一切人间法律;有300%的利润,它就敢犯任何罪行,甚至冒绞首的危险。"②这段话说明,资本为了实现增殖的目的,可以不择手段。资本犹如潘多拉魔盒,一旦打开,就会释放出很多魔鬼,就会不择手段残害生灵,毁坏一切。

消费主义作为资本主义社会的文化意识形态是为资本增殖服务的。马克思的资本流通理论分析了产业资本循环的三个阶段和履行的三种职能,这三个阶段需要空间上并存、时间上继起,它说明了资本的不断运动对资本增殖的作用。而资本的连续运动和不断循环就是社会资本的再生产过程,

① 参见 L.Sklair,*Sociology of the Global System*,Harvester Wheatsheaf,1991.
② 《马克思恩格斯全集》第44卷,人民出版社2001年版,第871页。

资本为了增殖必然实行扩大再生产,但是扩大再生产的实现必须是社会生产的两大部类之间能够相互协调,否则社会再生产就不能顺利进行。因为社会生产和社会消费之间不平衡与不协调就不能保证社会总产品得到价值和实物的补偿,那么再生产就会被打断,资本就不仅不能实现增殖,而且会发生经济危机,也就是说,消费同生产一样在资本增殖中有着重要的作用。并且随着生产的进步,产品的日益丰裕,消费是资本主义市场经济赖以维持和扩大其再生产的重要前提。由于生产了大量的物质产品,"大量堆积的物品"等待着大家去消费,于是,资本实现利润和增殖的领域不仅仅局限在生产领域而是更多地转向消费领域,消费领域越来越成为资本利润实现的最佳场所。

为了实现利润,资本家要将全球的劳动者都变为其产品的消费者。从理论上讲,对于每一位资本家来说,除了他自己的劳动者以外,一切其他的劳动者,一律都不表现为劳动者而表现为消费者,表现为交换价值(工资)或货币的占有人。他们拿货币去和他的商品相交换。而当国内的消费市场有限的时候,资本的触角又会伸到国外,马克思早就预料到资本的这种自发运动方式必然导致世界市场,导致一切国家的生产和消费的世界化。因为资本为了生存下去,必须对全部生产关系进行变革而不能原封不动,必须变动不居、流动不息。这必然导致"生产的不断变革,一切社会状况不停的动荡,永远的不安定和变动,这就是资产阶级时代不同于过去一切时代的地方"[1]。于是,"不断扩大产品销路的需要,驱使资产阶级奔走于全球各地。它必须到处落户,到处开发,到处建立联系"[2]。可以说,在这里马克思已经预料到了今天的"全球化"。它不仅体现在生产领域,而且体现在消费领域,不仅是经济的全球化,还有文化的全球化,而背后的根本动力在于资本增殖逻辑的内在驱动。

资本作为财富的一般形式,作为创造价值的价值而被固定下来的货币,有一种不断需要超出自己的量的界限的欲望,它的扩张是无止境的过程。

---

① 《马克思恩格斯选集》第 1 卷,人民出版社 2012 年版,第 403 页。
② 《马克思恩格斯选集》第 1 卷,人民出版社 2012 年版,第 404 页。

但是"资本,别的不说,也是生产工具,也是过去的、客体化了的劳动"①。马克思深刻地洞见到,资本是被利用了的生产工具而已,是人类释放潜能的中介工具,是社会运作的一种方式和制度,而不是简单的符号。资本运动的逻辑是建立追求财富的资本家的无限欲望之上的。因此,马克思在这个意义上,经常称资本家为"人格化的资本",可见,资本增殖的背后推手是资本家运作和赋予的结果。生产者在引起、形成和创造需要方面起着主要的、首创性的作用。"资本主义的创造力不是由任何看不见的手引导的,而是由管理人员和企业家的十分看得见而又敢做敢为的手所指引的。……这个体系的有创造性的中心就是熟练的企业家。"②

所以,表面上是消费选择自主,但是消费已经不是单纯满足人的需要,而是服务于资本逻辑。消费主义是从属于资本逻辑的意识形态。这有很多的例子可以说明。其中之一就是"9·11"事件之后,美国人更愿待在家中看电视不再热衷于逛街买东西,关注恐怖与反恐怖之间的较量,本已低迷的经济因此一落千丈,一时间经济近乎萧条。于是,小布什向全国民众发出呼吁:走出恐怖袭击的阴影,走出家门,用手中的信用卡支持美国经济。而通用汽车公司的广告词"团结起来,让美国的车轮继续向前奔驰!"它向美国人做出了暗示:买一辆全新的、闪亮的通用汽车。或者说,为了美国,掏钱包吧! 这很鲜明地看出了消费主义的意识形态性。如果说,追求剩余价值是资本机器运转的原动力,那么,消费主义的盛行则是资本机器运转的链条,消费主义最终是为资本主义体系服务的。

二、跨国公司的积极引导

跨国公司(Transnational Corporation),主要是指发达资本主义国家的垄断企业,以本国为基地,通过对外直接投资,在世界各地设立分支机构或子公司,从事国际化生产和经营活动的垄断企业。跨国公司又称多国公司

---

① 《马克思恩格斯全集》第30卷,人民出版社1995年版,第26页。
② [美]乔治·吉尔德:《财富与贫困》,李毅等译,机械工业出版社2016年版,第101页。

（Multi-national Enterprise）、国际公司（International Firm）、超国家公司（Supernational Enterprise）和宇宙公司（Cosmo-corporation）等。跨国公司的雏形最早出现在 16 世纪，成长于 19 世纪 70 年代之后，已经成为世界经济国际化和全球化发展的重要内容、表现和主要推动力。跨国公司一般从全球战略出发安排自己的经营活动，在世界范围内寻求市场和合理的生产布局，定点专业生产，定点销售产品，以谋取最大的利润。可以说，跨国公司是经济全球化的产物，也是经济全球化的推动者。而在以消费主义文化为核心的文化全球化的过程中，跨国公司又是其中的积极引导者。

对于跨国公司与消费主义传播的关系，斯克莱尔认为消费主义是为全球资本主义体系服务的，并受跨国公司所支配，"维持着整个资本主义体系，丝毫不顾它会对这个星球带来什么后果"。① 他非常形象地将消费主义与跨国公司的关系表述为："消费主义文化意识形态是为全球资本主义这部车子提供动力的燃料，驾驶这辆车子的是跨国资产阶级，而这部车子本身就是大型跨国公司。"②这个比喻形象地说明，跨国公司负责生产信息，地方媒体则负责传播信息。跨国公司通过操纵金融领域和广告业，对地方媒体和行业发动攻势。面对进入的民族主义和当地社会力量的敌意，跨国公司要想在全球获取更多的利益，占有更多的份额，必然要采取赢得当地人们认可的积极措施，具有全球性的消费主义文化自然是再恰当不过的工具。当然，消费主义文化能够尊重当地的消费习惯和文化背景，嵌入一些当地的文化元素和消费观念，自然可以获得当地消费者的认同，从而在消费行为和消费价值上趋同，塑造出全球性的更多的消费者。这种策略主要体现在两个方面：

一是通过与当地的民族文化相融合，使其所宣扬的消费文化更容易被接受，而不是最粗糙形式的同质化。辛克莱曾经指出，即便是最富侵略雄心的跨国公司品牌，如可口可乐、万宝路与麦当劳，都还必须费心确认他们各国目标市场的文化特征。这些营销策略的结果，可能是以弦外之音推销广

---

① L.Sklair, *Sociology of the Global System*, Harvester Wheatsheaf, 1991, p.149.
② L.Sklair, *Sociology of the Global System*, Harvester Wheatsheaf, 1991, p.41-42.

告讯息,成为现成(但很有问题的)知识的组成部分,建构"民族国家的文化认同感"。辛克莱举了个例子,他说20世纪70年代通用汽车公司为了将其侯登车卖到澳洲,推出了一句显然是"澳洲本色"的诉求:"足球、肉饼、袋鼠,再来就是侯登车。南方星子照耀之下,他们身手相连并行。"这句口号是通用公司在美国营销时,推出的"权宜转用"口号:"棒球、热狗、苹果派与雪佛兰。在美好的美国大地,他们身手相连并行。"对于这个现象,辛克莱的评论是:这个例子告诉我们,观众根本无从知道广告的详情。乍看之下,似乎是以他们本国色彩的修辞向他们诉求的广告,实际上只是全球同一广告运动的版本;我们也从中知道,全球营销策略,远比世界品牌(译按:这个明幌的做法)还要来得阴柔而暗地潜行。①

　　二是通过将其价值观念宣扬为普遍适用的、人类认同的、美好的、更为进步和现代的价值,以此来改造当地的民族文化。以可口可乐为例,其全球广告凸显的主题就是描述"高兴、大笑、运动与音乐",据说这一广告在1992年冬季奥运会期间就拥有131个国家的38亿观众。跨国公司的广告所展示的消费习惯或是生活方式并不一定与当地的传统文化相适应。其防护措施便是通过教给当地人们新奇的消费模式使当地的传统文化开始现代化,告诉他们那样消费对他们是有益的。无论如何,跨国公司会利用老奸巨猾的营销策略,花出昂贵的费用去克服来自个体或是文化方面对新产品的抵制。与迎合当地居民的消费偏好相比,跨国公司的广告常常设计去改变或是克服他们的消费偏好。由于媒介宣传的一些内容尤其是广告给许多生活在第三世界国家的人们以逃避现实困难的幻想,是个人自我实现的理想化的表达:如"消费即幸福"。对某些沉浸在无望的工作,为生存而挣扎于肮脏和堕落之中的人们,北美媒介制作的幻想就像福音传教士一样,描述"好一点的故事",一个将来好一点的希望,或至少得到一些观望别人享受好生活的替代性欢乐,起到精神鸦片的作用。当穿上阿迪达斯,喝上可口可乐,吃着汉堡包或是看着美国大片,听着摇滚音乐,幸福便即刻拥有。这使大多数观众能欣然接受,这也是消费文化能成功渗透于第三世界的秘密之一。

---

　　① 参见[英]汤林森:《文化帝国主义》,冯建三译,上海人民出版社1999年版,第215页。

三、大众传媒的推波助澜

　　大众传媒是指大众传播媒介,是传递新闻信息的载体;是报纸、通讯社、广播、电视、新闻纪录影片和新闻性期刊的总称。西方称为新闻媒介(News media)或大众传播媒介(Mass media)。大众传媒(尤其是电子传媒)为消费主义在全球的传播起到了推波助澜的作用,正如西方一位理论家指出的:"资本主义的统治直接来自于大众传播媒介对资产阶级意识形态的传播。"①这里要特别指出的就是现代广告。从根本意义上说,广告是商业集团(尤其是大型跨国公司)与大众传媒的联姻的结果。1903 年,一个负有盛名专门为美国费城一家大百货商场写广告词的人就用一句话总结了全国性广告的意义:"广告在销售这个领域里的作用就如铁路在运输业中所起的作用。"②前面就已经提到了跨国公司营销策略中重点也是在于广告,但突出的是跨国公司的主导作用。这里将进一步分析广告在消费主义文化全球化中的推波助澜作用。

　　美国学者莫兰对广告深有研究,他形象地将广告的历史发展划分为三个阶段:第一阶段相当于生活必需品的传播,以信息传播为主,注重的是信息的重复,这是最初意义的广告。第二阶段注重进步,不仅强调要把产品的革新告诉公众,而且以神话的方式把革新作为刺激消费的一个决定性因素来对待。第三阶段是前边两个阶段的继续,着重发展其中一半是想象的广告,让广告中充满心理情感的因素,也就是说充满神话的因素。他还特别指出,第三阶段的广告作用正是要将产品变成毒品,以便产品的购买和消费使人感到欢乐和慰藉,使人受到束缚。③ 在商业利益的促动和大众媒体的精心策划下,我们看到今天的广告已经越来越脱离了本来意义即向购买者提供某种商品以及服务信息的职能,或者说根本不是第一阶段的职能,完全进

---

①　Alan Swinge wood, *The Myth of Mass Culture*, London: Macmillan, 1977, p.78.

②　转引自杨伯溆、李凌凌:《资本主义消费文化的演变、媒体的作用和全球化》,《新闻与传播研究》2001 年第 1 期。

③　参见[法]艾德加·莫兰:《社会学思考》,上海人民出版社 2001 年版,第 429—430 页。

入了莫兰所说的第三个阶段。现代广告是通过什么机制宣扬消费主义价值观念,将人与消费紧紧联系在一起的呢?

首先,现代传媒广告运用发达的数字处理技术,通过精心和巧妙的制作,将一系列的象征意义和价值赋予普通消费品之上,使商品的"符号价值"和"意义生产"发挥到了极致。所谓浪漫、精致、高雅、美好、成功、科学进步与舒适等各种富有意象特征的词语,都可以附加在各种普通消费品上,通过广告,可以营造一个美好的幻觉,使得一件普普通通的商品立即跟享受、快乐、幸福等人们追求的境界联系起来,起到化腐朽为神奇的效果。仿佛只要拥有某种商品,人们就获得了某种幸福和圆满,否则就意味着人生的缺陷和失败。于是,广告激发人们为之奋斗,去获得这种商品,正是媒体的反复渲染和不断强化,加速了人们对产品的符号化特征的认识和认同。正所谓"如果我们把产品当作物来消费,那么,通过广告我们消费它的意义"①。从前的"购买商品""使用商品""满足需要"不再是人们消费的唯一目的,更多的是"占有商品""拥有象征",并通过对商品的"拥有"来展示自己的消费特征,建构社会身份和地位;同时,通过消费,可以直接或间接表达出对他人和周围环境的感受,以此作为融入主流社会群体的手段和路径。尽管人们知道"符号价值"和品牌特征都是人们运作的结果,广告本身也不是对人的一种理性的说服,可它就是捕捉到了消费社会时代人的心理结构,并能与之相适应。我们看到,"倘若广告成功地将某种产品同消费者饶有兴趣的美学联系起来,那么这产品便有了销路,不管它的真正质量究竟如何。你实际上得到的不是物品,而是通过物品,购买到广告所宣扬的生活方式。而且,由于生活方式在今天为审美伪装所主宰,所以美学事实上就不再仅仅是载体,而成了本质所在"②。也就是说,广告受众不在乎广告给的信息的真伪,不是根据理性来判断,而是根据内心所向往的和肯定的信念来消费。这部分消费群体或许并不相信广告的真实性,但还是会按照广告来进

---

① Baudrillard.Jean, *Elected Writings. Edited by Mark Poster*. Cambridge: Polity Press, 1988, p.10.

② [德]沃尔夫冈·韦尔施:《重构美学》,陆扬、张岩冰译,上海译文出版社2002年版,第7—8页。

行消费,因为在进行商品选择时,广告所赋予的那些消费象征意义会不自觉地呈现出来,左右消费者的选择。而且,在媒体的不断强化和渲染下,人们也逐渐接受并习惯地赋予那些广告产品或品牌以某种身份、地位的符号象征。在符号的海洋中,人们失去了对现实的把握,以致商品的真实使用价值变得愈加模糊而难以辨认。正是这种意义的消费引导、刺激了越来越多的人的消费欲望,屏幕上的生活剥夺了现实生活的魅力,人们总是处在一种匮乏、焦虑之中,认为自我真实的生活是残缺的、碎片化的,是必须要抛弃掉的,根源就在于自己不能像屏幕上那样去消费。那么,对他们来说,走出焦虑与匮乏感的唯一道路便是去购买、去消费。因此,正是在大众传媒这种精致的制作技术和巧舌如簧的"言说"功能下,普通商品都打上了富有符号意义和象征意义的标志,并把越来越多的、不分国界、不分阶层、不分贫富的人们卷入其中,因为广告已经明确暗示消费者,消费谁就成为了谁。

其次,媒体广告还利用心理学技巧,将消费本身与时尚、幸福联系在一起,制造"消费崇拜"和"消费神话",以达到将消费主义内化为人们的生活方式的目的。我们经常看到,在广告展示的世界里,异性的青睐、个人的成功、事业成就与人生幸福,似乎根本不需要通过艰辛的工作而取得,这一切皆在挥霍和消费之中,获得它们的条件是拥有"一辆高档汽车"和可以无度挥霍的金钱。大众媒体在市场与效益的胁迫之下,"不断通过极为便捷的信息通道操纵大众的生活并掩饰生活境界低俗化的真相。从而将电脑化的思维方式和现代消费的价值标准强加给所有的社会阶层和个人,以金钱神话的意识权力话语方式控制大众的思想,使钱成为意义匮乏时代金光闪闪的现代神话"①。也就是说,它把人们的视线都转移到对物品的消费上,即"花钱"上,将消费推到了人生目的和造就人生幸福的制高点。正如埃及学者谢里夫·海塔塔特别指出:"全球化的商业传媒已无需为其描绘的语言的真假问题操心,它们的作用就是促销……它们遮蔽了真正的人,隐匿了自

———————————
① 王岳川:《当代传媒的"后现代"盲点》,参见《人文评论——中国当代文化战略》,作家出版社1995年版,第75页。

然的美,阻断了时间的历程,混淆了人生的阶段,在我们是谁、能够怎样,应该怎样等问题上注入了虚假的价值观。"①可见,商业传媒的神圣职责就是塑造消费主义价值观,诱导人们不停地消费。因此,为了达到这一目的,媒体广告就需要随时捕捉市场信息,制造流行和时尚,诱导人们在追逐时尚的过程中不断消费,永不满足。这样看来,广告不仅仅是指导消费,它本身就成了消费的对象,是鲍德里亚指出的"物自身的叙述语言"。人们生活在符号世界里,虚拟性变成为一种超现实屏幕上无所不在的、强有力的"比现实更加真实"的图像,人们渴求的生活往往就是和"在电视上看到的生活"一样的生活。

最后,传媒具有公共性,但它只是传送信息,传送者和接收者并不能互动,加之现代离散社会的形成,接收者之间也缺乏交流,这造就了接收者明显的"弱势"地位,极易受到媒体的影响。一般说来,传媒要达到接收者具有同步性,那就需要各种媒体齐心协力,对现实进行重新组合并有选择地展示,用虚假的信息代替亲身体验,从而制造出一种脱离现实的幻觉。与媒体公共性相对应的是人们以个体的形式对现实进行私人感知,而难以对所把握的东西进行公开交流,即便有交流,也是在媒体的条条框框里进行的,因为对媒体所宣传的东西,要进行细致入微的分析和交流才能把握媒体引起的各种社会利益的分歧,这对于大多数的普通消费者来说是不可能轻易把握的事情。因此,基于个人爱好和个人情感去进行文化消费的社会大众,几乎毫无防备地听从于媒介所推出的信息提示或指南。并且,对传媒产品的私人消费又在一定程度上推动着人们的个别化。广告文化的本质就是由无限制的人与消费品之关系的想象力堆积而成的。在广告推动商品生产的同时,广告也成为面对在众多商品中进行选择的"指南针"。人们的生活已经被广告所包围,广告也日渐成为日常生活必需的一部分。对于大众因广告引导而消费的这种人的性格,在里斯曼的著作《孤独的人群》中有所论述,他称之为"他人导向型"的社会性格,"所有他人导向性格的人的共同点就

---

① ［埃及］谢里夫·海塔塔:《美元化、解体和上帝》,载［美］杰姆逊、［美］三好将夫编:《全球化的文化》,南京大学出版社 2002 年版,第 231 页。

是,他们均把同龄人视为个人导向的来源,这些同龄人无论是自己直接认识的或是通过朋友和大众传媒认识的。……他人导向性格的人所追求的目标随着导向的不同而改变,只有追求过程本身密切关注他人举止的过程终其一生不变"①。可以说,在消费社会中,将这里的"他人"理解为大众媒体,而将"他人的举止"看作媒体宣扬的生活方式是最恰当不过了。当人们越来越习惯于坐在电视机前,从电视节目里寻找现实和安慰时,他们逐步地成为消费的机器。由于他们的消费被生产商品的大公司所引导和操纵,他们的生活观念和行为准则不可避免地受到一定程度的控制。

总之,消费主义利用现代科学与传媒技术,以广告的形式席卷大地,从各方面潜移默化地鼓吹"物质消费",向人们灌输"新的生活标准"理念,无论是处于富裕的西方还是发展中的东方,无论是发达的城市还是落后的乡村,无论是有钱有闲的中上阶层还是普通的工薪阶层,甚至失业群体,都一起向消费主义看齐和迈进。在大众传媒所鼓吹和制造的幻觉中,个人的意志力和理性慢慢被消解,而消费欲望在不断膨胀和腾飞。如同加拿大文艺理论家诺思洛普·弗莱所言,广告宣传的影响起作用时,就像弥尔顿在《失乐园》中所描写的撒旦引诱夏娃一样,"可怜的夏娃,只意识到是一条向来沉默的蛇在对她说话,她的意识被某种不可思议的东西镇住了,撒旦所要告诉她的一切,都越过意识的警卫,抵达了我们称之为无意识的部位。当她后来在需要做出自由选择时,她除了撒旦的观念以外没有任何主见,于是只好采纳撒旦的观点。"②今天,即使在生活必需品被剥夺的偏僻村庄里,人们仍然可以收看到卫星电视、音乐电视甚至有线电视。在大众传媒的影响下,即使是经济收入并不宽裕的普通民众,也在消费主义文化—意识形态的潜移默化的感召下,无视自己的经济能力而"积极主动地"加入了采购者大军与欲购者队伍之列,包括中国在内的大多数发展中国家都不同程度地受到了消费主义文化的影响。"人们,特别是第三世界的穷人,接受消费主义的文化意识形态,是因为一些很容易理解的原因。在一些情况下,这是他们所能

① [美]大卫·里斯曼:《孤独的人群》,王崑等译,南京大学出版社 2002 年版,第 14 页。
② [加拿大]诺思洛普·弗莱:《现代百年》,盛宁译,辽宁教育出版社 1998 年版,第11 页。

做出的唯一的经济上合理的选择。它常常是(甚至总是)一个圈套,但是钻进圈套的人并非出于愚蠢或无知,而是由于别无选择,这种圈套正像是农民不得不把玉米种子喂给孩子吃一样,他们别无选择。"①

通过以上分析可以看出,消费主义在全球的传播离不开跨国公司的积极引导,大众传媒的推波助澜也功不可没,但归根结底,它是生产技术集团为了使大量过剩的商品能够销售出去,实现资本的增殖,而不惜动用一切国家机器的结果。因为生产者对利润的追求无止境,导致社会生产在不断地扩张,消费品由极度匮乏到极度过剩,只有不停地劝导消费者进行无限制的消费,资本才能实现增殖,生产者才能获得利益。因此,商业广告、大众传媒是最合适的鼓吹手和工具,消费主义文化为其鸣锣开道是最恰当不过了。

---

① L.Sklair, *Sociology of the Global System*, Harvester Wheatsheaf, 1991, p.159.

第五章　当代中国消费文化图景
及其存在的问题

改革开放以来,尤其是 20 世纪末建立社会主义市场经济体制以来,我国社会生产力得到极大释放,物质生产更加丰富,社会消费品零售总额由 1994 年的 16264.7 亿元,增加到 2019 年的 411649 亿元,翻了 24.3 倍,成为全球增长速度最快的消费市场之一。同时,随着全球化进程的加速,受西方消费主义文化影响,我国消费文化呈现消费观念多元化、消费需求多层化、消费方式多样化、消费目的多重化等相互交叉交融的复杂图景,也存在着诸如崇洋消费盛行、精神消费不足、消费差距明显、消费异化严重、消费环保意识欠缺等问题。

第一节　当代中国消费文化的复杂图景

在 40 多年波澜壮阔的改革开放历程中,我国消费文化不断演化和变迁,既用无与伦比的速度融入全球消费文化之中,因而具有全球消费文化的共性,又在新情况下继承和发展了中华民族传统文化中的相当部分特质;既追求个性品质,又存在模仿崇拜的倾向;既注重物质享受,又注重精神文化消费;呈现出消费观念多元化、消费需求多层化、消费方式多样化的复杂图景。

一、消费观念多元化

发展中的中国,有着悠久的消费文化传统,"崇俭抑奢"的消费观念深入人心;同时,由于改革开放和市场经济的影响,受到消费主义文化的冲击,中国的消费文化有着明显的后现代特征,消费观念呈现多元化。

一是传统"崇俭抑奢"的消费观念影响犹存。在当今各个群体中,传统的"崇俭抑奢"的消费观念在人们思想观念中占有重要地位。其一,传统的"崇俭抑奢"消费观念在某些地区是谋生的首选,由此出现一种"非自愿性崇俭抑奢"的消费观念。在中西部部分偏远而贫穷的地区,经济发展十分缓慢,交通出行不便,人们收入水平低,消费水平相对沿海发达地区具有相当大的差距。因而其消费观念和消费模式也受到了极大的影响和限制,其不得不节约地计算日常开支,对于购买商品,主要关心的是它是否经久耐用,物美价廉。其二,传统的"崇俭抑奢"的消费观念仍然具有相当大的影响力,部分居民早已把节俭消费当作一种消费习惯,作为一种消费价值规范和消费主张。因此,即便在如今生活条件改善和收入增加的情况下,在这部分居民看来,节俭并不是坏事,也不会产生羞耻感和自卑感,而是一种日常生活准则的自愿坚守。这部分居民无论在衣食住行等日常消费方面,还是涉及大宗商品消费方面,节俭仍然是首要考虑的因素,从而出现了这种"自愿性崇俭抑奢"的消费观念。如春节期间,各地饭店中不少人将吃剩的饭菜"打包",将喝剩的酒"拼瓶"带走,"舌尖上的浪费"现象得到缓解,节俭、朴素的、求实之风扑面。① 其三,人们把自愿遵循"崇俭抑奢"的消费观念当作一种生活态度与义务。随着生态环境的进一步恶化,越来越多的人意识到保护生态环境的重要性与责任义务,为了环境与后代的发展,他们在日常消费方面主动降低自己的生活水平,限制自己的享受型消费,自愿遵循"崇俭抑奢"的消费观。这种"崇俭抑奢"的消费观并不是一般意义上所理解的反对消费的节约,而是反对为了消费而消费,倡导消费行为与消费能力

---

① 钟超:《春节节俭风尚标志消费观念转型升级》,《光明日报》2018 年 2 月 26 日。

相协调,既不抑制消费,也不过度消费。并且强调增减结合、质量兼顾,物质需求和精神需求协调发展,以提高生活质量为中心,是一个动态的、历史的过程。简单地说,就是在"大道至简"的智慧中形成人与自身、人与人、人与自然和谐相处的活法。但与此同时,他们也发现自己的生活质量并未降低,恰是相反,正因为佛系生存、生活朴素、物质极简,自身反而更加忠于自我、纯粹快乐,精神反而更加充实与丰富。

二是现代超前消费观念蔚然成风。随着时代的发展,传统"崇俭抑奢"的消费理念大大改变,并走上了另一个极端。今天,部分人尤其是年轻人认为简朴节约的美德已变得毫无意义,"花明天的钱圆今天的梦"的超前消费模式已成为一种消费时尚。一方面各种商业机构或是媒体广告大肆鼓吹超前消费,迎合年轻人的消费心理。他们之中有的是刚踏上工作岗位的薪资尚未稳定、收入水平不高的小青年,还有的则是喜欢追随时尚但经济上却未独立的大学生。另一方面年轻人的追求物质享受和生活品位的心理助长了超前消费。部分年轻人想要拥有"良好"的生活品位,崇尚高消费的物质生活,甚至把是否拥有某些奢侈品作为是否拥有高品质生活的评价标准,为了追求昂贵的时尚奢侈品,不惜贷款消费、超前消费。这些高档奢侈的商品不仅用来满足他们对新鲜事物的好奇心,而且用来满足他们的虚荣心理和优越感。在个人贷款等制度的支持下,大到房子、汽车,小到生活用品,甚至一双鞋、一盒粉底液都可以先买了再说,未来十年、二十年,甚至更长时期内的消费计划都可以轻而易举地及时兑现,"内心的禁欲、节俭及注重投资的清教徒习俗已变得过时"①,越来越多的人超出自己承受能力范围进行消费,"隐形贫困人口""无产中产阶级""负翁"成为他们的代名词。根据花呗发布的《2017年轻人消费生活报告》数据显示,在中国的"90后"中平均有四分之一在使用花呗。在购买手机时,76%的年轻用户会选择分期付款。②各种线上线下的消费广告告诉消费者怎样去买买买,当在各种购物冲动下刷爆了信用卡却无力还款时,最终走向欠债—还款—欠债的连环泥潭,落入

---

① 卢风:《享乐与生存》,广东教育出版社2000年版,第12页。
② 搜狐网:http://www.sohu.com/a/241872218_662758。

"用 A 卡套现还 B 卡,拆东墙补西墙"的无限深渊,成了"月初是贵族,月末是跪族"的循环的消费误区。

　　三是个性化消费观念备受欢迎。随着居民消费能力的增强和消费水平的提高,人们已经不再满足于大众化、排浪式消费,而逐渐转向个性化、时尚化消费。首先,从"吃"的角度看,特色餐饮消费走俏。在 2009 年移动互联网的浪潮下,团购和外卖平台渐渐涌现,让餐饮消费支付和交易环节线上化。而近几年餐饮消费则是小型、轻微、休闲、O2O 等个性化新颖餐饮消费逐渐活跃。相关数据显示,94.7%的消费者会因为某一道菜去餐厅,83.3%的消费者更喜欢小而精的餐厅。① 由此可见,个性化、定制化、便利性是我国当前餐饮市场呈现的新趋势。其次,从"穿"的角度看,个性化服饰备受青睐。随着个性化消费理念的兴起,人们越来越渴望将自己的穿衣搭配注入新鲜的血液,不再一味追求耳熟能详的大众品牌,而是更加喜爱能彰显个性和价值观的小众品牌。比如,曾经备受广大消费者青睐的运动品牌"李宁"、休闲服饰"美特斯·邦威"等已经不再呈大江南北排浪式穿衣趋势。而更符合消费者个人需求与特质的"量身定做"的个性化穿着消费逐渐成为主流。调查发现,线上小众潮牌、原创独立设计品牌和网红品牌这三类尤其是原创独立设计品牌最受人们喜爱。而新兴崛起的消费群体——"90后",是"小而美"品牌覆盖最多的人群。再次,从"用"的角度看,日常用品消费精致化。随着人们生活水平的不断提高,越来越多的人对消费品的品质提出更高要求,要求实用美观、突出品位格调、注重自我个性、强调个人标签,从过去"傻大黑粗"转向"小巧精尖",从过去的"模仿大众"走向"专属定制"。比如,人们除了在手机壳、马克杯等平价小物件定制消费外,也逐渐开始走向圣罗兰、兰蔻这类大牌彩妆定制服务。最后,从"行"的角度看,个性化旅游盛行。传统旅行团已经不能满足人们日益增长的旅游需求,自驾游、定制化等多种形式的个性化旅游日益兴起,并颇受人们的喜爱。据中国旅游研究院(文化和旅游部数据中心)发布的《2019 年旅游市场基本情况》,2019 年我国旅游人数突破 60 亿人次,而选择"私家团"

---

① 今日头条:https://www.toutiao.com/a6590400095764611597/。

"私人定制"等定制旅游服务的消费者大幅增加,小众化的深度游需求增长较快。具体来说,从旅游理念上看,更多的人崇尚自由随性、彰显独特个性的旅游理念;在旅游出行方式上,越来越多的人选择徒步游、自驾游等个性化旅游出行方式;在旅游住宿方面,人们更倾向通过网络平台预定个性化民宿;在旅游目的地的选择方面,他们最爱的定制游地方除了以往受欢迎的大众目的地外,不少人更加偏爱小众目的地,更注重摄影、旅拍等深度品质旅游体验。

二、消费需求多层化

从人的消费"需求侧"来看,当前人们低层次吃饱穿暖的物质消费需求已经得到满足,大部分群体正逐渐向教育、医疗卫生、文化等高层次方面的需求迈进,部分群体向高品质和审美化的消费需求转变。

一是精神消费需求有所增加。一方面,经历了40多年的改革开放,物质生活水平极大提高,中国人民的衣食住行等基本物质生活消费需求已经得到满足。另一方面,改革开放为文化发展带来新的契机,文化建设迈入了新的历史时期。党的十八大以来,随着文化体制改革的不断深化,极大解放和发展了文化生产力,文化事业繁荣兴盛,公共文化投入力度持续加大,公共文化服务设施不断完善,服务能力和服务水平明显提升。2018年,我国文化产业实现增加值38737亿元,比2004年增长10.3倍,2005—2018年文化产业增加值年均增长18.9%,高于同期GDP现价年均增速6.9个百分点;文化产业增加值占GDP比重由2004年的2.15%、2012年的3.36%提高到2018年的4.30%,在国民经济中的占比逐年提高。① 当物质需求得到满足之后,文化产业的快速发展为消费者的精神消费提供了广阔的舞台。2017年,我国人均教育文化娱乐消费支出2086元,同比增长8.9%,占人均消费支出比重为11.4%,全国电影票房达到559.1亿元,首次突破500亿元,城市院线观影人次16.2亿,同比增长18.1%;2018年人均教育文化娱

---

① 数据来自《经济日报》,2019年7月16日。

乐消费支出 2226 元,同比增长 6.7%,占人均消费支出的比重为 11.2%,其中 2018 年中国电影票房首次突破 600 亿元,同比增长 9.06%,城市院线观影人次为 17.16 亿;2019 年人均教育文化娱乐消费支出 2513 元,同比增长 12.9%,占人均消费支出的比重为 11.7%。其中全国电影总票房 642.66 亿元,同比增长 5.4%,城市院线观影人次 17.27 亿。① 由此可见,人们的文化消费需求持续增长,已从以前重物质消费逐步转向重精神文化消费的趋势。

二是品质化的消费需求不断增长。过去,物资短缺的年代是"有"就很满足,现在产品十分丰裕,人们的消费也愈来愈追求从"有"向"好"转变,由强调集合数量概念的物质文化需要向强调质量概念的美好生活需要转变②,居民对消费品的品质提出更高要求。例如,笔记本电脑消费需求不是"有"就可以,而是要"好",要求更强的性能、更持久的续航时间、更轻薄的机身。易观发起的一个样本容量为 4000 人的网易考拉用户的市场调研中显示,消费者广泛认可"品质"的价值,34%消费者十分注重商品品质,而剩下的消费者也要在追求品质的基础上,才去考虑性价比。调研报告还指出,随着民众进入小康社会,家庭仍旧是大部分人"消费升级"的主要需求,超过六成的用户会为改善自己的居住环境做出努力。③ 这些都意味着人们的消费需求在不断丰盈的"量"的积累上,"质"的要求在不断凸显。

三是审美化的消费需求凸显。商品化的美和美化的商品遍布现代世界的各个角落,汇聚在日常生活中喧嚣沸腾。在日常消费生活中,人们对于商品的选择,"以颜取物"成为消费常态,由过去的价格过渡到如今更注重精美的外观,饮料界的"包装帝"可口可乐顺应这一趋势,推出昵称瓶、歌词瓶、台词瓶、表情瓶、姓名瓶花样不断的精美外观,成功地吸引了大批消费者。当审美化成为人们挑选大部分商品的主要标准时,美的幽灵在日常生活的衣食住行用中随处可见,从衣物的风格、食物的颜色、房屋的装潢、汽车的外形、手机的造型等日常生活用品都显示出审美泛化的力量。消费者对

---

① 数据来自《经济日报》,2019 年 7 月 16 日。
② 毛中根、叶胥:《新时代新消费不断满足人民日益增长的美好生活需要——学习贯彻党的十九大报告有关消费论述的体会》,《财经科学》2017 年第 11 期。
③ 上海热线生活:http://happy.online.sh.cn/xinwen/2018/0803/3060.html。

于审美化消费不仅在于将产品的"颜值"(包装、造型等)作为重要的购买决策影响因素之一,还特别注重提升自己的颜值,从医疗美容到生活美容再到美妆,无一不是为了彰显美的元素。在精致生活理念和美颜需求提升的带动下,中国女性消费者对于美颜产品的功效越来越看重,同时女性对于身材的重视还提升了女性运动健身的热度。爱美之心人皆有之,不仅女性爱美,男性也爱美。对于男性而言,颜值消费品类集中,配饰中的手表、医美中的植发、健身等成为更具男性特征的颜值消费品类。此外他们也开始从护肤品切入,逐渐尝试使用化妆品。审美已经进入消费生活,审美的消费需求在人们消费生活中逐渐占上风。

三、消费方式多样化

随着互联网技术的迅猛发展和消费结构的变化,人们的消费方式呈现出多样化的特征,网络消费成为潮流,休闲消费日益增多,绿色环保消费也蔚然成风。

首先,网络消费方式成为潮流。第一,网络消费用户规模迅速壮大。截至 2019 年末,我国固定互联网宽带接入用户达 4.5 亿户,其中固定互联网光纤宽带接入达 3.96 亿户,占互联网宽带接入用户总数的 91%,超过 90%的中国宽带用户使用光纤接入,数量已居全球首位。移动宽带用户发展迅猛,目前我国 4G 用户全球占比超过 40%,4G 用户规模迅速壮大。截至 2019 年 6 月,我国网民规模达 8.54 亿人,手机网民达 8.47 亿人,互联网普及率超 6 成。电信服务的不断普及,使大量农村居民也有机会接入互联网,农村网民规模为 2.25 亿人,较 2018 年年底增长 305 万人。微信仅用 4 年时间就发展为国内第一、全球第二的移动即时通信平台,截止到 2019 年第三季度,微信月活跃账户数达到 11.51 亿人,与 2018 年同期相比增长6%。① 第二,网络消费群体迅速壮大。在新兴的网络消费群体中,80 后、90

---

① 中华人民共和国国家发展和改革委员会:http://www.ndrc.gov.cn/fzgggz/hgjj/201804/t20180423_883053.html。

后在网络平台的消费中占了绝大比重,是互联网消费的中坚力量,网络消费带动消费向便捷化、个性化、高端化的方向升级和发展,同时,随着网络普及程度的提高以及媒体的广泛宣传,使得越来越多的中老年消费群体有机会接触网络,享受网络消费带来的便利。网络普及水平的上升和庞大的用户基础为网络购物等网络消费的高速增长提供了强劲动力,中国已经形成了庞大的通过网络进行购买的人群。截至 2019 年上半年,我国移动端网络购物用户规模已达 6.39 亿人,较 2018 年底增长 2871 万人。手机网络购物用户规模达 6.22 亿人,较 2018 年底增长 2989 万人,占手机网民的 73.4%。[1] 人们除了用网络进行一般性购物以外,还拓展了更多需求,例如美团点餐、滴滴打车、扫码乘公交车、网上预约医生、在线学习,等等。第三,网络消费总量迅速壮大。据阿里巴巴、京东等企业的数据,2019 年“双十一”,消费者网络下单中通过手机下单者高达 90%。2019 年天猫“双十一”交易额达到2684 亿元,京东累计下单金额达 2044 亿元,“双十一”全网交易额达 4728亿元,同比增长 50.8%,2019 年销售 TOP5 的行业依次是手机数码、家用电器和个护美妆,服装、鞋包,同时女性依旧是消费群体的主力军。[2] 还有据埃森哲报告数据统计,中国有 4 亿 20—60 岁的女性消费者,她们每年的消费潜力高达 10 万亿元人民币。[3] 可见,当前网络消费呈现爆发式、几何状的快速增长,以前所未有的规模和速度越来越成为时尚。

其次,休闲消费日益增多。消费方式休闲化,是指在人们的消费活动中,满足基本生存需要的消费行为的比重大大下降,而以休闲娱乐为主要目的的消费观念与消费行为逐渐增多起来,并成为当前人们消费活动的一个重要趋势。在农业社会以及工业社会,休闲消费是权贵和特权阶层才可以享受的,既有钱又有权还有时间的人才有资格享受休闲消费,广大普通民众只能局限于吃饱穿暖的生存需求。随着社会生产力水平的提高,普通民众有越来越多的金钱和时间用于休闲消费,休闲活动也突破特定的阶层限定,渐渐地走向普通大众,休闲消费成为满足人们日益增长的美好生活需要的重

---

① 前瞻数据库:https://d.qianzhan.com/xnews/detail/541/171214-f195ec7e.html。
② 搜狐网:http://www.sohu.com/a/205736792_179557。
③ 凤凰网:http://tech.ifeng.com/a/20180104/44832411_0.shtml。

要空间。尤其是"自我国人均 GDP 突破 5000 美元大关以来,国民生活方式逐渐休闲化,食品消费在全部消费中的比重有所下降,以旅游、文艺创作等精神产品为主导的非物质消费支出迅速攀升"①。新时代下休闲消费日益成为人们消费需求中的一个重要部分,休闲活动在人们闲暇时间中的占比逐渐凸显,消费方式逐步休闲化。主要表现在:第一,娱乐休闲消费增多。娱乐是一种人们生活中最为常见的休闲方式,不仅能够缓解繁忙工作中的劳累,还是人们愉悦身心,释放压力,恢复体能的最佳方式,看电影、听音乐会、参加各种体育比赛等都是人们休闲活动中的主要组成部分。第二,旅游休闲消费增加。旅游是一种受大众普遍采取并颇受喜爱的休闲方式。"世界那么大,我想去看看",随着各种假日的逐渐增多和收入的不断提高,人们常常有更多机会在旅游中休闲放松、释放工作生活压力,感受到人类文化的悠久历史和体悟不同的风土人情。特别是随着中国中产阶层的全面崛起以及新生代消费者的逐渐成熟,人们对食、宿、行、游、购、娱等方面有更深入的需求,旅游形式也随之演化,逐渐由传统的观光型旅游向"观光+休闲"并重发展,即旅游的休闲化趋势愈发明显。现今旅游的内容和形式多种多样,能从多方面多角度满足人们的休闲需要。第三,文化休闲消费扩大。文化休闲消费主要是指利用闲暇时间,学习一些日常工作之外的个人感兴趣的知识,这种休闲消费包括观看展览、聆听讲座、阅读文学类史学类等有助于文化综合素养提高的各种读物等。在 2019 年节假日期间多地举办丰富多彩的文化演出活动,多地剧场可谓是一票难求,除此之外,全国各地博物馆都推出了一系列包括展览、讲座在内的文化主题活动,让广大群众走进博物馆感受文化的风采魅力、享受文化大餐。随着计算机网络的普及化,人们还可以购买一些线上文化产品,于是,上网也成为精神文化型休闲的一种重要方式。

最后,绿色消费蔚然成风。近年来,随着绿色消费的概念在我国居民的日常消费理念中普及,尤其是在"绿色发展理念"和"美丽中国"建设的引导

---

① 宋瑞:《2016—2017 年中国休闲发展报告》,社会科学文献出版社 2017 年版,第65 页。

下,绿色产品市场供给的不断扩大,消费者绿色消费意识的明显提升,消费方式也顺应升级,更加倾向于绿色化。在我国市场上,尽管带有绿色商标的食品价格比同类的食品贵很多,但还是很受广大消费者的青睐。除了绿色食品之外,绿色消费对象还有服装、家具、绿色建材、节能家电等。京东大数据研究院发布了《2019绿色消费趋势发展报告》,其基于对京东消费大数据的抓取,对京东平台上绿色消费市场规模、品类结构、品牌特点、区域分布、消费者特征等维度进行分析挖掘,展示绿色消费新动向及对产业发展产生的影响。此报告显示,"绿色消费"商品的种类已经超过1亿种,销售数量的增速更是超出京东全站18%,并在不断向低线市场渗透。从"绿色消费"品牌数占比分布来看,家居家装、食品饮料、服饰内衣占比较多,同时家用电器、家居家装和食品饮料的品牌数占比较2018年有所提升。从"绿色消费"在库商品种类的同比增幅来看,食品饮料、家用电器增速较快,同比增幅分别达到195%和90%。从职业、性别和年龄占比分布与全站对比来看,医务工作者/事业单位从业人员、女性消费者和46岁以上年龄段群体更关注"绿色消费",占比分别高出全站7.4%、11.5%、24.8%。显然,成熟的女性消费者成为了"绿色消费"的先锋主力军。可见,伴随绿色、环保及可持续发展理念的深入,社会消费观念和消费市场需求正在发生变化。此外,随着公众循环再生意识的增强以及循环再生产品质量的提升,循环再生产品逐步得到社会认可。由此可见,绿色消费作为一种新型的消费方式,逐渐成为人们的一种新消费偏好。

四、消费目的多重化

改革开放40多年以来,由于社会生产力的迅速发展,人们的购买力愈来愈强,消费目的越来越趋向多重化,大多数人注重提升生活品质,也有人注重提升精神享受并获得一种心理体验,还有些人旨在通过消费构建自我身份实现社会认同。

一是为提升生活品质。随着经济持续健康发展,人民物质生活水平不断提高,吃饱穿暖的"温饱"要求已经不能满足人民的需要,对生活品质的要求日益成为关注的重点。吃得健康,穿得美观,住得舒适,行得方便,用得高效等成为基本的生活要求。受良好的教育,干喜欢的工作,享受高效的医疗服务、安全的治安环境、优美的生态环境等,这些与生活品质息息相关的问题成为提升居民生活满意度测评的关键性指标,也是地方政府推进民生工程的重要参考。如南昌市统计局与国家统计局南昌调查队,已经连续8年对南昌市居民关注的热点问题以及政府推进的民生工程满意度进行跟踪调查,调查发现,随着国民经济的发展和人们生活水平的提高,人们对健康的要求越来越高,如自2010年以来,"医疗服务"备受关注,一直排在首位,这说明在居民收入增加的过程中,医疗服务仍然供不应求,成为人们刚性消费需求,也是提升生活满意度目标之一;其次是食品安全,在生活环境满意度调查中,食品安全一直是人们关注的又一重点,2014年、2015年、2016年连续三年排名前三位,2017年排名第二位。可见,"舌尖上的安全"仍是百姓心头的一件大事,能吃上安全放心食品,已成为百姓提升生活满意度的最大期待。最后是子女教育和住房价格,也是人们关注的热点问题。① 这充分说明,人们消费目的不再限于吃饱穿暖,而是逐渐上升到获得感、幸福感和安全感等方面。

二是为提升精神享受。随着居民财富的持续增加和自由时间的逐渐充裕,部分消费群体可以按照自己的兴趣和爱好,选择自己喜欢的消费方式消遣时光,愉悦身心,享受生活,获得积极的心理体验。例如,当有闲暇时间时,通过观看电影、听音乐和参加体育活动,缓解劳累、舒畅心情、恢复体能;通过旅游体悟山之高、海之阔之壮丽,通过户外感受花之香、鱼之乐之娴静,在山水之美中感悟心灵的闲适;②通过购书阅读或进行网络阅读,倾听前朝列代的逸闻轶事,领教当代最奥妙的创新理论,享受文字带来的乐趣。这都是追求精神享受的具体表现。

三是为构建自我身份。当前,消费不仅仅是一种对自我需要的满足,也成为人们建立、维持和沟通社会身份的主要手段,人们通过消费来表达自己

---

① 南昌市统计局:http://www.nctj.gov.cn/Content.aspx? ItemID = 17156。

② 谢珊珊:《古代审美的休闲文化与人性的生态建构》,《江西社会科学》2011年第2期。

与他人或社会群体之间的同一性和差异性,将自己归属于社会群体,从而对自己进行社会定位和归类。通过消费认同与消费行为的研究表明,大多围绕身份和消费之间的相互关系及其对个体消费行为的影响来展开,在衣食住行的日常消费中,不同群体根据消费能力的不同,进行不同的消费目的建构。处于中上社会阶层,将日常消费视为身份地位建构的一种方式。如在服饰方面,有些消费群体为了显示个人品位、价值和风格,乐此不疲地去大商场购买大牌名牌服饰和包包,以彰显社会身份地位。又如在饮食方面,有些群体喜欢追求"高大上"和奢华消费,尤其在宴请方面表现明显,其消费目的也是为了赢得称赞和彰显财富的象征意义。其他如在住房装修风格和小汽车的品牌等方面,都是显示人们的社会地位、身份、品位和格调的符号与象征。① 当然,在这部分消费群体中,有些是为了纯粹展现其成就、个性、信仰,传达声望、社会地位、财富和所归属的社会群体;有些则是为了获得更多收益而进行的投资行为,但最终的消费目的都是为了建构与自己相匹配的社会身份地位。

第二节　当前中国消费文化存在的问题

当前的中国,消费品生产的强力扩张,科学技术的瞬息万变,都促进了当前消费文化的快速发展,由于人们的思想道德水平、科学文化素质、审美能力等方面存在诸多差异,面对丰富多彩、日新月异的当代消费文化,难免对其好与差、先进与落后、有利与有害等产生混淆,于是导致了当前消费文化的发展过程中还存在一些问题。

一、崇洋消费方式盛行

随着近几年我国高收入群体不断扩大和签证政策的放宽,中国居民出

---

① 王宁:《消费社会学》,社会科学文献出版社 2001 年版,第 164—171 页。

境游的热度一年高过一年。中国居民以世界第一的境外消费实力,在世界各地掀起了一股排浪式的消费狂潮。

一是出境旅游消费热潮特征明显。根据国家统计局《中华人民共和国2019年国民经济和社会发展统计公报》数据显示,国内居民出境16921万人次,同比增长4.5%。其中因私出境16211万人次,同比增长4.6%;赴港澳台出境10237万人次,同比增长3.2%。① 可见,随着消费水平的提高和消费能力的增强,人们出境旅游的机会越来越多,频率越来越高。可以说,"说走就走"的出境游进入寻常百姓家。根据中国旅游研究院—携程旅游大数据联合实验室发布的《新跟团游时代——中国出境新跟团游大数据报告2019》、中国旅游研究院—马蜂窝旅游网自由行大数据联合实验室发布的《"一带一路"——中国出境自由行大数据报告2019》显示,2018年,我国出境旅游市场规模增长到1.49亿人次,相比2017年增长14.7%。我国出境游客境外消费超过1300亿美元,增速超过13%。② 可见,我国当前居民消费实力也在逐年增强,出境旅游消费规模逐年增大。

二是境外排浪式消费特征明显。许多居民出境游不仅是为旅游休闲、游览观光,更是为到境外发达国家购物,把旅游休闲变成是为了购物而旅游,美其名曰"海外游,必购物"。人们出境旅游消费呈现排浪式消费特征:去韩国买化妆品、去澳大利亚买保健品、去意大利买皮具、去瑞典买钟表等等。正如商务部发言人所说:"这几年来我们的消费市场在国内外当中有一个特别有意思的现象,从国内来说,越来越多的消费是个性化和多元化,而在国外的购物却呈现了一种单一化和排浪式的消费。"③

三是盲目崇洋心理特征明显。相当一部分国人盲目迷信洋货,形成了"凡是洋货就是好货,国货就是次货"的盲目崇尚国外产品和国外品牌的消费心理。因此,但凡一有机会出境旅游,就早已列好购物清单,一到目的地,不论是蛮拼的"中国大妈"还是初显身手的"90后",都是迫不及待地

① 中华人民共和国国家统计局:http://www.stats.gov.cn/tjsj/zxfb/202002/t20200228_1728913.html。
② 中国旅游研究院:http://www.ctaweb.org/html/2019-8/2019-8-7-17-1-36988.html。
③ 新华网:http://www.xinhuanet.com/fortune/2015-03/11/c_127570036.htm。

冲进免税商场,哄抢似地购买各种商品,上至高大上的奢侈品名包、名表,下至常用的生活用品包括餐具洁具、奶粉纸尿裤等宝宝用品。即便不能亲自出境,也要用海外代购进行补偿,这也是当前海外代购流行的主要原因之一。

二、文化消费发展失衡

经过改革开放 40 多年的发展,我国的文化消费得到了快速发展,但从总体上来看,与人民群众日益增长的精神文化需求相比,尚存在一定的滞后性,尤其是在文化消费结构、公共文化产品供给等方面,需要进一步提升优化。

居民的文化消费支出占总消费支出中的比重不足。恩格尔系数用来衡量一个国家和地区人民生活水平的状况,即一个国家或家庭生活越贫困,恩格尔系数就越大;生活越富裕,恩格尔系数就越小。根据国际经验,当恩格尔系数在 50% 以下,人均 GDP 超过 3000 美元时,居民的文化消费支出在总消费支出中的比重将达到或超过 30%[①]。2019 年,我国的恩格尔系数为 28.2%,但根据国家统计局发布的《2019 年居民收入和消费支出情况》显示,全国居民人均教育文化娱乐消费支出 2513 元,同比增长 12.9%,占人均消费支出的比重为 11.7%。由此可见,我国居民的文化消费支出的比重远远低于 30%,与我国恩格尔系数不匹配。可见,当前的文化消费总量供给不足,文化消费市场尚存在巨大的开发空间,居民的文化消费需求没有得到有效满足。

二是城乡文化消费发展失衡,农村远滞后于城市。在公共文化供给和建设中,农村一直处于弱势地位,尽管近些年来,国家采取一系列政策和措施进行改进和提升,农村公共文化服务在一定程度上得到了发展。截至 2019 年 6 月,我国共有县级图书馆 2753 个,文化馆 2938 个,乡镇综合文化

---

① 福建省社会科学规划扩大项目"关于扩大文化消费,开拓文化市场的政策研究"课题组:《福建省扩大文化消费的政策选择》,《东南学术》2013 年第 4 期。

站 33997 个,农家书屋 640000 个。[①] 但农村公共文化服务效能不高的问题仍普遍存在,具体表现在公共文化供需不对路、产品单一、农民参与热情不高等,因而城乡文化发展之间仍存在着较大差距,城乡人民享受的公共文化资源和服务都处于失衡状态。众所周知,我国是一个农业大国,农村人口依旧占很大比重,面对如此庞大的群体,媒体人应该关注农村、贴近农民表现改革开放后的新农村风貌。但是,关注农村发展的文化要素明显不足,比如,针对我国农村题材电视剧寥寥无几。此外,农村文化消费更是严重缺乏。一直以来,我国农村图书馆总藏书量、农民观影次数、文艺演出观众与全国人均相比都十分低下。农村公共文化产品供给和文化消费远远滞后于城市,大多数农民闲暇时间仅满足于在家看电视、打麻将,亟须更多的文化资源注入新农村建设,从根本上改变农民农村精神文化消费不足的现状。

三是区域文化消费发展失衡,中西部滞后于东部。经济发达程度、自然地理环境以及本身的历史文化等多种因素使我国的消费文化存在着巨大的地域差距。沿海城市与内地、东部发达地区与中西部落后区域、繁华城市与落后山村等,在公共文化消费上存在着明显的不平衡和不均等现象(如下表)。

按区域分全国财政对文化投入所占比重情况[②]

(单位:%)

地域＼年份	1995 年	2000 年	2005 年	2010 年	2015 年
中央本级	6.3	8.8	8.4	4.7	5.4
东部地区	40.2	45.7	48.1	44.4	42.1
中部地区	28.6	23.8	22.9	24.3	24.1
西部地区	24.9	21.7	20.6	26.6	28.4

---

① 祁述裕:《提升农村公共文化服务效能的五个着力点》,《中国行政管理改革》2019 年第 5 期。

② 数据来源于《中国文化文物统计年鉴(2012)》,国家图书馆出版社 2012 年版;《中华人民共和国文化部 2015 年文化发展统计公报》,2016 年 4 月 25 日。

四是文化消费享用失衡,不同群体文化消费差别大。社会不同消费群体之间,在文化消费欲望、消费能力、消费偏好等方面存在较大的差距。据2017年中国文化消费指数显示,男性文化消费综合指数首次超过女性,"90后"成为文化消费的主力军,但是这部分消费群体在消费能力支付方面尚且不足。中年消费者拥有足够的消费能力,但是他们却没有足够强烈的文化消费欲望。该群体在文化消费方面仍旧保持节俭、求实的消费观,一直把文化消费当作是"没必要"的消费,从而抑制了该群体的文化消费欲望。老年群体的文化消费仅仅限于跳广场舞、打太极拳等简单健身活动方面,随着我国老龄社会的到来,老年人的精神文化需求远远被低估和忽视,老年文化消费市场存在巨大缺口。

三、居民消费差距较大

改革开放40多年来,尤其是实行社会主义市场经济体制以来,在"允许一部分人"先富起来的发展方针的指导下,我国在发展过程中出现了收入分配差距,直接引起了消费差距增大。

首先,贫富差距过大引发消费差距扩大。中国的贫富差距大已经是不争的事实。瑞士信贷研究所(CSRI)最新出炉的《全球财富报告》显示:从2018年到2019年,全球财富总值增长2.6%至360万亿美元,其中,中国家庭财富总值为63.8万亿美元,占比17.7%。过去19年来,中国的家庭财富增长了17.2倍,增速超过多数其他国家的3倍,相当于美国从1970年开始32年的增长水平。全球中产阶级人口预计到2022年将增加2.3亿,至逾12亿人,中国所占比例将升至40%。中国目前的百万富翁人数为440万人,美国有1861万人,预计5年后的2024年,美国百万富翁数量增加23%,而中国将增加55%。[①] 继美国、德国、澳大利亚及法国之后,中国百万富翁人数的增长幅度在全球排行第五位。中国的百万富翁人数预计到2022年将增长41%至270万人,仅次于美国及日本,位列第三。中国有1亿人财富

[①]　新浪财经网:https://finance.sina.com.cn/roll/2019-10-22/doc-iicezzrr4109697.shtml。

名列全球前 10%,首次超过美国,后者为 9900 万人。中国超高净值人士预计未来 5 年将增加 40%以上至逾 25500 人。预计未来 5 年全球亿万富翁将新增 719 名,达到近 3000 人,中国所占的比例将近 30%(205 人)。[①] 同时,根据联合国开发计划署的统计数字,中国目前的基尼系数为 0.45。占总人口 20%的最贫困人口占收入或消费的份额只有 4.7%,而占总人口 20%的最富裕人口占收入或消费的份额高达 50%。近几年来,我国的基尼指数波动不大,2018 年我国基尼指数大约在 0.474,都超过了警戒线,也就是说我国的贫富差距较大。[②] 随着个体财富收入的不断增加和差距的拉大,人们在消费观念、消费方式和消费目的等方面逐渐分化成消费阶层差距。

其次,消费差距过大引发消费阶层分化。随着消费差距的不断扩大,已经引发了消费阶层分化的问题。如中国国情研究会的报告指出,在一个中国里,已经有三个消费世界,奢侈繁华与节俭清贫共舞。消费中的"第一世界"已经是一个追求自我享受的"需求"世界;另一端的"第三世界"则是一个"清贫型"的消费世界,他们面临的最大问题是"想买但没有钱";而那些"奋斗的小白领"所处的"第二世界",虽已超越衣食之忧,但满足却是很大的问题。也就是说,在消费领域,"现今的中国社会呈现出一幅后现代、现代与农业时代风貌并存的图景。在全国各大城市,随处可见广告和商品的泛滥以及各大高级酒店灯红酒绿的生活情景;同样,在全国的大部分城市中,现代文明的画面随处可见:灰色调的环境,轰鸣的机器、大量的废气废水废物以及日渐扩大的下岗失业人员,而在广袤的农村,却是一幅典型的农业文明的情景:处于社会边缘的农民群体日出而作,日落而息,在日渐缩小的土地上收获着微薄的收入"[③]。

四、消费异化现象突出

消费本质上是满足人的需要的手段,但是在消费主义的冲击下,中国的

---

① 东方财富网:http://global.eastmoney.com/a/20181022966659492.html。

② 搜狐网:https://www.sohu.com/a/359443876_120113054。

③ 郑红娥:《社会转型与消费革命——中国城市消费观念的变迁》,北京大学出版社 2006 年版,第 9 页。

消费文化呈现出明显的消费主义特征，"在消费主义价值观的导向下，消费的目的不是为了实际需要的满足，而是不断追求被制造出来、被刺激起来的欲望的满足"。① 于是许多人将消费视为人生的目的，形成了"新的商品拜物教"，崇尚面子炫耀性消费、过度消费和虚假消费，把消费当作人生的意义和目的。

一是使人们变得不自由的"符号"消费。如今，我国已经走出物质短缺的年代，物质产品极为丰富，商品对人们生存需要的满足的基本功能已逐步衰减，人们越来越追求商品的象征意义，符号价值的溢价也作为商品的一个重要组成部分。根据相关调查显示，我们生活周边的很多人都消费的是符号，却并不是商品本身的实用价值。有一项调查表明，在购买物品时，"80后"占43.2%，"70后"占37.4%；51.8%的人坦言有过消费"品牌"符号的经历。② 正如鲍德里亚所言，人们消费的目的不再是满足基本的生存需要，而是满足购物的欲望；消费的目的不再是停留于获得商品使用价值，而是由符号话语制造出来的暗示性的结构性意义和符号价值（风格、威信、豪华和权力地位）。③ 人们通过消费来彰显自己的品位，通过所消费的符号来标识自己所归属的地位。消费者购买宝马汽车，不仅是为了获得一辆外观精美、性能良好的代步工具，更重要的是宝马这个品牌的身份和地位的象征意义。当消费行为仅仅追求商品背后的符号价值时，能否消费得起某种商品便成为判断一个人是否成功、高尚、拥有高地位和品位的标准。这一观念的最终结果就是人们越来越物质化，消费便成为了人们唯一能够展现自我的方式。就拿苹果手机来举例，假如人们购买它是追逐一个当下人类工业化高度的结晶，是为了提升使用体验和工作效率，这时，是商品的使用价值占据了矛盾的主要方面，这种消费只是为了单纯地满足自己的需要，人们还没有成为消费的奴隶，不会被消费主义所控制与剥削；但人们买一个苹果手机是为了

① 陈恢军、邝小文：《消费主义在中国的扩散、危害及治理》，《消费经济》2016年第3期。

② 中国青年报：http://zqb.cyol.com/content/2010-10/21/content_3429766.htm。

③ ［法］让·鲍德里亚：《消费社会》，刘成富、全志钢译，南京大学出版社2008年版，第7页。

满足虚荣心、获得优越感,是为了增益自己的身份,标识自己所归属的群体时,人们就会陷入畸形消费的怪圈,远远超出自己的经济承受能力甚至去卖肾买苹果手机,为了符号而消费。为了能够获得这些符号,并跟上符号的潮流,实现与自己地位所归属的群体相匹配的消费,人们不得不去努力获得更多的资本。于是他们主动地成为了工作中的被动机器,成为流水线上的螺丝钉,不仅在工作经济上自愿被剥削、精神上也自主被剥离自主,成为消费主义的奴隶。这一过程中,人们好像通过消费找到了人们缺失的价值,难得人生中主动选择的掌控感,能够自由平等和公平正义地真正成就自我,然而事实却是他们被陷入产品区隔和消费符号的泥潭中自我泅渡而不自知,越来越被控制、异化和奴役。就这样,人们不但没有变成真正想成为的人,反而是消费令他们变得越来越不自由。

二是存在以炫富为特征的"面子消费"。"面子消费"指为了面子主动或被动地进行炫耀消费。"面子"是中国传统文化、传统价值观、人格特征、社会文化的耻感取向共同作用的综合体。随着人们物质生活水平的极大提高,收入的增加使人们的消费需求也更加宽泛,中国消费者强劲的消费能力更是令世人瞩目,在众多消费的背后不乏有"面子消费"心理在作怪,通过消费获得表面的满足感和自豪感,炫耀自己的实力财力。但仅立足于满足人们基本需要的消费是不可能带来声誉的,凡勃伦曾在《有闲阶级论》中就提出过,"炫耀性消费和炫耀性休闲是值得尊敬的,因为这才是财力实力的明证"[1]。于是,为了达到炫耀的目的,奢侈消费、挥霍消费在一定范围内占据主导地位,"以前表现为奢侈的东西,现在成为必要的了"[2]。当今一说到谁是奢侈品消费大国,人们不用再想曾经的美国、日本,答案一定是中国。根据有关国际组织调研数据显示,目前中国人已经消费了全球三分之一的奢侈品,是全球最大的奢侈品消费国,预计到 2025 年,760 万户中国富裕家庭的奢侈品消费合计将达 1 万亿元人民币,占全球奢侈品市场的 44%。[3]

① [美]凡勃伦:《有闲阶级论——关于制度的经济研究》,李华夏译,中央编译出版社 2012 年版,第 134 页。

② 《马克思恩格斯全集》第 46 卷下册,人民出版社 1980 年版,第 19 页。

③ 中国产业信息网:http://www.chyxx.com/industry/201712/594795.html。

中国人为什么痴迷买奢侈品？奢侈品的价值不在于产品本身，而在于产品带来的社会承认感。中国文化传统的"好面子"情结中个人价值需要社会承认。为了炫耀和满足"面子"的目的，人们必须通过使用一些奢侈高档的物品来给自己"贴金"，就如同鲍德里亚所说的，"人们是通过他人可见的消费行为和消费品来构建自己的身份"①。

三是以虚假需求为内容的异化消费。随着中国经济的发展和人们收入水平的提高，"情感需求"取代"实用性需求"成为消费的主要动因，很多消费者都是凭"第一感觉"为自己的冲动买单。② 在这一大趋势下，中国城市家庭消费者们正快速地从"理性的价格追求者"转换成为"情感型的自由消费者"，也就是说他们的消费观往往会被情绪所控制。在众多能够影响消费者的因素当中，各类社交媒体、粉丝营销等行之有效的方式则扮演着更为重要的角色。2017年，国际环保组织绿色和平发布的报告指出，中国消费者购物过剩现象突出，通过社交网络和电商平台建立的"社交购物模式"是重要的推动因素之一。82%的受访者表示看到别人穿好看的衣服也想买一件，72%的受访者表示看到社交网络上的穿搭文会引发购买的欲望。49%的受访者表示会因为偶像代言产品而冲动购买一些不需要或不合适的东西。③ 当下许多人已不再寻求长久的、理性的目标，而被用暂时的、感性的感觉充斥生活。理性反思越来越少，感性的决定越来越多。

五、生态消费意识不足

随着人们生活节奏的加快和消费水平的提高，一次性消费和过度包装在当今的中国随处可见，一次性消费品种类也越来越多。殊不知，这些用完就扔的物品，过度华丽的礼品包装，在方便人们生活，满足人们虚荣心的同

---

① ［法］让·鲍德里亚：《消费社会》，刘成富、全志钢译，南京大学出版社2008年版，第85页。

② 中国经济导报网：http://www.ceh.com.cn/shpd/2016/04/910047.shtml。

③ 搜狐网：http://www.sohu.com/a/241872218_662758。

时,却使人们最大限度地远离了环保,威胁人与自然的和谐相处。

第一,大量的暂时性的和一次性的商品的消费造成资源的极大浪费和环境的严重污染。一次性消费品正呈"新潮逐浪高"之势,消费者对其也情有独钟,我们越来越习惯于过上一种"舒适"的生活,"用过即扔"被认为是时髦和潇洒。不仅一次性的杯子、饭盒司空见惯,甚至一次性的衣物、相机、手机也不断推陈出新。但是,一次性用品给我们带来便捷的同时,却是以惊人的资源消耗与大量的垃圾的堆积为代价的,这将给生态环境带来无尽的危害。据估计,我国每年生产一次性木筷所耗费的木材就高达500万立方米。全国林木年采伐量中,其中被制成筷子的占10%。目前我国城市生活垃圾存堆量已超过80亿吨,且垃圾产量仍以5%—8%的速度增长,一次性用品是其中的重要组成部分。仅每天外卖丢弃的一次性餐具,保守估算都达2000万个,实际数量可能更多,更别说还有餐饮门店和家庭使用了。我们正创造着一种"垃圾箱文明",以至于有人说:"告诉我你扔的是什么,我就会告诉你你是谁"。不仅如此,"用过即扔"这种行为还得到了经济学的支持,"我们的经济学是这样的,我们'负担不起'对东西的照料——劳动力是昂贵的,时间是昂贵的,但是物质——创造所用的原料——却是这样的便宜——以致于我们负担不起照料他们的费用"①。于是"用过即扔"这种生活方式不断地削弱耐用品的基础,今天我们能看到即使是耐用消费品其实也并不耐用。现在的很多家用电器比前代产品价格昂贵得多,使用寿命却大大缩短,简单的原因是制造者把它们设计成只持续一段时间就被更新而不是用来被修理的东西,产品在出厂的时候就已经被限定了其最长使用寿命。从某种程度上说,规模生产花费的工人的劳动时间比修理的甚至还少。这种经济学其实反映了制造物的废弃(其实就是资源的浪费)是非常便宜的以致于不用关心,对环境的损耗也就是带来的"外部效应"可以置于成本之外。

根据中国家用电器研究院发布的《中国废弃电器电子产品回收处理

―――――――――

① [美]艾伦·杜宁:《多少算够——消费社会与地球的未来》,毕聿译,吉林人民出版社1997年版,第62页。

及综合利用行业白皮书2018》,2018年我国电视机、冰箱、空调、洗衣机、电脑("四机一脑")理论报废量约为1.5亿台,报废重量超过406万吨。电子废弃物总量预计会从2020年的1500吨增加到2030年的2840吨。截至2015年2月,中国的手机用户已达15.3亿,每年产生的废弃手机大约有2亿部。在我们国家,还存在着企业为了追求短期的高效率和高利润而无视对资源环境的影响的情况。一方面,是因为我们的市场经济体制还不够健全,缺乏相应的生产规范的条例,这种情况也逐步在改善,另一方面,我们的生活方式也在一定程度上鼓励和刺激着这种"涸泽而渔"的做法,我们渴望"舒适",向往时尚,哪怕物品的使用价值还在,已经不能满足我们追求时尚的要求,为了不"落伍",我们只能"扔掉"再购买"最新"产品。

第二,为了追求商品的外观美感和符号象征价值,过度的产品包装造成大量的资源浪费。今天,从出售的食品、服装到大件的家用电器,商品的包装越来越讲究,甚至到了本末倒置的地步:做一元钱的点心用一百元的包装,只能持续一个星期的西红柿和绿胡椒被装进能够持续一个世纪的泡沫和塑料托盘中出售,等等。事实上,包装的价值是转瞬即逝的,许多包装是纯粹的装饰,包装得再好,消费后便成了废弃物。而其中,生产者和经营者所得利益要远远大于消费者。对此,有人评价说:"包装就是敲诈"。但是为了追求"更美"和某种"符号"象征意义,消费者也似乎心甘情愿,这些包装不仅浪费了资源,而且由于包装所用的多为难以降解的材料,增加了环境负担。即使对于可以回收利用的包装物,由于我国对其回收再利用重视还不够,回收再利率很低,同样消耗了大量的资源,并且加重了环境污染。

中国的资源环境无法承受这样的消费方式。著名经济学家吴敬琏在《中国增长模式的抉择》一书中总结出了中国的国情——"人力资源丰富、自然资源紧缺、资本资源紧俏、生态环境脆弱"。从自然资源的总体水平看,我国资源总量大,但人均占有量低。"中国以占世界7%的耕地养活了占世界22%的人口"正是渲染这一发展困境而使用频率最高的话语。如此人口过多、资源短缺和环境恶化的国情,满足生存和发展还是个问题,更何况负荷和承载消费主义的巨大消耗。

第三,承载发达国家转嫁过来的环境污染更加剧了环境负担。中国作为后发展国家,不仅要承受自身发展带来的环境问题,而且要消化发达国家转嫁过来的环境危机,因而任务更加艰巨。"环境质量是同物质上的穷或富联系在一起的,而西方资本主义越来越通过对第三世界财富的掠夺来维持和'改善'自身,使自己成为令世人仰慕的样板。"①在消费主义遍布全球的时代,我国每年的资源消费总量巨大,各种资源问题络绎不绝。发达资本主义国家在发展的过程中,为了追求利益最大化,毫不顾及生态环境,当他们自身制造的生态环境危机无法化解的时候,其又利用生产科技的先发优势,推进生态高科技的创新研发与垄断运用,遏制后发国家的生态科技共享,将环境污染转嫁给发展中国家,在地球上广大的待发展地区投下了生态阴影。我国20世纪90年代的生态环境不断恶化与此直接相关。今天依然如此。

我国作为发展中国家,不仅在经济发展过程中分摊了西方发达国家转移的大部分污染性产业,还是一个"洋垃圾"主要处理国,承担着全世界至少一半的纸制品、金属和塑料废品,这在某种程度上等于"出卖"我们的生态精华。与此同时,中国由于这些转嫁过来的污染性工业造成的环境污染却受到了来自其他国家的指责,国际智囊机构经济合作与发展组织(Organisation for Economic Co-operation and Development)发表了一篇题为《中国环境绩效评估》的报告,该报告系统阐述了我国在环境保护领域取得的进展,客观实际地分析评价了各项预期目标,并经过多方讨论为中国未来绿色发展提出了一些切实可行的建议。事实上这份报告指出了中国在环境事务上的纪录很差,并警告说这将损害其作为出口国家的声誉。它指出,中国在过去近20年间快速的城市化,工业化和经济增长已导致产生出全球最污浊的空气、土壤和水。并且,中国烟雾呛人的城市和江河污染正在使得许多人染上疾病和无法工作,反过来,又煽动起人们的不满和动乱,进而威胁

① 转引陈学明:《论生态社会主义者对当代资本主义的新反思》,《毛泽东邓小平理论研究》2006年第1期。

到国家的经济持续增长。也许这份报告里面的数字或评论有失真实,但是,我们不可否认的是环境污染的问题也是制约我们经济持续发展的一个瓶颈。如有一个受到污染的国家的坏名声,那么其生产的产品在海外就会成了一个坏商标,产品的销售将成为难题,最终会影响到国家经济的增长。

第六章　新时代中国消费文化创新的价值选择

　　中国特色社会主义进入了新时代,中国消费文化的创新也势在必行。消费文化创新的价值选择关系到消费文化的立场、发展方向和发展目标,决定了消费文化的创新路径,是消费文化创新中必须解决的核心问题。

　　当前,中西消费文化冲突,人民消费结构不合理的现实与美好生活理想相矛盾,消费差距扩大与共同富裕成悖论,人的全面自由发展与消费异化相背离,过度消费与生态承受力度失衡,这些都是消费文化创新面临的复杂背景。如何在矛盾冲突中进行价值选择,是考验中国社会发展的重要问题。显然,民族性是中国消费文化创新的文化基石,彰显民族性是中国消费文化的价值特色;中国特色社会主义进入了新时代,要坚持以人民为中心的发展,促进人民群众的消费不断升级,人民性是消费文化创新的根本价值立场;共同富裕是社会主义的本质,当前要不断缩小消费差距,体现消费公平,让全体人民共享发展成果,公正性是消费文化创新的根本价值取向;消费是满足人的需要的手段,但异化消费却使消费变成了目的,使人变成了"消费人",扬弃消费异化,恢复人的个性、创造性和主体性是消费文化创新的价值原则;鉴于消费与环境资源的矛盾,走持续消费之路,凸显生态性不仅是中国消费文化创新的必然要求,也符合人类的整体利益,也是消费文化创新的重要价值维度。

第一节　彰显民族性的价值特色

全球化的今天,中西消费文化交流、交锋、交融,相互学习、相互借鉴,给中国消费文化创新带来了新的际遇。可中国消费文化该如何创新? 它能成为西方消费文化的翻版吗? 能成为中国传统消费文化的再版吗? 二者都不能。正所谓"物之不齐,物之情也",和而不同是一切事物发生发展的规律。中国面临着不同于西方社会的时代问题,有着迥异于西方的消费文化传统,中国绝不能走西方消费社会的老路,但又须在借鉴西方消费文化的基础上进行创新,既符合中国的消费文化传统,又深深根源于中国的国情,符合中国经济和社会发展的实际,体现时代性与民族性的统一。

一、消费文化的民族性与世界性

人类文化,首先是以民族化的形式存在,它们的存在和发展呈现与各民族生产生活方式相联系的不同的形态。世界林林总总的民族文化,贯穿了一些共同的、普遍性和一般性的东西,称之为文化的世界性。文化的民族性与世界性是共性与个性、普遍性与特殊性的辩证统一关系。文化的世界性包含于文化民族性之中,但是,文化的世界性并不能脱离民族性而独立存在,没有文化的民族性也就不会有文化的世界性。正如各民族的社会实践具有普遍的规律一样,在社会实践基础上产生的民族文化也有规律,因为文化具有世界性;但是文化作为一种社会意识,它是由社会存在决定的,由于各个民族的历史地理条件,政治经济因素不同,每个民族的文化必然有其差异,所以文化是民族的。文化的民族性内涵丰富,它是民族成员的生存智慧和生存根据,是民族成员的需要和选择,是民族成员主体意识的觉醒。文化的民族性又通过民族文化的价值观念、历史传统、民族成员的行为方式、民族意识和民族精神体现出来。越是悠久的文化,其民族性的特征越明显,作为一个民族特征中最基本的东西,通过民族成员的意识或潜意识予以表达,并牢牢把控着民族成员的日常。

消费文化同样是世界性与民族性的统一。任何一个民族的消费文化都深深根植于民族的经济与社会发展状况,根植于民族独特的环境与经历。人类历史上,每一个民族的生存环境和历史演变都是独一无二的,各民族的消费文化也都具有特殊性。一个民族的消费习俗、消费偏好、消费观念都是一定民族文化价值的积淀和内化,一个民族的消费模式和习俗是该民族性格特征或国民精神的反映。人类的消费文化一旦形成就具有鲜明的地域特征,如中华民族消费文化的核心就是"崇俭抑奢",反对"寅吃卯粮",等等。哪怕在一个国家或民族中,人们对消费文化的认识远未达成共识,而消费文化的民族性是客观存在的,也是永远存在的。正如"消费文化作为一个民族文化的一部分,对该民族的生活方式产生着重要的影响。同时,在全球化背景下,消费文化的民族性也表现得较为突出"①。

全球化的过程是各民族经济文化交流和融合的过程,消费文化的世界性是随着历史变成世界历史,尤其是经济全球化时代各个国家和民族的经济文化交流日益增多而不断形成的。消费文化的全球互动,其内在动力可能并非全球文化多元的抽象或者平均,而是西方发达国家通过部分具备支配意义的程序而展开的全球表达和控制。经济实力上处于强势的国家如美国自然会有更多机会传递自己的信息并影响其他国家,能支配大众交往渠道。事实上,以美国为首的发达资本主义国家以占领和控制全人类精神生活的制高点为目标,借助网络传媒这一工具,向包括中国在内的经济文化欠发达国家和地区大肆倾销他们的精神文化产品,从而潜移默化地影响这些国家人们的思维方式和价值观念。国际知名品牌、大牌明星向各大洲、各个国家成千上万的人进行的现场直播是当代全球化的典型形式,覆盖面广,渗透力强。迪斯尼乐园、时代华纳、威卡姆集团、美国电讯公司等成为文化产业的全球性垄断寡头;美国的电影、英国的音乐喜剧、巴黎和米兰的时装、德国的图书等,它们都在全球范围内取得了一定的影响和支配地位。

---

① 姜鹏飞:《全球化背景下中西方消费文化的冲突与融合》,《人民论坛》2015年第11期。

我们关注到,文化从发达强势的西方国家传播出来,攻城略地,大举抢占海外市场,并实际催生了全球性需求,并让全球的文化消费者欲罢不能。"在这种实际上是'麦当劳化'的全球化压力下,一些发展中国家或文化弱势国家的市场被并不能反映他们生活的符号和形象所占领,甚至难以讲述自己的故事和经验,现阶段的全球化确实具有文化殖民的特征,这种意义上的全球化确实在威压着自古形成的文化。"①所以有人认为全球化在某种意义上是"美国化"。台湾作家龙应台直接指出:"什么是'全球化'? 这个词其实是有问题的。影响从哪里来,往哪里去,是什么'力量'在转化谁? 谁被谁'化'掉啊? '全球化'的东西,可能99%是西化,譬如说物质的品牌,大多就是美国的东西。因此,于我们而言,所谓全球化,它的真实内涵其实是'美国化'。"

二、民族性是消费文化创新的价值特色

在当前的消费文化中,我们甚至很难分辨哪些消费观念是属于西方的,哪些是中式的,哪些是源于美国的,哪些是我们骨子里就有的,甚至在全球化是导致民族文化的"趋同"还是"异化"上,学者们还持有不同的观点。但是,消费文化的民族性是客观存在的,否定它就是否定民族的客观存在,忽视它就可能威胁民族的发展,越是在消费文化全球化的时代,我们越要注重发扬我国传统消费文化的精华,不仅要使之融入世界,更要增强其对全世界的影响力。因为"只有民族的,才是世界的"。可见,中国特色社会主义消费文化的创新必然要扎根于中国民族文化的沃土。

消费全球化的今天,消费主义作为消费社会的一种文化意识形态,在资本逻辑的推动下在全球范围内传播,事实上也形成了一种文化霸权,因为它代表发达国家的文化和生活方式,在某种意义上对人们更有吸引力和诱惑力,它向人们展示了工业国家的奢侈消费模式,同时随着消费模式的传递,也将打上西方烙印的民主化理性化的政治声音传递给人们,这很容易内化

---

① 单世联:《全球化时代的文化多样性》,《天津社会科学》2005 年第 2 期。

为人们心中的文化价值观念,结果必然对一些国家当地的文化包括消费价值观念和消费模式造成巨大的冲击,削弱民族文化的影响力,打击民族文化自信,甚至控制这个国家或民族的主流意识形态,威胁到该国家的安全。正如霍华德·谢尔曼指出:"一种制度如果其自己的思想辩护不居支配地位,那么这种制度就不能存在下去。"①如果控制了一个国家的主流意识形态,从一定程度上说,失去主流意识形态的国家已经不战而败。不得不说,面对消费主义文化的强势入侵,如果中国不加强自身消费文化的建设,不坚守和弘扬消费文化的民族性,必然会削弱我国的文化软实力,进而影响到国家的综合实力。

中国的消费文化不能是西方消费文化的翻版,民族性是中国消费文化的创新基石和活力来源,是体现中华民族文化软实力的一个重要维度。文化软实力又是综合国力的重要组成部分。前美国助理国防部长、现哈佛大学肯尼迪政府学院院长约瑟夫·奈(Joseph S.Nye,Jr.)对此曾有过详细的论述。1990 年,他在《注定领导世界:美国权力性质的变迁》一书中第一次提出"硬权力"(hard power)和"软权力"(soft power)关系的理论。在他看来,所谓"硬权力",即指一个国家在经济、政治和军事方面的优势和能力,它既是一个国家在国际关系中发挥领导力、号召力的基础,又是一个国家在国际事务中发挥重大影响的关键;"软权力"则是指这个国家在文化意识形态和价值观方面的力量,它能够使一个国家在国际关系中发挥出强大的影响力、吸引力、诱导力,如果一个国家的文化、意识形态具备足够的引领力,其他国家和民族就会自愿遵从它们的领导。文化力量就是一个国家"软权力"的重要组成部分。从另一个角度看,"硬权力"指一个国家借助其经济、军事实力,以经济制裁和军事干涉为手段,要求或者胁迫其他国家尊重和服从其指令,并让渡部分国家利益,以作为或者不作为的方式屈从于强国意志。而"软权力"则是通过感召力和同化力,而非强制力来实现国家意图,从而在国家和地区实务中获得理想结果的能力。"简言之,一个国家文化的普世性和它具有的建立一套管理国际行为的有利规则和制度之能力,是至关重

---

① [美]霍华德·谢尔曼:《激进政治经济学基础》,商务印书馆 1993 年版,第 63 页。

要的权力源泉。在当今国际政治中,那些软权力源泉正变得越来越重要。"①

受西方消费主义文化影响,从电视电影、时尚、通俗音乐到因特网信息流,西方文化正越来越决定性地"促使全世界范围里的人都热衷于追求物质享受和及时满足道德上不受抑制的个人欲望"②。相比较而言,我国传统消费文化和传统价值观念却不断隐退。许纪霖说:"一个千年文明古国一旦以实用的尺度来衡量自己的人文精神,虽然它可以一度人文治国,但在现代化的变迁中会比其它国家更加势利地否定自己的人文传统,比老牌资本主义国家更加功利化、物欲化,最后整个文明毁灭在一片糜烂的纵欲之中。"③旅居加拿大的学者梁燕城也认为:"当代中国的悲哀,在面临文化精神之沦亡。在经济迅速发展之下,人心归向世俗化,中国文化正在失去其灵魂,民族的骨气也在日减,人人为了赚钱而疯狂,甚至不择手段。"④学者们的担忧绝不是夸大其词,对我们有着深刻的警醒作用。全球化过程中消费主义文化意识形态的渗透,使社会主义国家开展同西方的意识形态斗争更加复杂和困难。马克思指出,一定的意识形态解体足以使整个时代覆灭。所以,在新形势下自觉抵制隐藏在生活当中的西方消费主义文化意识形态的影响和渗透,坚持消费文化的民族性,以高度的文化自信推动传统消费文化的创造性转化和创新性发展是防范和抵制西方消费主义文化,增强我国文化软实力的重要路径。

第二节　坚守人民性的价值立场

在文化创新中,为什么人的问题,是带有根本性、基础性的重大问题,它

---

① Joseph S. Nye, Jr. *Bound to Lead: The Changing Nature of American Power*, New York: BasicBooks, Inc., Publishers, 1990, pp.32-33.

② [英]保罗·肯尼迪:《未雨绸缪——为21世纪做准备》,新华出版社1996年版,第56页。

③ 许纪霖:《寻求意义——现代化变迁与文化批判》,上海三联书店1997年版,第227页。

④ 王元化等:《崩离与整合——当代智者对话》,东方出版中心1999年版,第42页。

是文化创新的价值立场。人民立场是中国共产党的根本政治立场,中国特色社会主义消费文化,应该是依靠人民、为了人民、服务人民的消费文化。发展和弘扬中国特色社会主义消费文化,根本目的就是要不断满足人民日益增长的美好生活需要,提高人民群众的物质文化生活水平、思想道德素质和科学文化水平,最终促进人的全面自由发展。坚守人民性的价值立场是中国特色社会主义消费文化创新的必然要求。

一、人民性是社会主义消费文化的根本价值立场

历史唯物主义认为,人民群众才是历史的创造者,这表现为,人民群众不仅是物质财富的创造者,也是精神财富的创造者,还是社会变革的真正力量。新时代中国特色社会主义"以人民为中心"的发展理念也是消费文化创新的价值立场。消费文化的人民立场就是指在消费观念、消费方式、消费行为和消费环境中凸显"以人民为中心"的理念,一切生产都要以满足人的真实而全面的需要为目的,一切消费环境都要服务于人的真实合理的需要和消费,最终促进人的全面自由发展。

中国共产党的初心和使命是为人民谋利益,为中华民族谋复兴。实现好、维护好、发展好最广大人民的根本利益,是党和国家一切工作的出发点和落脚点。毛泽东指出,世间一切事物中,人是第一个可宝贵的。以习近平同志为核心的党中央更是庄严承诺,人民群众对美好生活的向往就是我们的奋斗目标。社会主义生产的目的就是为了满足人民群众日益增长的美好生活需要。充分尊重人、关心人、关怀人、关爱人,逐步实现人自身的价值是一切发展的出发点和归宿点,也是对发展质量的优劣与发展水平的评价尺度。人民立场是一种真正尊重人、发展人和实现人的价值选择。

相反,在资本主义的生产条件下,"进行生产的资本的目的,决不是使用价值,而是作为财富的财富的一般形式"①。因为社会劳动的分配大体上

---

① 《马克思恩格斯全集》第 30 卷,人民出版社 1995 年版,第 603—604 页。

是根据资本主义的价值法则来进行的,因此,生产与消费之间,劳动与闲暇之间的正当关系没有建立起来。满足成为被接受的偶然性出现。而生产的动机不过是交换价值的增值也就是剩余价值的最大化罢了。为此,正如马尔库塞所指出的,为了追求利润,不断制造出"虚假需求",并且将这种"虚假需求"置于真实需求之上,致使人们的真实需要无法实现。这是因为,"一旦经济主义主宰了技术,利润取得了核心的地位,商品的生产就不再受到消费者的当前需要的支配。相反,需要是为了商业性原因而通过广告创造出来的,技术的产品甚至不经人们的追求而强加于人们"。① 以至于弗洛姆在其著作《占有还是生存》一书中,明确指出了生产目的对消费性质的决定作用:"只有当我们有力地限制大企业股东们和经营者的权利,使他们不能仅仅从赢利多少和扩张的利益出发来决定生产什么和生产多少,健康合理的消费才是可能的。"②也就是说,在资本主义社会,生产表现为人的目的,财富表现为生产的目的。由于生产对消费的决定作用,不为需要而生产,必然使需要、生产、消费之间处于相互脱节的状态,在这种状态之下的消费,就不可能是一种科学的、合理满足自我需要的消费,与之相适应的消费文化也不可能站在人民的立场上。

作为社会主义国家,我们可以钳制资本这个一直缠绕在资本主义社会上空的"幽灵",剔除其增殖的本性,使其转化为推动生产力发展和社会进步的驱动力量。因此,正确的选择是超越资本逻辑,回归生产逻辑,恢复马克思的全面生产理论。马克思对资本逻辑批判的同时也指明了资本未来的方向,在呈现资本的意义的同时也指出了其终结的方向——生产逻辑。正如学者仰海峰所说的:"经过资本逻辑的中介,生产已不再是解决匮乏问题的辛勤劳作,而更多地体现为人的本质力量的展现,这时生产逻辑与人的全面发展和自由解放就一致起来了,这正是生产逻辑的历

---

① ［荷兰］舒尔曼:《科技时代与人类未来》,李小兵等译,东方出版社 1995 年版,第 359 页。

② ［美］弗洛姆:《占有还是生存》,关山译,生活·读书·新知三联书店 1988 年版,第 188 页。

史'本体论'意义。"①

　　当前,我国已经进入了中国特色社会主义的新时代,但是,我国处于并将长期处于社会主义初级阶段这一基本国情没有改变,我国是最大的发展中国家的现实情况也没有改变,所以,由此决定的"以经济建设为中心"的基本方针也没有改变。坚持以经济建设为中心,把发展生产力摆在首位,才能不断增强社会主义社会的综合国力,才能从根本上巩固和发展社会主义制度,不断满足人民群众日益增长的对美好生活的需要,实现人的全面发展。可见,以经济建设为中心最终是服务于"以人民为中心"的,经济建设是手段,人民幸福、人的发展才是目的。

　　坚守消费文化的人民性立场,就是在社会经济发展中,始终坚持以满足人的需要为目的,不能为了经济发展而刺激消费,制造"虚假需求",更不能让人民群众的消费需求成为资本增殖的手段。比如现在阶段,对于在温饱线上挣扎、衣不蔽体、食不果腹的贫困群众来说,其需要主要表现为人的衣食住行最基本的生活需要和安全需要。他们需要的是各种各样的生活必需品,而不是某些奢侈品。同时对于广大民众而言,每个人最基本的需要还是离不开衣食住行。凸显人民性的消费文化应该引导政府和市场将更多的资金和精力用在满足最广大群众最关心的需要上,如健康的食物、安全的医疗等。哪怕某些行业可能无法获得更高的利润,比如生产便宜而有效的药物,只要能够满足老百姓健康医疗的需要,政府应积极引导资本流向这些行业;对于关系到人民健康的医药,要加大研发力度,要在生产端投入更多的时间、精力和资金,踏踏实实研发,党和政府要做人民的"药神",不能任由资本逻辑横行,给人们的健康安全带来损害。同时,对于市场领域中那些为满足一部分人的畸形需要而生产或服务、为获取高额利润链而走险的行为,党和政府必须对之严加制止,严以惩罚!

　　总之,始终坚持为了人民、服务人民,这才是现阶段中国特色社会主义消费文化创新的基本价值立场,只有坚持这一立场才能凸显消费文化的社会主义性质,保证新时代消费文化创新的社会主义方向。

---

　　①　仰海峰:《历史唯物主义的双重逻辑》,《哲学研究》2010 年第 11 期。

二、消费不断升级是人民美好生活需要的必然要求

前文已经指出,在我国历史上,漫长的封建社会里,对大多数普通人来说,其消费需求是被压抑的,即使在新中国成立以后,由于物质匮乏,为了实现国家的总体目标,个人消费往往让渡于国家的发展,一些制度安排都倾向于抑制居民的消费水平、降低消费的比例,提高积累的比例,最终个人消费需求都让位于国家发展战略。新时代社会的基本矛盾已经变成了人民群众日益增长的美好生活需要与不平衡不充分的发展之间的矛盾。这一主要矛盾决定了消费文化创新的任务就是要满足人民群众日益增长的美好生活需要,"除了消费'数量'的增加,更多的是消费'质量'的提升,表现为消费结构的优化及消费品质的提升"①。当前,消费不断升级是满足人民群众美好生活需要的必然要求。

历史唯物主义认为,需要是历史范畴,它随着历史的发展而发展,随着生产力的发展而变化。恩格斯曾指出:"人类的生产在一定的阶段上会达到这样的高度:能够不仅生产生活必需品,而且生产奢侈品……这样,生存斗争……就变成为享受而斗争,不再是单纯为生存资料斗争,而是也为发展资料,为社会地生产发展资料而斗争,到了这个阶段,从动物界来的范畴就不再适用了。"②

同样,马斯洛需要理论认为,人类需求更像台阶一样,从低到高可以分为五种层次:"生理需求、安全需求、社交需求、尊重需求和自我实现需求"。人在每一个时期,都有一种需要占主导地位。今天,我国已全面建成小康社会,人民群众的需要将不断丰富和更加全面,人的消费也要不断升级。人民对生存所需要资料的期待日趋降低,而追求享受、求得发展的需要则日益增强,人民生活状态正日益由"生存型"向"享受型""发展型"变化升级,人民

---

① 潘红虹:《消费升级的国际经验与我国消费升级路径分析》,《企业经济》2019年第3期。

② 《马克思恩格斯全集》第34卷,人民出版社1972年版,第163页。

群众的需要变得更加丰富和多样。① "人所需要的不仅仅是更多的物质用品,而是更多的自由,更多的自主,更多的创造性的出路,更多的生活愉快的机会,更多的自愿的合作,而少些非出于自愿的为他人的目标而服务。"②正如习近平总书记2017年7月26日在省部级主要领导干部专题研讨班开班式上讲道:人民"期盼有更好的教育、更稳定的工作、更满意的收入、更可靠的社会保障、更高水平的医疗卫生服务、更舒适的居住条件、更优美的环境、更丰富的精神文化生活"③。这种对"美好生活"需要的表达,指出了需要的三个基本层次:一是要有足够丰富的物质生活资料,如稳定的工作,满意的收入、舒适的居住条件都是为满足老百姓的吃穿住行,满足基本的物质生活需要,使人摆脱自然的压迫,做自然的主人;二是要有平等和谐的社会关系,如更可靠的社会保障,它是体现社会的公平与正义,并保障在美好生活的行进路上一个都不能少,建立良好的社会关系,这是满足人社会安全的需要,摆脱政治奴役,做社会的主人;三是要有精神的愉悦和舒畅,如更好的教育和更高的精神文化需求,则要摆脱自己思想的奴役和压迫,实现思想真正解放,真正做自己思想的主人。

　　人民群众日益增长的美好生活需要,要求加快实现人民群众的消费升级,更大限度实现人的全面发展。在"同传统的观念实行最彻底的决裂"后的共产主义社会中,人的个性无论在生产上和消费上都是全面的,"即不以旧有的尺度来衡量的人类全部力量的全面发展成为目的本身。在这里,人不是在某一种规定性上再生产自己,而是生产出他的全面性;不是力求停留在某种已经变成的东西上,而是处在变易的绝对运动之中"④。这也就是说,共产主义自由人追求的是"全面而自由的发展"即实现"自由个性",而不是仅仅停留在低层次的物质消费上,在保证所有社会成员拥有富足、充裕的物质生活的同时,还要保障社会成员的体力和智力获得充分发展、储存、

　　①　韩震:《论商品记号的价值取向的转换——关于消费活动精神性转向的哲学思考》,《哲学研究》2006年第10期。
　　②　[英]罗素:《社会改造原理》,上海人民出版社1959年版,第21页。
　　③　《习近平谈治国理政》第二卷,外文出版社2017年版,第61页。
　　④　《马克思恩格斯全集》第30卷,人民出版社1995年版,第480页。

发展和运用。全面而自由的发展要求人具有不断超越当下、超越自我的自觉意识与创新精神,要求人们在消费中形成完善而健全的精神生活,实现人的肉体与精神、个体与社会的同步协调发展,使消费活动真正成为人存在的自由性、全面性特征的手段而不是目的。

所以,当前我国正处在消费升级的重要关口,消费升级正在呈现全面快速、多样化的发展形势,在现代化建设的过程中,始终要坚持两个文明一起抓,使物质文明与精神文明相互促进,相互发展。社会主义社会的生产不仅应该创造丰富的物质产品,同样也应该创造出众多能满足人们需要的精神文化产品。坚守人民性价值立场的消费文化,注重人的需要和消费的全面性,不仅要通过外在物质条件的丰富来增强人的身体功能的完整,使人的生命存在乃至健康状况得到有效保障,同时要通过精神文化产品的消费来充实人们的内在精神世界,使人们在诸如思想道德、科学文化素质等精神领域内能够自由发展,达成人的智力与心灵的健全。

第三节　突出公正性的价值取向

市场经济是效率优先的经济,是竞争型社会经济形式,在竞争中必然会有盈有亏、有胜有负,出现贫富差距是不可避免的结果。同时,在市场经济条件下,财产和收入是决定消费的根本因素:钱多多消费,钱少少消费,没钱不消费。"有钱任性,没钱认命"便成为以资本为核心的市场逻辑中的合理现象。但是,社会主义市场经济却不能只遵循资本和市场的逻辑,因为社会主义的本质是实现共同富裕,公平正义是社会主义的应有之义,任由消费完全取决于市场经济的逻辑,消费差距必然将持续扩大,社会底层的穷人将永远是穷人,因为没钱不能消费,主体能力和素质得不到提高,便永远没有改变自己命运的机会。中国特色社会主义消费文化创新,要通过不断扩大公共消费,让全体人民共享发展成果,让人人都共享平等竞争的机会和人生出彩的机会,凸显公正性是中国特色社会主义市场经济消费文化创新的根本价值取向。

一、消费公平是社会公平的起点

消费是保障人类生存和发展的基本条件。1948年12月10日联合国大会通过的《世界人权宣言》中规定:"人人生而自由,在尊严和权利上一律平等。""任何人都有为他和他的家人的健康和幸福而得到相应的生活标准的权利,这包括食物、衣服、住房、医疗和必要的社会服务;在遭到失业、疾病、残废、守寡、衰老或在其他不可能控制的情况下丧失谋生能力时有权享受保障。"现代社会条件下,人与人之间是有差别的,人与人之间的能力、体力、智力以及机遇不同,但是不能据此认为,这些差别是天经地义的,是永恒的权利。恰恰相反,这是动物社会的权利和生存规则。人之所以为人,更在于人是有理想的,每个人都会尽其所能追求自我发展和自我实现,都期望充分享受经济社会发展带来的丰硕成果。

如果基本的消费权利没有得以保障,社会公平就无从谈起,因为消费公平是社会公平的真正起点。效率和公平一直是市场经济条件下的一对矛盾,如何解决这矛盾一直是困扰经济学家的一个重要问题。在市场经济发展完善的历史进程中,为了实现经济快速发展,我国曾经推行"效率优先,兼顾公平"的方针。但是,随着改革开放的进一步深入,生产力的快速发展,贫富差距不断扩大,在公平与效率问题上,进而修正为"公平与效率并重"的分配原则,公平问题越来越受到关注和重视。但是什么是真正的公平,怎样实现真正的公平? 一般认为,分配公平决定消费公平,在这种理论指导下,注重用调节分配收入来促进社会公平,近年来,我们加快分配收入制度改革确实有利于促进收入更加公平。但是,收入公平是一种结果公平,就如同在一场竞技中,竞争双方在一轮比赛后会形成比分,结果会有输赢。对于这场竞赛来说,这种结果才是最公平的,市场经济竞争的结果也是如此,从同一起点出发,遵循同样的规则,最后导致收入差别是很正常的。但是如果再次出发,还在原来比分的基础上进行比赛,这对第二场比赛就不公平了,因为起点不公平,那结果会导致第二轮的比赛结果差距越来越大。这就如同农民工,由于知识能力相对比较缺乏,在第一轮竞赛中就落后了,而其下一代也可能在同样不够优越的家庭条件和环境中长大,能力和素质不能得到发展,甚至会继续农民工的命运,生活在社会底层,所谓"寒门再难出贵子",这是因为起点不公造成的结果不公平。而这个起点不公的根本原因就是消费不公平。人的能力是在消费中得以增长的,没有衣食住行的消费,温饱问题不能得到解决,就可能不能形成健康的身体,如果没有良好的教育培训消费,就不能形成良好的素质和能力,所以消费公平才能保障社会的起点公平。怎样保障起点公平,当然不是要求所有人进行同样的消费,穿同样的衣服,享受同样的教育。可以容许"钱多多消费",也可以"钱少少消费",但不能"没钱不消费"。因为消费是每个人最基本的权利,"小康路上一个都不能少"。当前的国家实施的"精准扶贫"战略就是为了保障每一个贫困群众最基本的消费和生存权利。党的十九大报告提出,完善公共服务体系,保障群众基本生活,不断满足人民日益增长的美好生活需要。其提出的一系列社会保障措施:按照兜底线、织密网、建机制的要求,全面建成覆盖全民、城乡统筹、权责清晰、保障适度、可持续的多层次社会保障体系;统筹城乡社会救助体系,完善最低生活保障制度。发展残疾人事业,加强残疾康复服务。这些措施都是从起点上保障公平,在这些措施的保障下,提供越来越多的公共产品,让经济收入处于社会最底层的人,也能享受最基本的消费权利,能有机会使自己的知识和能力得到增长。

总之,就经济社会发展的过程看,"不输在起跑线上",才更有机会赢得最终的胜利。消费公平才能保障起点公平,促进社会公平,保障人人都有最基本的消费权利是社会主义消费文化创新的前提。

二、公正性是消费文化创新的根本价值取向

公正是个人的行为准则,也是民族之间、国家之间所应恪守的规范尺度。美国著名伦理学家罗尔斯指出,作为公平正义的基本内核是指社会的每一个公民所享有的自由权利的平等性和不可侵犯性,"每一个人都拥有一种以正义为基础的权利,它具有即使以社会整体福利的名义也不侵

犯性。因此,正义否定为了一些人的更大利益而损害另一些人的自由的正当性。正义不允许为了大多数人的更大利益而损害另一些人的自由的正当性。正义不允许为了大多数人的更大利益而牺牲少数。在一个自由的社会里,公民的平等自由不容置疑。正义所保障的权利绝不屈从于政治交易或社会利益的算计"①。公平正义是社会主义核心价值观的主要内容,它标注着公民内心的价值坐标,影响着人们的获得感、幸福感和安全感。毋庸置疑,追求公平正义,是人类社会发展进步的必然价值追求,是现代社会治理制度设计和创新的重要依凭,是全面建成小康社会、构建社会主义和谐社会的基本原则,也是社会主义市场经济消费文化创新的基本价值追求。

当前,一个中国有三个消费世界,消费不足与消费过度并存,前现代、现代与后现代消费方式同在,消费差距存在并呈加大趋势已经是不争的事实。同时,随着人们消费需求的不断升级,人们对公平正义的需求更加迫切。党和政府也越来越将实现公平正义作为党和政府的一项重要的任务。习近平在 2014 年新年贺词中指出:"我们推进改革的根本目的,是要让国家变得更加富强、让社会变得更加公平正义、让人民生活得更加美好。"党的十八大以来,中共中央统筹推进"五位一体"总体布局、协调推进"四个全面"战略布局,关注的重点就是要维护好社会公平正义,让改革发展成果更多更公平惠及广大人民。

消费差距存在并不断扩大是影响威胁社会和谐的重要因素。众所周知,富有和贫穷总是相对的。鲍德里亚曾指出,增长是平等的还是不平等的,是一个假问题,"实际上,'丰盛的社会'与'匮乏的社会'并不存在,也从来没有出现过。因为不管是在哪个国家,哪一个社会,其生产的财富与可支配的财富总量多寡,毫无疑义,这都确立在结构性过剩与结构性匮乏的基础上"。② 从某种意义上说,贫困并不体现在具体财富的多寡上,也不在于过

① ［古希腊］亚里斯多德:《尼各马可伦理学》,苗力田译,中国社会社会科学出版社 1999 年版,第 95 页。

② ［法］让·鲍德里亚:《消费社会》,刘成富、全志钢译,南京大学出版社 2000 年版,第 32 页。

分简单地归结为目的与手段之间的关系,一定程度上,它体现为一种人与人之间的关系。"正如世界上最富有的 1/5 人口——消费者阶层——使得其余的穷人显得贫穷一样,消费者阶层中最富的 1/5 人口——使较低阶层的消费者也觉得似乎被剥夺了。"①专家认为,在英国,一向有嫉妒富人的传统,所以与富人为邻会产生"不如邻居"的负面效应。也就是说,我们的幸福是以我们邻居的富裕程度为参照的,如果我们的"小幸福"被富有的邻居的"大幸福"包围着,我们就会感觉到"不幸福"。而对于有着"大同"社会理想并能在自给自足的小农经济下的知足常乐的中国人来说,"不患贫而患不均"传统观念更是警示着我们:对社会资源占有不公平,人们生活水平的巨大的差异将是影响社会稳定和谐的一个巨大的威胁。富裕群体的高消费或是"炫耀性消费"对其他群体的心理也会产生影响,使其心理失衡。对于青少年群体来说,富有者的一掷千金对他们具有巨大的诱惑力;对于中老年群体来说,贫富差距的扩大,消费反差的刺激使肩负重任的他们倍感紧张和压力,富有者的炫耀性消费必然使社会弱势群体出现强烈的失落感,甚至转而产生对社会现实的不满和仇视,导致社会冲突的出现。结果,穷人因为拥有的太少而焦虑,同样富人也因为占有太多而失去社会安全感。第一个西方哲学家泰勒斯在 2600 多年前就说过:"如果在一个国家既没有过度的富有也没有过分的贫穷,那么公正可以说是成功的了。"②可我们目前的贫富差距还隐含着许多不稳定因素,离泰勒斯所说的"公正"决不只是一步之遥,与邓小平"消灭剥削,消除两极分化,最终达到共同富裕"的社会主义理想还有相当距离。

今天我们遵循"共享发展理念",就是要全体人民共享发展成果。在资源稀缺的情况下,任何人的过度消费都会使其他人的消费权利受到剥夺,任何人的过度消费对环境的污染都会造成对其他人的伤害,如果一部分人的获得感是建立在其他人的失落感甚至被剥夺感的基础之上,这样的制度安

---

① 〔美〕艾伦·杜宁:《多少算够——消费社会与地球的未来》,毕隼译,吉林人民出版社 1997 年版,第 11 页。

② 〔美〕艾伦·杜宁:《多少算够——消费社会与地球的未来》,毕隼译,吉林人民出版社 1997 年版,第 108 页。

排必然是不公正的,会造成不同群体的社会对立,从而破坏社会和谐。应当改变那种只关注少数人的利益和需要的狭隘视野,改变"以个人为本","以少数人为本"的狭隘,尊重每个人之所为人的个体权利,尊重人民群众的根本利益。科学消费应该遵循"以人为本",实现消费"代内公平"和"代际公平":即个人的消费行为都不能侵害他人的消费权利,危及他人生存和发展的权利;现在的消费不能让子孙后代不消费,损害未来人的消费权利,这一代人的消费习惯、消费主张应该考虑到资源环境的可持续,留给子孙后代将来消费的广泛空间。消费公平对消费主体提出了更高要求。一方面,消费公平要求消费主体明白,消费不仅仅是个人的私事。另一方面,消费公平要求消费主体自觉约束自己的消费行为,不任性、不妄为,杜绝浪费,不破坏生态环境,在生态、经济、社会相互协调的基础上,合理消费、适度消费、科学消费。正如联合国环境署在《可持续消费的政策因素》报告中提出来的:"使自然资源和有毒材料的使用量最少,使服务或产品生命周期中产生的废物和污染物最少,从而不危及后代需求。"从这个意义上说,"以人为本"的科学消费在凸显消费公平性的同时,也就凸显了消费的可持续性。

当然,仅仅从理论上倡导消费公平是不够的,我国居民家庭财富呈金字塔形结构,财富主要集中在少部分人手中,而在金字塔的底端仍有大量的农村人口,其年收入极其微薄。正是这种差距悬殊的财富结构,导致了不同阶层人群的消费观差别巨大,但绝对的消费公平是不可能的。"要真正实现消费的公平,不能单纯寄期望于居民,还需要政府通过特定的政策措施来降低政府和企业的储蓄率。政府应该更多地进行提供公共产品和公共服务的消费,改善公共产品和服务的供应,缓解当前公共品供应不足的突出社会矛盾。企业也应该将更多的'未分配利润'用于转移到居民或者政府的支出,而不是将其统统都用于投资。"①

---

① 廖进中:《公平消费与消费公平》,《消费经济》2006 年第 4 期。

第四节　体现主体性的价值原则

消费在现代经济生活中的重要性已空前凸显。从本质上看,消费作为一种社会性实践活动,它只是满足人的需要的手段,人的全面自由发展才是消费活动的目的,人在消费过程中应该实现人的主体性、创造性和自主性。但是,在西方消费主义文化的影响下和资本逻辑的推动下,消费不仅成了构建人的身份的一种手段,成为考量人的能力、品位、是否成功的一种重要尺度,而且成为人的自我实现程度的评价指标,成为人的生命价值感和幸福感的重要来源。"我买故我在""消费至上",信奉"消费带来幸福"的人生信条,通过"你扔的是什么你就是谁"的"垃圾箱文明"识别陌生人。将消费当作人生的目的,颠倒了消费活动的目的和手段的关系,是一种异化了的消费,结果必然导致人的主体性丧失,人的个性、创造性和主体意识都泯灭在无穷无尽的消费之中,成为齐美尔笔下的"对生命本身的无聊感","一种致命的生命感觉的萎缩"[①]。可见,扬弃资本逻辑,扬弃消费异化,恢复和重建人的主体性,满足人的美好生活需要,是中国特色社会主义消费文化创新的内在要求。

一、主体性是人之为人的内在属性

所谓人的主体性,是人与外在事物的关系中显示出来的区别于动物的内在属性,它主要表现为主体的自主性、创造性、选择性和意识性。"不论是主动消费,还是被动消费,消费者不仅是在消费中满足自己的肉体需要,更重要的是在消费中确证了个人身份和地位,获得了生命的意义。"[②]主体性是人肯定自身、实现自我的前提条件。离开了人的主体性,人就等同于动

---

① 刘小枫:《金钱、性别、现代生活风格》,上海学林出版社 2000 年版,第 15 页。
② 石开斌:《社会主义核心价值体系引领消费文化建设的路径探析》,《求实》2012 年第 3 期。

物,容易被驯化,沦为工具。

　　主体性的思想渊源可以追溯到古希腊时期的哲学家普罗泰戈拉与苏格拉底。古希腊哲学首先关注的对象是自然,并且哲学家们都把自然当作前提,从自然这一客体出发来研究和解释世界,对人的主体性认识并不重视。第一次认识到人的主体性的是普罗泰戈拉,"人是万物的尺度,是存在者存在的尺度,也是不存在者不存在的尺度"①。沿着这一思路,苏格拉底提出了"认识你自己",第一次将哲学从天上拉到了地上,指出认识人本身是哲学应有的前提,从人出发,认识与人有关的一切事情,而后认识整个世界。这是主体性思想的萌芽。而欧洲文艺复兴运动中人的自我意识空前觉醒,标志着人类精神进入主体性阶段,为近代主体性原则哲学的确立创造了条件。而近代哲学家笛卡尔的"我思故我在"、康德的"人是目的"分别从认识论意义和本体论意义上确立了人的主体性原则。

　　与近代西方哲学家唯心主义哲学基础和主客体二分的思维方式不同,马克思在实践的基础上将主体和客体统一了起来。马克思的主体性思想以实践活动为出发点,认为主体和客体都是在实践中产生的,只有在实践的过程中,通过主体与客体的相互作用,实践过程人创造了对象,同时人也改造了自身,"生产不仅为主体生产对象,而且也为对象生产主体",是主体客体化和客体主体化相统一的过程。马克思的主体性思想始终突出强调主体是人,从实践的观点来看主客体的关系,突破了传统主体性思想的局限性,重构了突出辩证唯物主义和历史唯物主义特征的主体性思想。马克思主义主体性思想就不是停留在认识论领域,而是涉及人的自由全面发展、人的生存意义和价值等问题。

　　总体说来,马克思强调人的主体性体现在实践活动中,体现在主客关系中,体现为充分发挥人的创造性、能动性、自觉性,展示人本身的独立自由。人的主体性被遮蔽,人仿佛处于被奴役的状态,而无法获得自由和发展。

----

　　①　北京大学哲学系外国哲学史教研室编译:《古希腊罗马哲学》,商务印书馆 1961 年版,第 138 页。

二、主体性价值原则是消费文化创新的内在要求

从本质上看,消费是人的需要的满足,消费与消费对象的关系是创造与被创造的关系,消费活动本身就是作为主体的人有意识的、主动性的、目的性的活动,主体性原则是消费活动的内在原则。正如马克思主义将人的自由解放作为理论归宿一样,新时代中国特色社会主义也一直在为人的全面自由发展创造条件。实现人的"自由个性",让人从异化消费中解脱出来,恢复和重建人的主体性,是当前我国消费建设不可回避的重要问题,体现主体性价值原则是新时代中国特色社会主义消费文化的创新的内在要求。

不得不说,当前我国消费异化正在消解人的主体性。一是人为消费而消费,沦为资本增值的工具。由于消费者从属于资本逻辑,"在全球资本主义体系中,人作为经济存在和政治存在的观念不再具有意义,男人和女人仅仅是消费者。对在一个消费主义文化——意识形态占支配地位的全球体系中的'普通成员'来说,经济活动的意义在于为消费提供资源,政治活动的意义在于保证消费的条件得以维持"①。也就是说,异化消费把本来属于手段的占有财富当作目的——为财富而财富——来追求。消费不是为了人,而人活着是为了消费,人的解放也就变成了消费及其消费欲望的解放。人们总是在刚刚推出的新品中寻求自己,在无尽的消费行为本身中寻求满足。而被物所占有和役使的消费者,变得越来越贪婪和被动,消费成了一种病态行为,一种对物品的无度的索取和占有。人同对象的具体的关系不是创造和被创造的关系,人的劳动也不是人的自由自觉的感性的活动,不是自我实现和自我表现的活动。人越来越依赖于自己占有的"物",将之视为其地位和身份的象征,这样,人就变成了一种随物而流动的丧失了自我主体性的人。

二是人为了挣钱而活着,沦为金钱的奴隶和赚钱的工具。在异化消费

---

① ［英］斯克莱尔:《全球化社会学的基础》,《社会学研究》1994 年第 2 期。

中,挣钱成为工作的唯一目的。而最喜欢的商品总是超过自己的消费能力,自己永远"缺一件"。并且如果有商品自己无力支付,首先想到的不是自己是否真正需要,而是自己挣得不够多,于是生活就演变成"挣钱—花钱"的简单模式,工作是为了挣得更多,挣得更多是为了投身于消费中。而对于工作,对于劳动,对于人的本质力量的体现的实践活动却毫无兴趣。正如弗洛姆所说,人们或许花费了大量的时间,却在做一件或者重复做着自己并不感兴趣的事情,甚至与他们不感兴趣的人待在一起,每天重复生产着与他们无关且毫无兴趣的产品;而当他们不生产的时候就消费。人们劳动无非是为了挣钱,而挣钱是为了消费。于是,人们整天来去匆匆,处于高度紧张之中,是为了使自己有更多的时间,接着他们又用所节省的时间再抓紧工作,以便节省更多的时间,直到筋疲力尽不能再运用所节省的时间为止。甚至存在着一些不惜一切手段追求金钱,为了金钱可以放弃美好的情感、个人的尊严等宝贵东西的行为,其最后往往成为了金钱的奴隶,而毫无快乐和幸福可言。在这个过程中,"作为消费者,同一个人又被熏陶成要多地挣钱,永不满足,讲享受,不受约束,成为追求个人自由安逸的人,总之要成为与生产者完全不同类型的人"①。人们忘记了"通过人并且为了人而对人的本质的真正占有"②才是"真正的人的财产",而是将人的"财产",片面地理解为享有、拥有。

总之,异化消费加剧了物质主义的肆虐和盛行,这种思维之下,人就陷入了一个冰冷的物质与精神的悖论之中,这种悖论,更强调物质的力量,强调物质万能,而无视主体精神的价值,无视意识的能动作用,"物欲"横流,必然妨碍人的全面发展。因此,扬弃异化消费,进一步提高精神境界和消费理念层次,是消费文化创新的必然要求。

第五节　凸显生态性的价值维度

在纪念马克思诞辰 200 周年大会上,习近平总书记详细阐述了新时代

---

① [美]托夫勒:《第三次浪潮》,生活·读书·新知三联书店 1983 年版,第 88 页。
② 《马克思恩格斯全集》第 42 卷,人民出版社 1979 年版,第 120 页。

中国共产党人向马克思学习什么、如何学习和实践马克思主义的重大问题，其中一个方面的内容是"学习马克思，就要学习和实践马克思主义关于人与自然关系的思想"。在处理人与自然的关系时，人们首先想到的是生产对环境的影响，我们更多地是注重生产方式的转变，如从粗放型的生产方式到集约型的生产方式等，其实，随着消费在人们生活中占有越来越重要的位置，各种炫耀性消费、攀比消费、奢侈消费等不断污染环境，浪费资源，正吞噬着人类的生存家园。人们的消费方式成为影响生态环境的重要因素。生态环境是最普惠的民生福祉，人民的美好生活需要不能超出自然的承受力度，要保证消费能够可持续进行，新时代中国特色社会主义消费文化的创新必须凸显生态性的价值维度。

一、消费是影响生态环境的重要维度

环境问题在很长的时间内并没有跟人们的消费方式联系起来。琳达·丝达奇在《多少算够——消费社会与地球的未来》一书的前言就指出，对于环境问题的产生，"消费是三位一体中被忽略的一位，如果我们不想走上一条趋向毁灭的发展道路的话，世界就必须面对它。这个三位一体中的另外两位——人口增长和技术变化——已经引起了注意，但是消费却始终默默无闻"。① 在环境问题的产生中，一般视人口增长和生产增长为环境问题的根源，为什么消费没有得到足够的重视，消费主义的生活方式没有得到指责？ 因为全球五分之一最富有的人没有对"多多益善"的普遍观念置疑，反而将消费更多的产品当作超乎一切的目的。富有阶层对于高消费，他们有着冠冕堂皇的理由——不消费就衰退：世界上的穷人担负不起我们消费者依靠较少东西生活的后果。确实，相当长一段时间，人们对消费的合理性及其附带的环境问题并没有一个认真全面的思考，"多消费"被认为是一件合理的事情，因而被看作生活水平提高乃至社会进步的重要标志，"刺激消

---

① ［美］艾伦·杜宁：《多少算够——消费社会与地球的未来》，毕聿译，吉林人民出版社 1997 年版，前言第 5 页。

费"一度成为时尚,在政策制定过程中存在愈来愈夸大其作用的倾向。而事实上,"迎合全球消费者社会的经济学对于人类地球资源遭到损害应负最大份额的责任"①。"从全球变暖到物种灭绝,我们消费者应该对地球的不幸承担巨大的责任。"②我们今天也不得不认识到:"消费问题是环境危机问题的核心,人类对生物圈的影响正在产生着对于环境的压力并威胁着地球支持的生命的能力。从本质上说,这种影响是通过人们使用或耗费能源和原材料所产生的。"③

消费被认为是自然生态环境中能量转换与物质循环的一个关键环节。今天对资源的掠夺性开发将快速耗尽资源、消费后排放的污染物必定具有毒害环境的危险。人类消费与自然界其他生物比较,其同一性在于,都是从自然界中获取物质与能量,满足自身生存繁衍的需要,并将不能利用的废弃物以一定的形式返回自然生态系统。作为生态系统组成部分的人类,参与了生态系统的物流、能流和信息流的循环。为了满足人们日益增加的消费需求,人类发挥了极大的想象力与创造力,下至地下几百至上千米的地球内部资源,上至地球外部的宇宙空间资源,人类都能够利用。人们生产与制造出了大量自然生态系统中本不存在的物质(如农业中的大量转基因作物,工业中的塑料、高纯度和稀有金属等)。当人们生产与消费之后,每年又将成百上千亿吨的垃圾(特别是大量难以自然降解对人类乃至整个生物界有毒有害的工业与生活垃圾)、大量未经处理的工业与生活废水以及生产中与生活消费中排放出的和碳氢化合物等有害气体与大量的余热返回到自然生态系统中,毫无疑问,这也扰乱了自然生态系统的动态平衡。所以,从这个意义上说,人类的消费与生态直接相关,不合理的消费将导致生态系统的失衡,导致生态危机。

世界观察研究所驻西班牙代表何塞·圣马尔塔·弗洛雷斯在西班牙

---

① [美]艾伦·杜宁:《多少算够——消费社会与地球的未来》,毕聿译,吉林人民出版社1997年版,第28页。
② [美]艾伦·杜宁:《多少算够——消费社会与地球的未来》,毕聿译,吉林人民出版社1997年版,第36页。
③ [美]施里达斯·拉夫尔:《我们的家园——地球》,夏坤堡等译,中国环境科学出版社1993年版,第112页。

《起义报》上发表文章《消费主义成为环境恶化主要原因》，他指出，消费主义已取代了宗教、家庭和政治，控制着成千上万人的思想。他通过对全球奢侈消费人群进行分析，得出的结论认为，全球有 17.28 亿奢侈消费者，占世界人口总数的 28%、发达国家有 8.16 亿奢侈消费者，占其人口总数的 80%，发展中国家有 9.12 亿奢侈消费者，只占其人口总数的 17%。而如果17 亿奢侈消费者的消费习惯推广至全球所有人口，世界将因为资源的大量耗费、生物多样性的丧失、环境污染、森林退化和气候变化而无法持续发展。鉴于此他指出："当今世界需要新的持续发展理念，这意味着要满足所有人的基本需求，并在消费控制我们之前控制消费。为此我们需要马上采取以下措施：减少破坏环境的资金补助（全球每年花费 8500 亿美元刺激人们对水资源、能源、渔业、森林资源和汽车的消费）；深化财政改革，在政府采购中引进生态和社会指标；推行商品的耐用、修理和实用概念，反对过度包装；宣传品牌和公平消费。总之一切要以经济的'非物质化'战略为主导，在不耗尽人类生存之本的前提下满足消费需要。"①

二、凸显生态性是建设美丽中国的必然要求

今天，人民对良好的生态环境的期盼已经成为美好生活需要的重要组成部分，党的十八届五中全会提出了包括绿色发展理念在内的五大发展理念，党的十九大报告进一步强调生态文明建设，将"美丽"二字写入社会主义现代化强国目标，将"坚持人与自然和谐共生"作为建设中国特色社会主义的十四条基本方略之一，可见党和国家对"美丽中国"建设的坚定决心。消费是影响生态环境的重要因素，走科学生态消费之路也是建设社会主义生态文明的重要组成部分。因而，凸显生态性是中国特色社会主义消费文化创新的必然要求。

第一，绿色发展是中国特色社会主义道路的必然选择。在发展的道路上，吴敬琏先生认为，在这样的基础上，中国经济的发展，按照比较优势原

① 新浪网：http://blog.sina.com.cn/s/print_4a3f995f010009f5.html。

理,显然应当尽可能发展资源消耗低、环境污染少和资本投入少,又能充分发挥人力资源优势和弘扬中国人的匠心精神的优势产业为主要方向,也就是他所主张的节约资源、保护环境的"新型工业化道路",那么,从另一个角度来说,合理的消费方式,走可持续消费之路也是"新型工业化道路"的题中之义。而就我国现在所处的发展阶段来看,在农业社会向现代工业社会转型这一大文化背景下,这是个以生产为中心的时代。戴维·里斯曼曾这样描绘以生产为中心时期的美国人。他说,这种类型的人格注重生产,注重技术、注重知识,这种类型的人当然也会注重于经验与协作,富有开拓精神和较好的执行力,对工作有热情,对政治问题也保持适度的关注,属于道德派。中国现阶段正发力实现较高水准的工业化、市场化、现代化,应下大力气去发展这种类似于里斯曼所说的"以生产为中心时代"所具有的开拓精神、重视知识和技术,同时又具有道德感的人格。而不是以消费为中心的时代,不是像西方在完成了工业化之后走向的"以消费为中心的社会"中产生的一种消费主义人格,走绿色发展之路是我国现代化建设的必然选择。

第二,人与自然和谐共生是建设美丽中国的前提。自然界是人类赖以生存和发展的基础,人是自然界的一部分。辩证唯物主义认为,人和自然的关系是对立统一的关系。一方面,自然界是人类赖以存在的前提和基础。人依赖于自然界,受制于大自然,就如马克思所说的,"人作为自然的、肉体的、感性的、对象性的存在物,同动植物一样,是受动的、受制约的和受限制的存在物……"①并且"人靠自然界生活。这就是说,自然界是人为了不致死亡而必须与之处于持续不断的交互作用过程的、人的身体。所谓人的肉体生活和精神生活同自然界相联系,不外是说自然界同自身相联系,因为人是自然界的一部分"②。人通过劳动从自然界获取生活资料和能量,以维持自己在自然中的生存和发展。同时,人又能反作用于自然,即通过个体或者集体的劳动来改变自然,在"人化自然"中确证人的本质力量,并为自己创

①　《马克思恩格斯文集》第 1 卷,人民出版社 2009 年版,第 209 页。
②　《马克思恩格斯文集》第 1 卷,人民出版社 2009 年版,第 161 页。

造生存空间和条件。既要看到自然界对人的作用,也要承认人对自然界的反作用。用伽达默尔的话说,人的生活"乃是一种被动式而含有主动性的意义",人的能动性与人的受动性是对立的统一的。但是,随着科学技术的发展,人对自然界的认识和改造的广度和深度不断扩展和提高,人与自然界之间的协调性将会越来越强,人在自然界中将越来越获得自由,越来越成为一个自然界的主导者。但这并不表明,人类可以在自然界面前为所欲为,无论如何,人的能动性不能违背自然规律,并不是"人定胜天",违背自然规律就会受自然界的惩罚。正如恩格斯早在 100 多年前的振聋发聩地告诫:"我们不要过分陶醉于我们人类对自然界的胜利。对于每一次这样的胜利,自然界都对我们进行报复。每一次胜利,起初确实取得了我们预期的结果,但是往后和再往后却发生完全不同的、出乎预料的影响,常常把最初的结果又消除了。……因此我们每走一步都要记住:我们统治自然界,决不像征服者统治异族人那样,决不是像站在自然界之外的人似的,——相反地,我们连同我们的肉、血和头脑都是属于自然界和存在于自然之中的;我们对自然界的全部统治力量,就在于我们比其他一切生物强,能够认识和正确运用自然规律。"①可见,在消费文化的建设中,我们要坚决摒弃"人类中心主义"的错误观念,树立尊重自然、顺应自然、敬畏自然、保护生态的发展观,坚持人与自然和谐共生,像保护人类自己的眼睛一样,保护我们的生态环境,像珍爱人类个体的生命一样,珍爱自然生态环境,让宁静、和谐、美丽的自然生态美景永驻人间。就消费方式而言,我们要走节约的、可持续的消费之路,给自然生态留下休养生息的时间和空间。

第三,美丽的生态环境是最普惠的民生福利。生态环境问题的确已成为人类现代文明的一个"生存瓶颈"。习近平总书记在海南考察时曾强调,良好生态环境是最公平的公共产品,是最普惠的民生福祉。当前,广大人民群众热切期盼加快提高生态环境质量,因此,既要创造出更多物质、精神财富,以满足广大人民群众日益增长的美好生活需要,也要提供更多优质生态产品,坚持生态为民、生态惠民、生态利民,以满足人民群众日益增长的优美

---

① 《马克思恩格斯选集》第 4 卷,人民出版社 1995 年版,第 383—384 页。

生态环境需要。习近平总书记 2018 年 5 月在全国生态环境保护大会上强调:"生态环境是关系党的使命宗旨的重大政治问题,也是关系民生的重大社会问题。广大人民群众热切期盼加快提高生态环境质量。我们要积极回应人民群众所想、所盼、所急,大力推进生态文明建设,提供更多优质生态产品,不断满足人民群众日益增长的优美生态环境需要。"①因而,在消费文化的建设中,要倡导绿色低碳环保消费,坚持健康合理的适度消费,处理好节约与消费的关系,以合理地调节人与自然之间的物质变换,"把它置于他们的共同控制之下,而不让它作为一种盲目的力量来统治自己;靠消耗最小的力量,在最无愧于和最适合于他们的人类本性的条件下来进行这种物质变换"②。这是马克思描绘的绿色发展的美好图景,也必然是中国特色社会主义消费文化创新的追求和目标。

---

① 《习近平在全国生态环境保护大会上强调　坚决打好污染防治攻坚战　推动生态文明建设迈上新台阶》,《人民日报》2018 年 5 月 20 日。
② 《马克思恩格斯文集》第 7 卷,人民出版社 2009 年版,第 928—929 页。

第七章　新时代中国消费文化
创新的现实路径

　　如同任何文化创新一样,消费文化的创新深深根源于社会实践之中。新时代中国特色社会主义实践是中国消费文化创新的动力和源泉,立足实践是消费文化创新的根本路径。中国特色社会主义决定了消费文化创新需要在中西消费文化的交融交锋中凸显民族性,在促进消费升级中凸显人民性,在缩小消费差距中凸显公正性,在扬弃消费异化中凸显主体性,在可持续消费中凸显生态性。这些价值选择为消费文化创新提供了方向。由于消费文化关乎经济、社会、制度等多个领域,消费文化的创新是一个系统工程。一是要从文化创新的角度探讨规律和路径;二是由于生产决定消费,消费文化要从生产端即供给侧的改革上探讨创新;三是社会制度是影响消费环境的重要因素,消费文化创新要同制度变革结合起来;四是消费者作为消费文化创新的主体,是消费文化创新的关键,必须要通过各种消费教育提升消费者素质,为消费文化创新提供持久的动力。

第一节　坚定文化自信抵御西方消费主义的侵蚀

　　人是一种文化的存在,文化自信是主体对民族文化价值和文化生命力的确信与肯定的稳定性心理特征。"具体表现为文化主体对自身文化生命力的充分肯定,对自身文化价值的坚定信念和情感依托,以及在与外来文化的比较与选择中保持对本民族文化的高度认可与信赖。"[①]习近平总书记在党的十九大报告中指出,"文化是一个国家、一个民族的灵魂。文化兴国运兴,文化强民族强。没有高度的文化自信,没有文化的繁荣兴盛,就没有中华民族伟大复兴"[②]。同样,"没有文化自信,全球化进程中的中国就会丧失精神坐标"[③],我们就不能抵御消费主义文化的侵蚀。当前中国消费文化中出现的各种"崇洋"心理,重要原因在于对中国民族文化的不自信,对中华民族消费观念的不认同和对民族产品的不认可。凸显民族性、彰显中国特色成为我国消费文化创新的重要价值选择。而凸显民族性的关键就是坚定文化自信,自觉抵制消费主义文化的侵蚀。一是要立足中国文化传统,以高度的文化自信推动我国传统消费文化的创造性发展和创新性转化;二是要以高度的文化自信弘扬社会主义先进消费文化,增强社会主义主流意识形态的引领力;三是要树立民族品牌自信,增强民族产品对消费者的吸引力。

一、增强中国传统消费文化自信

中国优秀传统文化蕴藏着丰富的哲学思想、人文精神、教化思想、道德理念,不仅能为解决当代人类面临共同难题提供重要启示,还可以为人们认识和改造世界提供有益启迪,为消费文化创新提供有益启发。因此,如何看待和发挥好中国传统消费文化的潜在作用,并在新的时代条件下加以继承和发扬,赋予其新的涵义,增强其新的活力,对传统消费文化精华进行创造性转化和创新性发展是构建新时代中国消费文化的基本路径。

首先,充分认识到传统消费文化的现代价值。中华民族传统消费文化有着悠久的历史积淀,是民族精神的凝聚,是丰富的文化遗产。从历史维度

---

① 刘林涛:《文化自信的概念、本质特征及其当代价值》,《思想教育导刊》2016 年第4 期。

② 《中国共产党第十九次全国代表大会文件汇编》,人民出版社 2017 年版,第 33 页。

③ 郭华、王文兵:《论中国特色社会主义文化自信的现实之维》,《湘潭大学学报》(哲学社会科学版)2017 年第 4 期。

看,中华传统文化中有丰富的消费文化资源(前文已论及),并且如大河奔流、绵延不绝,又如海纳百川,包容外来文明,蓬勃发展。从世界维度看,当今时代,资源枯竭、能源危机、人口爆炸、生态环境危机等问题已经成为困扰人类发展的重大问题,全人类都在寻求解决这些问题的方案。中华优秀传统消费文化越来越显示其突出优势,成为独特标识,为全世界解决各种各样的全球问题、寻求人类文明美好未来,提供了中国智慧。正如 1989 年诺贝尔奖得主齐集巴黎时,曾得出惊人的结论:"人类如果要在下一世纪继续生存下去,必须回顾 2545 年前去吸取孔夫子的智慧。"[1]今天看来,这些科学家不愧是人类的先知先觉者。孔子的"天人合一"思想为我们处理人与自然的关系,解决一系列的全球问题提供了不同于西方"天人相分"的方案,是人类思想宝库中一颗璀璨的明珠,今天更加熠熠生辉。而中国传统消费文化中重视精神消费、天人合一、知足常乐等观念在一定程度上是治愈物欲主义、"消费至上"的良方。

其次,推动传统消费文化创新性发展。习近平总书记在党的十九大报告中指出,"推动中华优秀传统文化创造性转化、创新性发展,继承革命文化,发展社会主义先进文化,不忘本来、吸收外来、面向未来,更好构筑中国精神、中国价值、中国力量,为人民提供精神指引"[2]。这为中国传统文化的创新指明了路径和方向。固然中国传统消费文化中有很多精华,但是传统消费文化是在传统社会和传统的生产方式上产生的,需要随着现代社会的发展而不断创新。比如,传统的"崇俭抑奢"的消费观念就是与传统农业社会不发达的生产力状况以及物质财富匮乏的状况相适应的。随着现代社会的发展,生产力水平不断提高,物质财富日益丰富。从经济的角度看,消费作为社会再生产中的一个重要环节,要发挥消费对经济增长的促进作用,继续扩大消费,确保经济健康运行;从人的发展角度看,消费是人的实践活动,是人的发展的手段,只有人的多层次的消费需求得到满足,人才能实现全面自由发展。可见,在一定程度上增加消费,满足人们的合理需求是现代社会

---

① 汤恩佳:《孔学论集》,文津出版社 1996 年版,第 92 页。
② 《中国共产党第十九次全国代表大会文件汇编》,人民出版社 2017 年版,第 19 页。

实现人的美好生活的必由之路。一味地压抑人的需求,过分压制消费的"崇俭"已经不适应当今时代。但是这并不是否定节俭的意义,今天需要的是结合新时代发展在传承消费文化观念的同时,推行新的"节俭"。

消费文化的创新是在传统消费文化的基础上进行的,离开了民族传统,就谈不上"创造性转化、创新性发展"。马克思、恩格斯曾经指出,任何新的思想的形成都"必须首先从已有的思想材料出发"①。况且,"一切已死的先辈们的传统,像梦魇一样纠缠着活人的头脑"②。在对传统消费文化认真总结的基础上,把那些真正体现中华民族消费观念、体现中华民族人文精神的优秀传统文化继承下来,并根据新的时代条件进行创造性转化和创新性发展。离开了传统,丢弃了民族性,我们的消费文化创新就可能成为西方消费文化的翻版。

最后,推动民族消费文化的世界性转化。坚守文化的民族性,并不是故步自封,不是贬低其他民族对人类文化的贡献,不是片面地把本民族的文化视为唯一优秀的文化,将自己的文化与他国的文化割裂开来。中国文化的重要特点和特殊存在方式就在于它的包容性,它能不断吸纳和利用别的文化来充实和发展自己的文化,正因为有几千年历史的中国文化本身具有不断自我更新的能力,不仅能包容而且能改造异质文化,它今天才仍富有活力。所以坚持消费文化的民族性,并不是要走向狭隘的民族主义,而是要在推动民族消费文化全球化的过程中不断走向世界化和全球化,因为越是具有普遍性的因素,就越具有长久的生命力和价值。而越具有民族性的文化也就越具有世界性。正如金吾伦先生所说的:"保护民族文化,不是像对待一件古代文物那样把它与周围世界隔开来。相反,一种文化只有与时代相适应,不断地更新和发展,又不失去自身传统的特色,才是一种有生命力的文化,一种根深叶茂的文化。它需要在与外部环境、外来文化的不断撞击中得到锤炼、得到发展,亦即在发展中生存,在发展中繁荣。"③毕竟,传统消费文化是与传统农业社会中物质的相对匮乏状况相适应的。虽然传统农业社

---

① 《马克思恩格斯选集》第 3 卷,人民出版社 2012 年版,第 391 页。
② 《马克思恩格斯选集》第 1 卷,人民出版社 2012 年版,第 669 页。
③ 金吾伦:《信息高速公路与文化发展》,《中国社会科学》1997 年第 1 期。

会是一个注重精神享受和内在修养的社会,但它是一种低层次的精神文明,缺乏实现个人自由发展的现实条件。相反,工商业文明主要是一种物质文明,随着中国现代化进程的不断推进,改革开放的不断深入,在我国全面建设社会主义现代化国家的新阶段,物质资料生产相对比较丰富,人们对生存资料需要的迫切性正在下降,而"为了满足商品承诺带来的某种情感"①,寻求享受、寻求发展的需要则变得日益强烈。应该说,这一合理转向体现了社会发展的趋势。因而,一方面要将中华传统文化中的精华推向世界,增强中国消费文化的吸引力和影响力,促进民族消费文化的世界化;另一方面,要不断学习和借鉴西方消费社会中合理的消费文化。在坚守"本我"中不断扩大对外开放,才能使我们中华优秀消费文化始终焕发光彩。

民族性是我国消费文化创新的文化基石,要坚持马克思主义文化观,运用马克思主义的辩证唯物主义与历史唯物主义的观点大力弘扬传统消费文化精华。将"中华优秀消费文化"科学合理地进行阐扬、提炼和运用,以使其和社会主义先进文化相适应,与当前社会实际相适应。要在兼收并蓄、博采众长中凸显民族性。

二、坚定社会主义先进消费文化自信

马克思、恩格斯在《德意志意识形态》中指出:"统治阶级的思想在每一时代都是占统治地位的思想。这就是说,一个阶级是社会上占统治地位的物质力量,同时也是社会上占统治地位的精神力量。支配着物质生产资料的阶级,同时也支配着精神生产资料,因此,那些没有精神生产资料的人的思想,一般地是隶属于这个阶级的。"②在一个主流意识形态和非主流意识形态并存的社会,其思想文化的中枢和支柱无疑是主流意识形态,这构成一个民族精神信仰基础和载体,有利于扩大政治认同、进行政治整合、规范政治行为、促进政治稳定。

---

① 林滨、邓琼云:《情感资本主义的审视:消费主义逻辑与情感何以日益纠缠》,《东南大学学报》(哲学社会科学版)2020年第2期。

② 《马克思恩格斯选集》第1卷,人民出版社2012年版,第98页。

　　马克思主义是社会主义意识形态的旗帜和灵魂。"马克思主义意识形态说到底是对我们立党立国和国家治理具有战略意义的世界观、方法论、价值观以及目标策略体系,具有预测功能和战略引领功能,在社会结构中可以发挥主导性或者宰制性作用。"①消费主义对我国主流意识形态形成一定冲击,也从一个侧面说明我国主流意识形态的建设仍需加强。由此,创新社会主义消费文化首先需要坚持马克思主义在主流意识形态中的指导地位,充分发挥主流意识形态的导向功能,增强主流意识形态的凝聚力和引领力。

　　首先,要增强主流意识形态的导向力和说服力。随着当前国际国内形势的变化,主流意识形态也只有保持灵活的适应性和包容性,不断自我更新,才能赢得广泛而持续的认同。"大凡成功的意识形态必须是灵活的,以便能得到新的团体的忠诚拥护,或者作为外在条件变化的结果而得到旧的团体的忠诚拥护。"②面对全球化带来的挑战,面临消费主义带来的强烈冲击,我们在思想建设上必须有新的突破和发展,使主流意识形态成为一个具有创新和自我超越能力的开放体系以适应新形势的发展。这不仅需要认真研究意识形态宣传教育的策略及形式,形成有效的合力,使其不但在内容上,而且在形式与方法上都具有亲和力和渗透力。同时,一个重要的方面就是要努力将意识形态的理想因素与现实内容以及人民群众的利益需求有机地统一起来,关注人民群众的实际问题,了解群众心理变化的特点和发展趋势,准确把握社会成员的思想脉搏和生活追求,把解决人的思想问题同解决人的实际问题结合起来。马克思、恩格斯曾经指出:"'思想'一旦离开'利益',就一定会使自己出丑。"③要使我们的主流意识形态能够真正起到引导社会心理,充分发挥价值导向作用,除了必要的、科学的思想教育外,除了理论上的说服之外,还必须实现一定的绩效,尤其是经济绩效,并以此作为意识形态导向的物质基础和合理性证明,夯实意识形态的民意支持基础。

---

　　①　张志丹:《改革开放以来我国主流意识形态的创新》,《马克思主义研究》2019 年第 11 期。
　　②　[美]道格拉斯·诺斯:《经济史中的结构与变迁》,上海人民出版社 1994 年版,第 58 页。
　　③　《马克思恩格斯文集》第 1 卷,人民出版社 2009 年版,第 286 页。

其次,要发挥主流意识形态对消费文化的引领力。一方面,发挥以马克思主义为指导的主流意识形态对消费文化的导向功能,就是要高举旗帜,把握方向,防止各种各样的西方文化霸权,抵制消费主义文化的种种负面影响。同时,坚持以人为本的原则,坚持为人民服务、为社会主义服务,贴近实际、贴近生活、贴近群众的原则,通过主流意识形态的有力引导,使健康合理消费文化的理论、观念真正为人民群众接受并内化为处世规则和行为习惯,激励人们树立科学的价值观和消费观,培养合理健康的消费方式。另一方面,发挥主流意识形态对消费文化引领力其中重要的一环就是要坚持马克思主义对消费文化的批判精神,培育消费理性。在对西方消费文化的吸收和鉴别中,坚决反对消费主义文化所倡导的纵欲主义、拜金主义与严重的个人主义的错误导向,对西方消费社会的种种异化消费和畸形消费要主动抵制,注意区分西方物质消费文化和精神消费文化的不同表现方式,对西方商品的符号意义要认真鉴别,防止西方消费文化的"符号"操纵,不要盲目模仿低级的流行消费文化。同时注意借鉴西方消费文化发展的经验教训,使我国的新时代的消费文化在传统和现实、动态和开放中得以升华。

三、坚定中华民族品牌的自信

品牌竞争力也是文化软实力的一个方面。世界经济强国崛起的同时,国家的品牌影响力也会同步提升,这似乎成为了一种铁律。但是,随着中国经济快速崛起,如今已经成为世界第二大经济体时,"中国制造"却遭遇严重的信任危机,物美价廉的"中国制造"拥有世界市场但却未收获品牌美誉,而且国内消费者对国外品牌趋之若鹜,而对国内品牌消费显得信心不足和热情不够……这些问题的存在,不得不引起我们高度重视和深刻反思。

从品牌学来说,品牌一般会分为产品品牌、企业品牌、区域品牌和国家品牌。产品品牌和企业品牌偏微观,区域品牌和国家品牌偏宏观。他们之间的关系是层层递进、相辅相成的,而优秀产品品牌和企业品牌是区域品牌和国家品牌的基础。① 在当前全球知名的 100 个品牌中,中国只有华为、联想两大品牌上榜。因此,培育壮大民族企业和知名品牌,引导企业提升产品形象和服务附加值,加速形成品牌文化,形成独有的比较优势,是当前和今后着力打造中国品牌的必由之路。

首先,实施中国精品培育工程。《中共中央国务院关于开展质量提升行动的指导意见》指出:"实施中国精品培育工程,加强对中华老字号、地理标志等品牌培育和保护,培育更多百年老店和民族品牌。"②改革开放 40 多年以来,在我国大江南北诞生过不少民族品牌。日化用品有白猫、百雀羚雪花膏等;家用电器有香雪海冰箱、骆驼牌风扇等;服饰有雅戈尔服装、红蜻蜓鞋业等;自行车有飞鸽、永久、凤凰等。这些民族品牌在日益激烈的市场竞争中,有些已经烟消云散,有些洗礼成为中华老字号,有些迅速冒尖成为地理标志产品。

中华老字号,作为承载着中华民族经济、文化、民族、传统故事的民族品牌,承载着中国人的历史记忆和情感认同,也凝结着精益求精的工匠精神。关于中华老字号(China Time-honored Brand)的界定,根据 2006 年商务部发布《"中华老字号"认定规范(试行)》(商改发〔2006〕171 号)的定义:"历史悠久,拥有世代传承的产品、技艺或服务,具有鲜明的中华民族传统文化背景和深厚的文化底蕴,取得社会广泛认同,形成良好信誉的品牌。"老字号品牌传承久远,底蕴深厚,经历了数十年或上百年的洗礼和修炼,培养了独具特色的文化内涵和历史气质。如"同仁堂"的历史已有 300 余年,"六必居"400 多年,"鹤年堂"更是年逾 600。③ 反观一些国际大品牌,历史不过百年,有些只有几十年。因此,振兴中华老字号、培育百年老店,不仅是对一个品牌和行业的振兴,也是对民族文化的传承与弘扬,更是对中国品牌的塑造和推广。

---

① 徐建华:《打造"中国制造"的国家品牌——专家纵论国家品牌建设》,《中国质量新闻网—中国质量报》2018 年 5 月 10 日。

② 《中共中央国务院关于开展质量提升行动的指导意见》,《人民日报》2017 年 9 月 13 日。

③ 王正志:《中华老字号——认定流程、知识产权保护全程实录》,法律出版社 2007 年版,第 14 页。

选择老字号，不仅是一种消费理念，也是生活的一部分，因为老字号本身就是信誉和质量的保证，是一定区域民族情感和民族文化的载体。但是当前对中华老字号品牌的盗用与抢注、品牌假冒、品牌许可及不正当竞争行为时有发生。因此，振兴中华老字号、培育百年老店要注意两点。一是解决好中华老字号的归属问题。当前中华老字号归属问题主要表现为三种：一为老字号传人主张自己是品牌的当然拥有者，与现有法律规定相冲突；二为企业国有化过程中出现各地分支机构相互脱离、分割经营的情况，同源企业共同使用相同的老字号；三为与老字号没有丝毫关联的经营者，利用老字号法律保护漏洞盗用老字号，窃取商誉的行为。[①] 因为归属模糊，产权不清，保护不足，导致市场秩序混乱，不仅会削弱真正老字号品牌的企业竞争力，还会出现中华老字号企业"劣币驱逐良币"的现象，从而使消费者丧失信心，最终会导致传统商业资源和民族品牌的流失。因此，要运用法律、市场监管等综合手段，解决好中华老字号的归属问题，稳定市场秩序，形成国内国际品牌竞争力。二是构建中华老字号法律保护机制。当前的中华老字号规制与保护主要依靠现行的商标法、反不正当竞争法、企业名称登记管理规定及有关司法解释、规范性文件，显然，老字号背后的利益诉求超出了现行法律法规的调整范围。[②] 因此，构建老字号确权和保护机制的法律法规，已经成为学界和业界的共识。

其次，开展区域品牌的培育。区域品牌是借助产业优势而形成的以区域著称的集体品牌或综合品牌。在国家战略层面，当前开展区域品牌培育的主要路径为：以国家自主创新示范区、国家新型工业化产业示范基地等为重点，开展区域品牌培育，实施名牌战略，创建质量提升示范区、知名品牌示范区。

显然，开展区域品牌的培育是要发挥一定区域内品牌的集聚效应，是产业集群发展的高级形态。区域品牌的形成和发展，将有力推动所属行业的

① 张立：《中国老字号法律保护研究——以老字号归属问题为中心》，清华大学出版社2015年版，第10页。
② 张立：《中国老字号法律保护研究——以老字号归属问题为中心》，清华大学出版社2015年版，第17页。

崛起,有效带动地方经济的发展。区域品牌是以一定产业及其集群为基础,而形成的具有较大规模和影响力、较高市场占有率,在消费者心中具有较高知名度,以区域和产业名称共同著称的区域公共品牌。① 从区域品牌的内涵来看,其构成要素主要包括区域性、品牌性和产业实力三个方面,这些要素表征着区域品牌代表一个地方的产业产品的主体和形象,对该地区经济社会发展发挥着重要作用。区域品牌的前身可以说是产业集群。20 世纪80 年代开始,江苏、浙江和广东等地相继涌现出众多的产业集群如苏南模式、温州模式、浦东模式和深圳模式等,这些产业集群在一定时期内促进了地方经济社会的发展,成为国家区域经济发展战略的重要支点之一。近年来,随着网络经济的发展,广东东莞、江苏昆山等地的产业群迅速发展,产业群的规模在地方经济乃至全国经济中的比重不断上升。但是随着消费结构的升级,产业集群如果要长期保持持续、稳定、高速的经济增长,需要进一步提升品牌的美誉度和市场占有率,因此,区域品牌的打造应声而出,形成"塑品牌、争品牌、创名牌"的品牌集聚效应。

　　根据区域品牌形成的一般规律,如何培育区域品牌,不同学者从不同角度进行了阐释。有观点认为,打造区域品牌,推动区域经济发展,可以从加大政府的扶持力度、企业强化对品牌战略的实施力度、强化区域品牌的维护和保护、以产业集群打造品牌和名牌簇群等四个方面进行。② 有观点认为,应该从集群企业努力、地方政府支持和行业协会服务等三个方面进行。该观点认为,欠发达地区培育区域品牌,应当发挥集群企业在区域品牌培育中的主导作用,加强政府在区域品牌培育中的引导作用,提升行业协会在区域品牌培育中的服务功能。③ 有观点认为,培育区域品牌从高效的资源环境、具有地方特色的文化环境、以服务为导向投融资环境、相关制度环境、良好社会关系环境等五个方面进行重点打造。④ 总而言之,培育和打造区域品

---

① 徐明、盛亚军:《产业集群区域品牌培育研究》,《经济纵横》2015 年第 5 期。

② 王兆峰:《品牌对区域经济发展的影响研究》,《北京工商大学学报社会科学版》2007 年第 2 期。

③ 黄万林:《欠发达地区区域品牌培育问题研究》,《江西社会科学》2013 年第 2 期。

④ 徐明、盛亚军:《产业集群区域品牌培育研究》,《经济纵横》2015 年第 5 期。

牌,需要企业、政府和行业协会齐心协力、协同推进。企业需要在当前的消费升级中准确定位,依据消费者的消费习惯和消费偏好,培育品牌;政府要在区域品牌的培育与打造中,发挥好政策支持、技术支撑和资金支助等平台作用,做到因地制宜、因企施策;行业协会充分发挥好服务功能和行业监管功能,扮演好企业和政府的中介人的角色。

再次,建立和完善品牌评价体系。培育和打造区域品牌,以更好适应消费者高质量的消费需求。研究表明,品牌关系与消费者社会阶层存在匹配效应,进而影响对品牌的评价,高社会阶层的消费者对与其建立交换型品牌(专业高效)关系的品牌评价更高;而低社会阶层的消费者对与其建立共享型品牌(情感)关系的品牌评价更高。交换型品牌关系提供的高质量产品和高效率服务可以更好地满足高社会阶层消费者的期望,共享型品牌关系提供的无条件的关心和帮助可以更好地满足低社会阶层消费者的期望。①因此,企业在实际生产中,需要关注消费者的社会阶层对品牌的评价影响因子,进而准确定位品牌,满足不同层次消费者的需求。

关于开展中国品牌评价标准建设工作,《国务院办公厅关于发挥品牌引领作用推动供需结构升级的意见》(国办发〔2016〕44号)和2017年9月12号国务院公报发布的《中共中央国务院关于开展质量提升行动的指导意见》,都从政策层面明确要求,要完善品牌评价相关国家标准,推动建立全球统一的品牌评价体系,增强我国在品牌评价中的国际话语权。一段时间以来,全国品牌评价标准化技术委员会基于全球视野和品牌价值发展理论,已发布了多项国家标准,形成了专家团队,加强了产业集群品牌评价标准的研制和推进,提高品牌评价标准化工作的实效。

最后,开展"中国品牌日"活动,营造国产品牌消费氛围。2016年6月10日《关于发挥品牌引领作用推动供需结构升级的意见》(国办发〔2016〕44号)中明确提出,随着我国经济社会进一步发展,居民收入日益增长,中等收入群体持续扩大,消费结构得到不断改善,消费者的消费观念和消费习

---

① 参见韩冰、王良燕、樊骅:《品牌关系与社会阶层对品牌评价的影响》,《管理科学》2016年第5期。

惯均不同程度发生了较大变化,这必然导致其对产品和服务的消费提出更高要求,更加注重品质,个性化、多样化、高端化品牌消费现象增多。因此,为宣传民族品牌,提炼中国品牌文化,国务院批准设立2017年5月10日为"中国品牌日"的第一个庆典日,并鼓励广播电视网络等新闻媒介在重要时段、重要版面进行大力宣传。

开展"中国品牌日"活动,对于发挥中国品牌的引领消费作用,树立自主品牌消费信心,挖掘消费潜力,更好发挥需求对经济增长的拉动作用,满足人们更高层次的物质文化需求具有积极意义。同时,有利于进一步凝聚中国品牌发展社会共识,营造中国品牌消费氛围。但是,我们也要看到,中国品牌的培育和打造,产品的宣传和营销是必要手段,可要具有市场影响力,赢得消费者的品牌信赖,需要企业的自身积极作为,不仅要在产品质量方面发扬"工匠精神",更要在产品管理和服务等方面挖掘亮点,树立良好形象。

第二节   加快供给侧改革推动人民群众消费升级

坚持"以人民为中心"的价值立场是中国特色社会主义消费文化创新的价值取向。根据生产决定消费的原理,促进消费升级的根本在于生产供给侧能够提供满足人民群众需要的物质文化产品。改革开放以来,我国城乡居民收入持续较快增长,消费需要不断升级,消费层次由"温饱型"向"发展型"转变,消费品质由"中低端"向"中高端"转变,消费内容由"物质型"向"服务型"转变。可是由于供给侧结构性矛盾以及生产短板的存在,出现了供给与需求不匹配、不协调和不平衡的矛盾。正因为如此,在充分调研和论证的基础上,2015年11月,中央财经领导小组第十一次会议首次提出"供给侧结构性改革"的战略方针,强调在适度扩大总需求的同时,在推进经济结构性改革方面做出更大努力,着力加强供给侧结构性改革,提高供给体系质量和效率,使供给体系更适应需求结构的变化,供需更加合理匹配。深化供给侧结构性改革,根据居民消费结构变动特点,增加有效供给,这一改革为促进我国社会消费品的转型升级和消费文化的发展创新提供了路径,指明了了方向。本节将从三大产业供给侧改革的角度探讨促进居民消费升级之路。

一、增加高质量物质供给满足高质量物质需要

恩格斯指出:"马克思发现了人类历史的发展规律,即历来为繁芜丛杂的意识形态所掩盖着的一个简单事实:人们首先必须吃、喝、住、穿,然后才能从事政治、科学、艺术、宗教等等"[①]。这说明物质资料的生产是人类生存和发展的基础,物质需求是人的第一需求。人民群众的消费升级首先表现在物质需求上,如吃讲究营养健康、穿讲究美丽得体、住讲究安全舒适、用讲究时尚方便、行讲究快捷便利。这就要求在生产供给上要生产更多更好的物质产品,才能满足人民群众的物质生活需要。

首先,推进农业供给侧结构性改革,增加高质量绿色食品供给,保障"舌尖上的安全"。中共中央、国务院《关于深入推进农业供给侧结构性改革　加快培育农业农村发展新动能的若干意见》指出,推进农业供给侧结构性改革,要在确保国家粮食安全的基础上"促进农业农村发展由过度依赖资源消耗、主要满足量的需求,向追求绿色生态可持续、更加注重满足质的需求转变",增加优质、绿色、安全、有机农产品的供给,促进农民持续增收和保障粮食质量安全,大力实施优质粮食工程,推动粮食产业创新发展,构建更高层次、更高质量、更有效率的粮食安全保障体系。如今,农产品离优质、绿色、安全的基本要求还有差距,与老百姓要"吃得营养、吃得健康、吃得放心"的要求还有一定距离。为解决绿色消费产品的总量不足与结构性矛盾,农业供给侧结构性改革的目标之一,就是在满足量的需求的基础上,向追求绿色生态可持续、更加注重满足质的需求转变。因此,围绕种养殖进行产品产业结构优化,着力推进农业提质增效,围绕山水林田湖推行绿色生产方式,增强农业的可持续发展能力等举措,切实提升农产品质量和食

[①] 《马克思恩格斯文集》第3卷,人民出版社2009年版,第601页。

品安全水平。

　　其次,要提高制造业水平,增加高端消费品有效供给。当前,我国的消费领域存在一种矛盾现象。一方面是一些领域的消费产品积压过剩卖不出去;另一方面,一些消费者需要通过大量的"洋产品""海外购""海外疯抢"来满足需求。可见,我国存在低端消费品过剩、高端消费品不足的供需结构性矛盾。因此,提高供给结构对需求变化的适应性,并不是要抑制消费,而是通过减少低端、无效的供给,扩大中高端和有效的供给,减少盲目和无度消费,扩大绿色和健康消费,让消费者回归满足物质文化需要的本位。[①] 为此,我们要认真实施《中国制造2025》,推动制造业大国向制造业强国迈进。一是要通过公平的市场竞争淘汰一些低端消费品生产企业;二是要推动企业和产品的优胜劣汰,逐步形成一大批具备国际竞争力和经得起市场检验的高质量品牌企业和产品,在全球树立中国品牌形象。

二、增加高质量文化供给满足高质量精神需求

　　1987年丹尼尔·米勒在其《物质文化与大众消费》中提出:文化生产是一个动态发展的过程,在这个过程中,须同时具有生产和消费两个环节,正是在这种相互建构的过程里,文化才得以不断地被创制出来。文化消费是一个不断编码、解码的过程,类似的文化产品将被不同受众群体以不同方式进行条理化与系统化。可见,文化消费是人们为了满足某种生产需要和精神需要而产生的对文化产品或服务进行购买的行为和过程。[②]

　　文化产业作为文化生产的一种方式,从供给侧为文化消费提供必要的文化产品和文化服务,引导文化消费方式。党的十七届六中全会明确提出要"扩大文化消费,增加文化消费总量,提高文化消费水平",党的十八大和十八届三中全会进一步对发展文化产业、拉动文化消费提出了要求。党的

---

　　① 喻厚伟:《消解不良消费文化的一种新思路》,《人民日报》2016年5月23日。
　　② 参见高敏、徐新桥:《文化消费与文化产业发展的关联度》,《重庆社会科学》2015年第11期。

十九大报告提出,推动文化事业和文化产业的发展,满足人民过上美好生活的新期待,就应当提供丰富的精神食粮。为推动文化产业转型升级,2015年11月,《关于积极发挥新消费引领作用加快培育形成新供给新动力的指导意见》的出台,强调要从供给端发力创新供给方式,扩大有效供给。2016年4月,国家发改委等24个部门联合印发《关于促进消费带动转型升级的行动方案》,部署了"十大扩消费行动",文化领域作为促进消费带动转型升级的重要层面,其重要性不言而喻。① 2018年9月,中共中央和国务院出台《关于完善促进消费体制机制　进一步激发居民消费潜力的若干意见》,强调要"按照高质量发展的要求,坚持以供给侧结构性改革为主线,适应建设现代化经济体系,顺应居民消费提质转型升级新趋势,依靠改革创新破除体制机制障碍,实行鼓励和引导居民消费的政策,从供需两端发力,积极培育重点领域消费细分市场,全面营造良好消费环境,不断提升居民消费能力,引导形成合理消费预期,切实增强消费对经济发展的基础性作用,不断满足人民日益增长的美好生活需要。"②这些文件的出台,一方面指出了文化消费对促进消费结构升级的重要意义,另一方面指出了我国当前文化产品的供需矛盾是制约文化消费的主要因素,人民的精神需求日益增长与现实的文化产品供应数量较多质量有待提升的现状之间的矛盾。这些需要从供给侧发力,进行文化产业结构性调整才能得以解决。

文化产业是一种新的产业业态,尚处于初级阶段,发展基础不牢固,亟需规划和重点培育。大力发展新时代文化产业,使我国文化产业由数量型转向质量型,从单纯的数量多、规模大向质量高、精品多转变,需要企业和政府共同发力,齐头并进。一是从供需矛盾进行产业转型升级。需要紧紧抓住消费文化个性化、多样化、高端化、体验式消费等特点和文化资源大国与文化消费"小市场"的矛盾,进行准确的市场定位,以市场导向进行资源要素配置,从供给端进行结构调整和改革,运用好"互联网+"思维,拓宽"互联网+文化产业"价值链,利用大数据和高新技术提升文化创新能力,使得"资

---

① 范周、王若晞:《转型升级文化消费如何发力》,《民族艺术研究》2016年第6期。
② 《中共中央国务院关于完善促进消费体制机制　进一步激发居民消费潜力的若干意见》,《人民日报》2018年9月21日。

源依赖型"的传统文化产业形态和依赖行政配置资源的现代文化产业向知识性、技术性、创意性的生态型文化产业转型升级。① 如大力发展影视产业、动漫产业、文化旅游产业、数字文化产业等。二是加大文化创新助推文化消费提质增效。当前市场存在大量同质化和仿制性文化产品,大多数产品因缺乏创意和个性化而且还带有粗制滥造痕迹,难以激发消费者的消费欲望和消费热情,导致文化产业发展整体上在低端徘徊。因此,以消费需求为出发点,打破文化产业低端同质化竞争的困境,推动文化产业链与其他产业链进行跨界融合,实现文化产业跨行业、跨区域、多元化的创新发展。② 加大文化创新力度,提升文化产品品质,真正提供多层次、多样化、有效化的消费文化产品,而这些消费产品具有优质内容、审美体验和价值体验合一的消费过程、通达便捷的媒介信息服务等要素,能够真正满足人民群众日益增长的美好生活需要新期待。三是加强文化产业的国际竞争力和输出力。扩大文化消费,提升文化产业转型升级,不仅是要赢得国内市场,满足人民群众日益增长的文化消费需要,而且要提升国际竞争力,加大文化产业的输出,拓宽海外大市场。企业应当具备世界情怀和国际眼光,可以借鉴美国、日本和韩国等发达国家在文化产业的海外输出模式与经验,如美国的文化产业在广播电视、电影业、出版业和娱乐业的发展经验和输出模式,日本在动画、游戏、漫画和文化产业产品的设计、故事性、文化背景、品牌等"附加值"方面的经验和海外输出战略;韩国在影视、音乐、游戏、服饰、食品等领域进行文化创意,都值得我们国内企业深入研究和借鉴运用,立足中国文化资源实际,借鉴国际创意手段,大力打造凸显精神内涵和思想魅力的中国特色文化产品,进军外国人的日常文化消费领域。③ 此外,"任何从单一路径探索跨文化传播效果模型的尝试都难以取得成功,研究者必须综合考量不同路径之间交互作用的机制、传播主体与媒介之间的互动关系,以及文本意

---

① 参见陈少峰:《"互联网+文化产业"的价值链思考》,《北京联合大学学报》(人文社会科学版)2015年第10期。

② 范玉刚:《"互联网+"对文化消费的弥散效应》,《中原文化研究》2016年第2期。

③ 参见何志平:《文化产业输出:凸现精神和思想的魅力》,《中国社会科学报》2010年7月1日。

涵与日常生活经验之间的关联性",①来加强文化产业的输出。

　　对于文化产业宏观调控、市场监管和政策保障的职能主体政府来说,一是发挥法律法规、政策保障等制度供给作用。大力发展文化产业,满足人民群众日益增长的文化消费需要,最终目标是建立高效而有质量的消费社会,这需要政府的积极作为,尤其要以法律法规体系建设为管理内容发挥产业引导功能。② 世界范围内广泛实践证明,良好的政策设计和相关法律法规的保障是振兴文化产业发展、促进文化消费繁荣的重要基础。如日本在文化产业的发展过程中,先后制定了《文化艺术振兴基本法》《观光立国推进基本法》《关于振兴文化艺术的基本方针》等文化领域法律法规,为文化产业的发展提供了全面的法律保障。③ 如美国的文化产业发展,从宪法、企业法和竞争、反垄断法律等方面提供了制度保障。其他文化产业发达国家也不同程度地把文化产业发展的制度保障提高到重要的战略地位。我国在文化产业发展方面也相继出台了一系列的法律法规,如文化产业管理一般类法律法规,包括著作权法、文物保护法、非遗法、广告法等;文化产业核心行业门类管理的法律法规,包括出版产业法律法规、演艺产业法律法规、广播影视产业法律法规、艺术市场和艺术衍生品产业法律法规等。这些法律法规的建设和健全,在一定程度上促进了文化产业市场秩序的良好运行。与此同时,我们也要针对现行的法律法规的盲点进行补充完整,如民族文化产业发展的法律法规的建立、网络文化产业的法律法规的建立等,推进国家治理体系和治理能力现代化。二是发挥财税金融等杠杆机制的激励作用。文化产业是从文化事业分离出来的新兴产业,具有高科技、高投入和高附加值的特点,如民族文化产业的打造、地方文化旅游产业的建设与推荐等,都需要大量的资本投入,这就需要地方政府充分发挥财税、金融等杠杆机制的产

　　① 田浩、常江:《桥接社群与跨文化传播:基于对西游记故事海外接受实践的考察》,《新闻与传播研究》2020 年第 1 期。
　　② 参见麻书豪:《我国民族文化产业发展与政府管理探讨》,《管理世界》2017 年第 2 期。
　　③ 卢坦:《日本发展文化产业中的海外输出策略》,《福建论坛·人文社会科学版》2016 年第 4 期。

业激励作用,以吸引社会资本的广泛参与,促进文化产业的发展壮大。三是发挥监管和宣传作用。文化产业的有序健康发展,离不开政府的有力监管。如当前的网络文化产业、"文化产业+电商"等,亟需政府的积极介入和监管,以形成良好的市场秩序。又如近年来,为了促进产业结构优化,政府不断加大财政扶持专项资金的规模,来推动文化产业的发展。随之而来,文化产业发展专项资金的相关问题引起人们的高度关注,资金分配不科学、资金投向不精准、申报流程不规范、绩效评估欠薄弱等问题普遍存在,甚至存在侵吞、挪用、挤占现象。而这凸显了专项资金监管制度的不完善和管理的粗放型等问题。这就需要加强建立健全这类专项资金监管体系,形成完整有效的政府监管机制。[①] 另外,为推进文化产业的大力发展,主管文化产业的地方政府和宣传部门,应当加强本地文化产业的宣传和推介力度,如举办各种文化产业论坛、文化旅游节等,多措并举向消费者推介。

三、补齐服务业短板满足居民多方面服务需求

近年来,我国社会领域新兴业态不断涌现,投资总量不断扩大,服务能力不断提升,对于促进居民消费升级起到了重要的作用。但是,人民群众美好生活的需要越来越广泛,在医疗、养老、教育、文化、体育等社会领域还存在着供给不充分,不能适应人民群众消费需求的情况。

比如医疗方面,党的十八大以来,我国看病贵看病难的现象得到了很大改变,"健康中国"战略迈上新高度,深化医改持续发力,公立医院综合改革全面推开,基本医疗卫生制度建设成效彰显,普惠型、兜底型的"健康大礼包"强有力地保障和改善民生。[②] 但是还存在医疗卫生资源总量不足,优质资源短缺,城乡之间、区域之间、环节之间发展不平衡,结构不合理等问题。国家要加大投入,优化医疗资源尤其是加大基层医院的投入,给广大群众提供方便快捷的医疗服务;在养老方面,当前我国已经进入了老龄化社会,国

---

① 蒋晓晴:《文化产业发展专项资金的政府监管研究》,硕士学位论文,华东师范大学2016年。

② 梁万年:《构建优质高效的医疗卫生服务体系》,《中国卫生》2019年第1期。

家统计局最新统计,截至 2019 年底,全国 60 岁以上老年人口达 25388 万人,占总人口比重达 18.1%,养老需求旺盛,从养老服务产业的供给端来看,还存在用地比例偏小、医养资源整合难、社会资本参与度不深等问题,需要进一步优化养老用地政策,完善医养结合的政策渠道,鼓励金融机构开发与养老产业相匹配的保险、理财、基金等新型产品,鼓励和引导科技创新企业加大对智慧养老产品的投入等,努力实现社会养老和家庭养老有机结合,以保证老年人健康而有尊严地养老。教育方面,当前还存在教育资源供给浪费、供给不足、供给无效与供给单一等供给侧结构性矛盾所带来的问题,如幼托机构供应不足,义务教育择校、城市大班额与农村学校空心化、学生课业负担过重与校外辅导班热、高等教育离人民群众的期待尚有差距、教育消费向国际外溢等,因而,提高教育供给端的质量、效率和创新性,扩大教育资源有效供给、提高供给品质、拓宽供给渠道、激发合理需求格外重要。此外,自 2016 年全面实施二孩政策以来,我国人口出生率和自然增长率回升,分别达到 12.95%和 5.86%,新生儿的增加,将伴随着如婴幼儿产品和幼儿教育等相关行业的增长,这就需要围绕人的自身生产等行业或衍生行业,提供多样性需求满足的消费产品,以保证人口的优生优育。要加快教育供给侧结构性改革,办“人民满意的教育”,满足人民群众对高质量教育的消费需求。

当然,以上供给侧结构性改革,需要国家在放宽行业准入、扩大投融资渠道、大力促进融合创新发展、真正落实国家支持民间投资的各项政策、激发民间投资活力、增加市场供给、补齐服务业短板等方面在政策上给予相应的支持。

第三节　完善收入分配制度促进消费公平

前文指出,我国消费差距和消费不公有消费观念和消费习惯等原因,但是决定消费水平和消费行为的根本在于经济能力,因而收入水平是决定消费水平的关键因素,收入差距也是造成消费差距的根本原因。改革开放四十余年来,中国经济体制改革取得了伟大成就。然而,在国民经济飞速增长的背后,城乡之间、地域之间、行业之间收入差距越来越大,作为度量收入差距的基尼系数已趋于0.5,达到了危险水平的警戒状态,如果任其增大,穷人越穷,基本消费权利得不到保障,富人越富,也不能形成有效消费需求,收入差距悬殊会直接造成内需不足、社会总供给与总需求失衡,经济增长会持续乏力,最终可能落入中等收入陷阱。收入分配制度作为经济社会发展中一项带有根本性、基础性的制度安排,不仅是社会主义市场经济体制的重要基石,也是实现收入分配合理、社会公平正义、全体人民共同富裕的"压舱石"和"稳定器"。本章探讨的分配制度改革仅仅从怎样实现消费公平的角度提出措施,而并不是涵盖分配制度的方方面面。

一、增加劳动报酬在初次分配中的比例

在批判英国古典经济学家亚当·斯密和大卫·李嘉图劳动价值理论的基础上,马克思创立了自己的劳动价值理论。劳动价值理论认为劳动是价值唯一的源泉。市场经济理论认为资本、土地、劳动等生产要素是价值的来源。社会主义市场经济制度下的收入分配坚持按劳分配和按生产要素分配的原则,但在实际过程中,按劳分配原则却让位于按生产要素分配原则,劳动力之外的生产要素获得了更多的收入,而劳动者付出了大量劳动仅获得了很少的收入,导致了"强资本、弱劳动"现象的出现,最终造成了贫富差距,并使不同收入阶层之间的界限日益明确,慢慢分野出高收入、中等收入和低收入阶层。

为改变劳动与资本及其他要素等相比在收入分配中的比例严重偏低这一现状,人力资源和社会保障部马小丽研究员提出了劳动增加值理论。她认为在社会主义市场经济条件下,劳动应具有与资本平等地位的分配地位,只有理顺了资本和劳动的分配关系,才能彻底治理"强资本弱劳动"的分配不公现状,增加劳动在分配中的比重,缩小两极收入差距,最终实现全社会的共同富裕。增加劳动在分配中的比重,要针对三类收入人群采取不同的对应策略。

首先,要努力提高低收入群体的收入。从收入方面来说,低收入群体的

收入起点低,低于国家或省内规定的收入水平。提高他们的收入,让他们生活有"底"最容易见到成效,最容易实现,也最容易拉动消费,最容易缩小贫富差距;就消费方面而言,低收入阶层的消费行为仅限于生存所需。因为他们的收入太低,除了购买食物和基本的生活用品之外,基本所剩无几,无法进行更多的消费。在这种高度压抑的生存环境之下,他们的收入增加值基本上可以完全转移到消费增加值中。增加低收入群体在分配中的比重可以通过大量创造就业岗位、消除劳动力流动制度障碍、强化人才资源市场建设、完善基本生活保障制度、完善专项精准救助机制等途径来实现。

其次,要尽量扩大中等收入人群的比重。中等收入阶层的消费水平虽然已经达到了一定的层次,但还不能完全满足自身和家庭所需,还有对于提高生活品质和对更高档消费品的向往。如果增加他们的收入,将对消费增长产生较大的影响。增加中等收入阶层在分配中的比重可以通过实施科技创新人才、专业技能人员、新型职业农民、基层公务人员等引领能力强,增收潜力大的群体激励机制,鼓励他们不断提升职业技能,创新创业,增加个人财产收入来实现。

最后,要合理调节高收入群体的收入水平。少量的人掌握了大量的社会财富,这本身就是分配不公的体现。而且高收入阶层获得的社会财富远超于他们自身和家庭的生活和消费需求,在消费支出上他们不会因为买不起而犹疑,不需要压抑自己的消费愿望,消费需求能够得到自由满足。但也正因为如此,这部分人的消费意愿已经得到了完全的释放,而且每个个体能够消费的物品有限,所以他们的收入增减对消费增长产生的影响十分微弱。合理调节高收入群体财产性收入可以通过平衡劳动所得与资本所得税负水平,建立鼓励回馈社会的高税收政策等方式方法实现。

党的十九大报告指出,要"坚持按劳分配原则,完善按要素分配的体制机制,促进收入分配更合理、更有序。鼓励勤劳守法致富,扩大中等收入群体,增加低收入者收入,调节过高收入,取缔非法收入"[1]。可见,增加劳动

① 《中国共产党第十九次全国人民代表大会文件汇编》,人民出版社2017年版,第37页。

在收入分配中的比重,鼓励勤劳守法致富,坚持按劳分配原则的主体地位,完善好调整好各生产要素在收入中的分配比例,规范好调节好高中低收入人群在社会总收入中的占比权重,是缩小贫富两极分化差距,实现收入公平、消费公平的现实途径。

二、完善税收制度促进分配公平

税收是国家为满足公共事务运转需要,根据国家法律规定,强制向纳税客体无偿取得财政收入的规范形式,是国家治理的基础和支柱,与纳税人的切身利益密切相关。科学而又完备的税收制度在调节收入分配过程中起着重要作用,"提低、扩中、调高"的平衡策略是促进社会公平,实现共同富裕的根本保障。然而在现实生活中,囿于高收入人群收入的流动性和隐蔽性,税收监管困难,出现了普通工薪阶层足额纳税,而居于金字塔财富顶端的高收入人群只是象征性缴税的倒挂情况,严重损害了国家分配制度和社会公平正义。因此,要综合完善个人所得税、房产税、消费税等税制,使"收入越高,缴税越多",使高收入群体成为国家税收的主要来源。

首先,提高个人所得税起征点,采用综合与分类相结合的征收模式。个人所得税是合理调节高收入的最直接税收形式,对收入分配的影响最大。自2011年改革之后,2013年十八届三中全会再次提出要对其进行重点改革。经过多年的论证设计和分析研究,再加上2015年《贯彻落实税收法定原则的实施意见》的确定,个人所得税法的修订呼之欲出。2018年8月31日,第十三届全国人大常委会第五次会议表决通过了关于修改个人所得税法的决定,决定自2019年1月1日起施行。个税改革是当前税制改革的焦点、重点和难点,主要原因有三个方面:一是社会经济增长带来的个人收入普遍提高要求国家提高税收起征点;二是由于高收入群体税收监管不力导致中低收入人群中的固定工薪阶层成为了个人所得税缴纳的主力;三是新时代社会主要矛盾发生的变化要求进行个人所得税改革。解决这一问题,一是国家要尽快修订出台适合新时代国情的综合与分类相结合的个人所得税法,降低中低收入人群税负,合理增加高收入人群税收征缴;二是充分运用现代信息技术手段,借助大数据等提升税收原始数据采集和分析的准确度,建立完备的涉税信息数据库,解决高收入纳税人不如实申报等因信息不对称导致的偷税漏税问题。

其次,面向高收入人群征收房产税,实现全体人民住有所居。房产税是我国最早开征的税种之一,以房屋为征税对象。面临新时代新发展出现的新问题,深化房产税的改革已经势在必行。在 2016 年中央经济工作会议上,习近平总书记严厉指出:房子是用来住的、不是用来炒的,要综合运用包括财税在内的多种手段进行宏观调控,既使房地产泡沫得到有效抑制,又不致使经济遭致严重打击。房子是老百姓的安身立命之所,如果政府不能有力控制房地产市场的不良发展,任由泡沫越来越大,将使高收入人群利用资本炒房越来越富,而中低收入人群却因购买一套房子或者根本买不起房子越来越穷,急剧拉大了贫富差距,也将严重抑制消费增加量对经济发展的贡献值。而且,我国经济发展正处于深入转型期,依靠土地以房地产刺激经济是一种粗放的发展模式,而且不可持续。因此,即便困难重重,也要合理调控房地产市场。但房产税改革绝不能覆盖低收入人群,只能合理合法调节高端收入人群。其征收对象应该是有多套住房的炒房者和严重超出一般消费水平的高端住房拥有者,而不是一家老小省吃俭用并通过按揭才购买到的一套刚刚合用的房子。只有这样,才能做到居者有其屋,实现消费公平。

最后,修订补充消费税征收范围和种类,增加高收入人群消费税负。消费税是 1994 年我国政府在流转税中设置的一个以特定消费品为征收对象的税种。根据 2008 年颁布的《中华人民共和国消费税暂行条例》,消费税是在对货物已征增值税的基础上再着重选择一部分消费品征收的税收,而且不同消费品征收税率不同,其最终都会转嫁给消费者,其主要目的是引导消费,调整社会产品结构。现行消费税主要征收范围是烟酒及奢侈品等。很明显,当前消费税的征收范围和种类是落后于当前国民经济发展状况的,如私人飞机、豪华机车以及一些高污染高耗能的产品等的消费都需要强力抑制。改变这一状况的最好方式就是对普通的消费商品和消费服务不征税,而对一些奢华的消费商品和消费行为则通过扩充消费税征收范围、品种以及额度来增加高收入人群的消费税负。这样,一方面政府加征消费税减少了高收入人群的收入,另一方面政府若将征收过来的消费税收转化为政府的各种资助项目,用以帮助低收入人群,就能够较快地缩小两极贫富差距,促进社会公平。

三、健全社会保障制度增加公共供给

社会保障制度是国家以法律法规为依据,利用社会保障金维护社会成员的基本生活权利的一种制度,包括社会救助、社会福利和社会保险等。一个国家的社会保障体系是社会文明发展程度的重要标志,也是维护社会公平和社会稳定的根本基石。我国宪法规定:中华人民共和国公民在年老、疾病或者丧失劳动能力的情况下,有从国家和社会获得物质帮助的权利,这是我国社会保障制度设立的根本依据。改革开放多年来,不同区域、不同行业、不同群体、不同个体在其中所享受到的经济发展成果都是不同的,有的生活条件有了巨大改善,有的生存境遇依然堪忧,社会保障已经日益成为了人们关注的焦点问题。那么,如何健全社会保障制度增加公共供给呢?

首先,全面落实城乡居民基本养老保险制度。养老保险制度是指国家以立法的形式定期或不定期征收社会养老保险金,在其退休后国家补充一部分进行返还以保证其养老所需的一种制度,是社会保障制度中最重要的组成部分。现代社会的转型和人口老龄化社会的来临使家庭养老的负担越来越大且难以承担,在这种情境下,健全城镇居民基本养老保险制度是保证"老有所养"的基本前提。而且社会养老更具有长期性、稳定性和可预期性,因此必须通过基础养老金全国统筹、分类推进事业单位和公务员养老金改革、提高农民工和其他各类人员的养老保险参保率、鼓励企业帮助员工购买商业保险以及扩大社会保障金融资投资等途径全面落实城乡居民养老保险制度。

其次,加快健全全民医保体系推进医保公平。全民医保,顾名思义就是所有国民都能享受到的医疗保障,也就是说,所有人生病之后都能在医疗保险中提取资金进行治疗的一种制度。全民医保是事涉 14 亿人口生死攸关的大事,要让老百姓看得起病,不会因病致贫,就必须加快健全全民医保体

系的建设。一是增加城镇居民基本医疗保险、新型农村合作医疗的投入资金,调整城乡居民医疗保险、推进城镇职工医保和新型农村合作医疗体系,大幅提升城乡居民的医保基金支付比例;二是构建城乡居民大病医保制度、融合省域之间,异地之间的医保结算网络,稳步增加国家对公共医疗服务经费的投入,方便老百姓看病且看得起病。

最后,加大面向社会低收入群体的保障制度建设。帮助社会低收入群体摆脱贫困,是全面建成小康社会,实现伟大复兴中国梦的根本保障。同时,积极改善民生,和困难群众一起共同走上富裕之路也是社会主义的本质要求。加大面向社会低收入群体的保障制度建设,一是要扩大保障性住房供给,让低收入群体有房可购、有房可租,满足困难家庭的基本生存所需;二是要完善困难群体救助体系,保障城乡居民的最低生活水平,对经济困难、失去劳动能力的弱势群体进行基本的生活补贴;三是利用社会力量一起大力发展慈善事业,规范慈善基金管理制度,政府和社会联手帮助困难人群脱贫致富。

由于历史和现实的原因,我国国民收入分配制度还存在一些不公正不合理的地方,导致城乡差距大、地区差距大、行业差距大,这是影响我国消费不平衡的根本原因。据国家统计局近三年数据显示:2017年我国最终消费支出对经济增长的贡献率为58.8%;2018年,最终消费支出对经济增长的贡献率为76.2%,比上年提高18.6个百分点;2019年我国最终消费支出对经济增长的贡献率为57.8%,较上年又下降了18.4个百分点,尽管消费在我国经济增长中的基础性作用没变,而根据世界平均水平,最终消费支出占比应达到78%。这说明:因各种原因导致的收入分配差增大增加了我国居民对未来生活的不确定性预期,进而导致消费率低而储蓄率高,使国民消费意愿不足。此外,收入分配差距拉大还会导致居民的消费心理和消费趋向不同,进而影响消费总量和消费结构。以城镇和农村居民消费为例,国家统计局数据显示,2017年,我国人均消费支出总额为18322元,其中城镇居民支出24445元,农村居民支出为10955元;2018年,城镇居民人均可支配收入39251元,农村居民人均可支配收入14617元;2019年,城镇居民人均可支配收入42359元,农村居民人均可支配收入16021元。可见,近三年农村居民可支配收入均不到城镇居民消费的一半,并且有差距扩大的趋势。这与城乡居民收入差距大是呈正相关的,收入分配少消费总量就少。从消费结构来看,2017 年城镇居民人均交通通信和教育文化娱乐支出分别为 3322元和 2847 元,而农村这两项支出分别为 1509 元和 1171 元;2018 年城镇居民人均交通通信和教育文化娱乐支出分别为 3473 元和 2974 元,农村居民这两项消费支出分别是 1302 和 1240 元;2019 年城镇居民人均交通通信和教育文化娱乐支出分别为 3671 元和 3328 元,农村居民这两项消费支出分别是 1837 元和 1482 元。可见,受限于收入水平,农村居民主要是生存性消费和基本商品消费,城镇居民则更倾向于发展性消费和精神服务类消费。伴随着新时代社会经济的迅速发展,消费在推动经济增长中所起的作用越来越大。而消费又是以收入为基础的,获得消费公平公正的首要前提是实现收入分配公平。因此,必须健全和完善科学合理的社会收入分配制度并使之常态化,以制度保证劳动者特别是低收入劳动者经济条件的改善,调节好和规范好收入分配秩序,尽量避免高收入和低收入阶层的两极分化,缩小贫富差距,实现消费支出对经济增长贡献率的最大化,推进消费文化的创新发展。

第四节　多渠道塑造高素质消费主体

消费归根到底是人的实践活动,人是消费的主体。采用何种消费方式和消费行为,都跟人们持有的消费观念,拥有的消费知识和消费能力息息相关。消费文化创新的关键性因素是消费者,加强对消费者的消费观念教育,消费知识教育和消费伦理培育,提升消费者素质,是实现消费者主体性,创新新时代中国特色社会主义消费文化的重要路径。

一、重视家庭和学校对消费者的教育功能

消费教育是通过有目的、有计划地向人们传授消费知识、技能和经验,

培养科学、文明的消费观念,提高消费者自身能力素质的一种社会教育活动。通过开展消费教育,可以培养人们对消费之于社会生产、经济发展和社会进步的积极价值的认识,让人们懂得健康的、合宜的消费所必需的观念、知识、技能、方法,培养人们树立科学消费观,创造适合个人、群体和社会全面发展的新的消费模式。当前,无论在我国的家庭教育还是学校教育中,消费教育仍然都比较缺乏,要培育高素质的消费主体还有大量的工作要做。

第一,注重家庭对消费者的消费教育功能,培养良好的消费习惯。父母是子女在生活中一切言行举止的最早启蒙老师,家庭教育对培育消费者良好的消费习惯至关重要。在现在的家庭教育中,家长比较注重孩子的学业成绩和才艺能力,并且对于孩子的各种需要,只要能满足就尽可能满足,很多人还抱有"再穷不能穷孩子"的观念,认为孩子要尽可能富养,不能让孩子输在起跑线上。尤其是随着生活水平的提高,孩子们拥有的东西越来越多,越来越贵重,有些孩子从小就开始拥有奢侈品,开始注重消费品的品牌,开始攀比和炫耀,这为青少年长大后的奢侈消费、炫耀性消费等埋下了种子。为此,家长要注重对孩子的消费进行教育和引导。一是以身作则,尽可能给自己和孩子只买必需的东西,教育孩子要节俭,尽可能进行低碳环保消费,教育孩子消费不仅仅是个人的事情,还关系到他人和社会、关系到生态环境,注重培养孩子环保意识;二是适当对孩子进行苦难教育,让孩子体验劳动的艰辛和财富获得的不易;三是带孩子去一些贫困地区,让他们懂得知足、感恩和幸福。我们还可以借鉴西方发达国家的一些做法,比如美国鼓励青少年通过劳动来挣钱,让他们知道钱从何处来;日本从儿童3岁起就实施消费教育,使之保持勤俭节约的美德,等等。除此,更重要的是要教育孩子正确对待金钱,对待物质财富。物质财富只是人的生存和发展的手段,人生的意义和价值不是你拥有什么,而是你用自己的知识和能力给世界创造了什么,让孩子正确认识到生产和消费的关系,认识到人生和金钱的关系,为树立科学的消费观打下基础。

第二,要注重学校对消费者的教育功能,形成科学的消费观念和消费行为。学校教育在人的一生中占据了至关重要的位置。综观我国的教育,从小学到大学,除了在德育课上可能会提到消费价值观之外,没有一门课程是专门教育和引导学生们如何消费的。几乎所有的课堂都会教育学生们怎样具备更好的素质和专业技能适应社会的发展,获得更大的成功,但是没有教育学生如何对待金钱,对待消费。于是我们看到有中学生为了买苹果手机不惜卖肾的悲剧,也看到大学生为了追求享受、购买奢侈品而不惜"裸贷"的惨痛事实,还流行着"宁愿在宝马车里哭,也不要在自行车上笑""读书不如做网红,高考不如去整容"的段子,这些典型的拜金主义和享乐主义的价值观念,严重毒害青少年,妨碍正确的消费观、价值观、人生观的形成。为此,学校要高度重视对学生的消费教育。一是要充分认识到消费教育的重要性,将学生的人生观教育、价值观教育与消费教育结合起来。过去,我们很少将这三者结合起来,但是今天,消费从生活的边缘逐渐走向了中心,人生观价值观教育不结合消费教育就难以反映当代学生的心理特点,难以入脑入心;当然,消费教育如果离开了人生观价值观教育,那也就找不到人的思想的"总开关"。例如消费主义消费价值观是由享乐主义的人生观决定的,而要摒弃这一人生观,必须要从改变其消费价值观开始。二是要分阶段进行消费教育。在小学阶段,可以将一些简单的消费常识如"环保消费""绿色消费"等知识写进小学生德育课本;在中学期间,要开设专门的消费教育课程,就像瑞典为中小学儿童编写了从一般金钱知识到购物指导的内容,引导学生合理消费;对大学生,要专门开设消费与理财类课程,教育大学生理性消费,科学理财。三是引导学生批判性地对待广告文化、影视文化和新媒体中宣传的消费价值观,还要给学生们开展"艰苦奋斗、艰苦创业"的课程,让"艰难困苦,玉汝于成"的道理铭记于心,培养"天将降大任于是人也,必先苦其心志,劳其筋骨,饿其体肤,空乏其身,增益其所不能"的情怀,重温"谁知盘中餐,粒粒皆辛苦"的感叹,培养他们关心现在、顾及将来的社会责任感,激发他们体谅父母、奋发进取的热情,在校园倡导以学业为重、锐意进取、奋发有为,才能取得成功,实现人生价值。

第三,是培育消费者消费技能、促进消费者消费需求升级。人是物质与精神的二元体,既有物质需要还有精神文化需要,精神文化消费是呈现在人们内心中的一种精神快感与情绪体验,具有愉悦身心、健全心智的功能。但是,能不能有较高层次的精神消费,取决于消费者的消费能力。马克思早就指出:"因为要多方面享受,他就必须有享受的能力,因此他必须是具有高度文明的人"①。愿意欣赏艺术的人,首先你必须是一个有艺术修养的人。"对于没有音乐感的耳朵来说,最美的音乐也毫无意义"②。可见,同物质消费相比,精神消费是较高层次的消费活动,对精神产品的消费,除了要求消费者具备经济上的消费能力,其他诸如必要的艺术鉴赏能力、一定的心理承受能力等文化修养和素质方面的能力也不可或缺,而这就必然依赖于消费主体全面提高自身素质。我国现代化建设的进程,在很大程度上取决于国民素质的提高和人才资源的开发。只有人的素质提高了,才能提高消费力,提高消费中的文化含量,促进消费文化的发展。而且可以"培养社会的人的一切属性,并且把他作为……具有尽可能广泛需要的人生产出来——把他作为尽可能完整的和全面的社会产品生产出来"③。而我们看到,一些文化素质低而收入高的消费者往往更偏向于物质的高消费,并容易对社会产生一种负面示范效应。消费者的素质提高还需要改善收入分配结构,加速发展科学技术和文化艺术等事业,加强对消费者的教育,使消费者具备消费精神产品的各种能力,此外,也要为消费者提供丰富多彩的精神产品。

二、利用大众传媒对消费者的引导功能

大众传媒正在人们的社会生活中发挥着越来越重要的作用,正如前文指出,大众传媒通过大量的广告、影片、电视剧、制造消费时尚等多种形式对大众的消费价值观念产生着潜移默化的影响,借助大众媒体全方位、地毯式的宣传和劝说,西方的消费方式和消费观念便扎根在人们的头脑之中。因而,大众传媒成为消费主义文化价值观念传播和文化殖民的重要手段和技术机制。消费主义文化在中国的传播与发展,大众传媒起着推波助澜的作用。

---

① 《马克思恩格斯全集》第30卷,人民出版社1995年版,第389页。
② 《马克思恩格斯文集》第1卷,人民出版社2009年版,第191页。
③ 《马克思恩格斯全集》第30卷,人民出版社1995年版,第389页。

今天除了传统的大众传媒,新兴的媒体技术更是无处不在地影响人们的生活,尤其是人们的消费观念。手机里的各种网购 APP,随时向用户展示"最新款""最时尚"的各种消费品,勾起用户的购买欲望。正如西美尔所言:"时尚一方面意味着相同阶层的联合,意味着一个以它为特征的社会圈子的共同性,但另一方面,在这样的行为中,不同阶层、群体之间的界限不断地被突破。"①网络中各种网红晒一些豪宅、名车、名包和各种奢侈品,引起围观无数,这样的自媒体时代时时都将人置于"欲购情结"之中,使越来越多的人信奉"消费至上"的人生信条。同时,我们看到在部分媒体上,"明星取代了模范,美女挤走了学者,绯闻顶替了事实,娱乐覆盖了文化,低俗代替了端庄;少数'时尚'报道热衷于对豪宅、盛宴、名车和其他奢侈品的炒作,津津乐道于'小资'情调和'贵族'品位,在为享乐主义、拜金主义摇旗呐喊的同时,也为消费主义推波助澜"②。可见,大众传媒影响消费者消费观念,引导消费者消费行为,也影响整个社会的消费环境。一定要重视和积极发挥大众传媒对消费者主体素质提升的重要引导作用。客观地说,大众传媒已经成为一个非常有力量的话语平台,尤其是一些新兴媒体如网站、微信、微博等,我们需要打造一个活跃而强大的传媒产业,同时也要给传媒产业以正确的价值取向。

就消费文化构建而言,大众传媒大有可为。一是要确保广告公司如同英国广告标准协会的知名字句:"合乎法律、入流、诚实不欺而真实。"决不能为屈从商业利益而做虚假宣传,确保告知消费者正确而真实的消费信息。二是要实现追求经济效益与追求社会效益统一,大众媒体要主动承担社会责任,通过一些公益广告、经典案例等宣传社会主义核心价值观,弘扬正能量,宣扬正确的消费观念,自觉批判各种不合理的消费观点和畸形消费行为,如被人们形象地称为红色消费(肆意挥霍公款)、黑色消费(盲目铺张浪费)、灰色消费(不当人情往来)、白色消费(烟酒不良嗜好)和黄色消费(毒、黄、赌、嫖)等,从而形成正确的消费舆论氛围,引导消费者树立正确的

---

① ［德］齐奥尔格·西美尔:《时尚的哲学》,文学艺术出版社 2001 年版,第 72 页。
② 周中之:《全球化背景下的中国消费伦理》,人民出版社 2012 年版,第 231 页。

消费观念和消费意识。三是大众传媒能引导消费者走向积极的精神性消费轨道。当前消费文化中,人们受消费主义的影响导致过分注重物质消费,物质需要与精神需要严重失衡的情况,采取强行限制物质消费的方法是不可取的,因为"主张禁欲主义是反文明的,而限制某些物品的消费主体的范围是反平等的"①。这让人们的消费活动发生了指向性转变,即把对单纯的物的占有和挥霍转向注重精神的追求和享受。并且"消费活动的这种转向既是可能的,也是必要的;既是合乎逻辑的,也是合乎人性价值的"②。前面我们提到,当今消费主义的一个重要的表现形式就是注重"符号消费",消费的重心正从物质形态的商品转移到非物质形态的商品,正是消费领域发生的这种变化,消费的象征意义凸显出来,也就是说消费朝着精神化与审美化的方向发展,这为摆脱片面的物质消费,为消费发生精神性的转向提供了契机。"当扑面而来的广告将新奇、珍贵、浪漫、美好等等价值附加于普通的消费品之上的时候,我们如果从另一个角度来理解广告,也找到消费发生精神转向的一种契机。"③大众传媒可以在广告的基础上更进一步,促进消费者更关注精神消费,培育出具有高尚情操、创新意识、科学观念的现代性的人格。

　　当然,大众传媒能对大众起到正面或者负面的影响很大程度上取决于政府对媒体的规范和监督。在我国,大众传媒也走向了市场化,广告是商业集团跟大众传媒的联姻,为了高额的物质利益,其不禁铤而走险。如果缺乏对广告的严格的审查和规范的制度,一些虚假的广告对没有消费经验的人会产生较大的影响,误导消费者。正如汤姆森所指出的,由于落后国家的人们缺乏相关消费知识,"将使得它们的消费者处于不利的境地,至少在广告商刻意以虚假言词作宣传时是不利的。同此道理,因为不识字而引起的伤害也是很明显的,因为如此一来,他们根本不能够直接接触信息,也就不能

----

①　韩震:《论商品记号的价值取向的转换——关于消费活动精神性转向的哲学思考》,《哲学研究》2006 年第 10 期。

②　韩震:《论商品记号的价值取向的转换——关于消费活动精神性转向的哲学思考》,《哲学研究》2006 年第 10 期。

③　韩震:《论商品记号的价值取向的转换——关于消费活动精神性转向的哲学思考》,《哲学研究》2006 年第 10 期。

了解商品的品质或使用方法"①。到目前为止,中国穷人中有些还是文盲,他们不识字,同时见识少,缺乏消费文化经验,最容易受到广告的影响。对于这些靠自由市场是无济于事的,著名经济学家萨缪尔森就说过,市场能较好地解决生产什么和怎样生产的问题,"但是,市场并没有特殊的才能去寻求解决为谁生产问题的最好答案。……这样,我们可能要为市场喝彩两声而不是三声"②。即便是坚决主张彻底自由市场的人,也不会随意说广告不应受到法律限制。政府要开展和加强新媒体监管技术的研究,利用技术的控制力对大众传媒进行监管。当前要加快新媒体监管技术的提升和监管平台的建设,对大众传媒效能和动态发展进行监测。通过过滤软件技术和舆情监测系统的使用,屏蔽、搜集、研判虚假消费信息、不实广告和传播不健康的消费方式和消费行为的信息,为消费者营造一种充满正能量的积极健康的消费环境。当然大众传媒应该将积极帮助消费者树立新的消费观念并付诸行动,看成是其义不容辞的责任。

三、发挥消费伦理对消费者的规范功能

消费是一个经济概念,作为人的实践活动,是人满足自身生存需要的行为。在传统社会,消费并不存在于伦理领域。因为从表面看,传统的消费大多是生命的基本需要的满足。这种消费根源于生命的自然需求,消费是人对物的关系,而不是人对人的关系,所谓的消费伦理问题是不在场的,是没有意义的。可是,"工业的历史和工业的已经生成的对象性的存在,是一本打开了的关于人的本质力量的书,是感性地摆在我们面前的人的心理学"③。工业文明的消费方式打开了人的感性欲望的闸门,同时作为人的理性本能又不断自我批判和反思。消费伦理就是建立在人类对消费活动本身的反思的基础上的。今天的消费伦理,亦称消费道德,是指受社会风尚的影

---

① [英]汤林森:《文化帝国主义》,冯建三译,上海人民出版社 1999 年版,第 220 页。
② [美]萨缪尔森:《经济学》下册,中国发展出版社 1992 年版,第 955 页。
③ 《马克思恩格斯文集》第 1 卷,人民出版社 2009 年版,第 192 页。

响,指导并调节人们消费活动的价值取向和伦理原则、道德规范的总和。①

《中华人民共和国消费和权益保护法》规定:"消费者享有自主选择商品或者服务的权利。"可见,个人消费是自由的,消费者可以根据个人的经济成熟程度、生活习惯等做出一定的选择。人的消费行为主要由三个方面决定:其一是"能不能"消费,这是对经济能力的拷问,是消费行为的基础,是消费的客观条件;其二是"愿不愿意"消费,这是消费者主权的问题,是消费行为的主体基础;其三是"该不该"消费,这是对消费行为的评价,是深刻的伦理学问题。人的消费行为不仅受到物质资料生产方式的水平的制约,也受到社会道德风尚、个人的价值观念、消费品位和生活态度的影响。可见,消费伦理对人的消费行为起到了重要的规范作用。新时代中国特色社会主义高素质消费主体的培育离不开消费伦理对消费者的规范功能。消费伦理的规范功能主要表现为对消费观念进行引导、对消费行为进行调节、对消费结果进行评价。

第一,引导消费者的消费观念。人的消费行为是由消费观念引导的。消费伦理不能强制消费者消费什么或者消费多少、怎样消费,但是它能作用于消费者的消费观念,使之自觉选择或放弃某种消费行为。例如一个持有环保消费伦理的人,尽管有时候使用一次性用品会给他带来很多的方便,但是为了追求环保,其放弃使用一次性产品。对有些持有消费正义的消费伦理的消费者来说,他会主动拒绝有悖社会良心而生产出来的消费品。消费伦理对消费者的引导作用往往是隐蔽的、缓慢的,但只要形成,就会对消费者的消费观念产生持久的作用力。所以,我们要注重消费伦理的功能,坚持以社会主义核心价值观引领消费伦理,进而引导全社会的消费观念。当前,我们要培育消费者的诚信消费观念、理性消费观念、环保消费观念、可持续消费观念等。

第二,强化消费者的道德责任感。消费者首先要形成一种共识,消费是个人的事情,但在现代市场经济中,消费行为具有非常强的社会性。主要表现在:其一,个人消费具有示范性,个人消费行为对周边以及相关人员的消

---

① 邓伟志:《社会学辞典》,上海辞书出版社 2009 年版,第 156 页。

费具有一定的影响,例如,明星或者其他公众人物的消费行为对大众消费具有示范效应,父母消费习惯对子女消费观念具有潜移默化的影响性等。其二,由个人消费行为结果综合形成的社会总消费,是经济社会发展的"三驾马车"之一,对整个社会经济发展起着至关重要的作用。其三,消费对生产具有重要的反作用,尤其是在消费引导生产的今天,消费者的消费行为会影响企业的生产行为。比如,消费者如果都拒绝使用一次性筷子,那一次性筷子的生产就会不断减少,如果消费者习惯选择绿色环保产品,企业的生产也会转到绿色环保的茶产品的生产上来。其四,消费者行为对生态环境会产生直接影响。所以,消费不仅仅是个人的私事,消费者的自由与消费者的责任是对立统一的关系。消费伦理就是要求消费者明确消费的责任和义务,积极支持注重环境保护、社会公益、诚实守信等具有社会责任的企业产品,主动拒绝危害社会公益企业的产品,注重选择民族品牌,支持国货等。通过消费者道德责任感的培育,能促进消费者以高度的道德责任感选择高雅健康、科学合理、绿色环保的消费行为。

当然,对消费者的教育,是一项系统工程。在提高消费者的政治思想素质和科学文化素质的同时,要将和谐消费的理念贯穿到消费教育的全过程。对我国的各种媒体来说,要以社会主义核心价值观为指导,坚持为人民服务这一中心,坚持以正确的消费舆论导向引导消费者树立理性、健康的消费观念和生活方式,使凸显民族性、人民性、公平性、主体性和生态性的消费文化成为促进社会进步和经济发展的源泉,为新时代中国特色消费文化的创新增强文化底蕴。

第五节 走可持续消费之路构建生态文明

前文已经指出,消费文化创新的生态性价值维度是建设美丽中国的必然要求,良好的生态环境是最普惠的民生福祉。在消费文化建设中创新中怎么凸显生态维度,怎样构建生态文明? 2018 年 1 月,习近平在全国生态环境保护大会上指出:"绿色发展是构建高质量现代化经济体系的必然要求,是解决污染问题的根本之策。重点是调整经济结构和能源结构,优化国土空间开发布局,调整区域流域产业布局,培育壮大节能环保产业、清洁生产产业、清洁能源产业,推进资源全面节约和循环利用,实现生产系统和生活系统循环链接,倡导简约适度、绿色低碳的生活方式,反对奢侈浪费和不合理消费。"①可见,走绿色、低碳、循环、可持续的消费之路也是构建生态文明的必然选择。绿色、低碳、循环消费既有联系又有区别,但都符合可持续消费原则,是可持续的消费方式,当前我们要正确把握可持续消费的内涵、培育可持续消费意识、完善可持续消费政策、践行可持续消费方式促进生态文明的建设。

一、正确理解可持续消费内涵

联合国环境规划署《可持续消费的政策因素》首次提出"可持续消费"的定义,"提供服务以及相关的产品以满足人类的基本需求,提高生活质量,同时使自然资源和有毒材料的使用量最少,使服务或产品的生命周期中所产生的废物和污染物最少,从而不危及后代的需求",这一定义有着丰富的内涵。

首先,从人与自然的关系上来看,可持续消费是一种有利于环境保护和生态平衡的消费,人在消费时不能超过生态环境的承受能力,实现资源的最优利用。恩格斯指出:"人本身是自然界的产物,是在自己所处的环境中并且和这个环境一起发展起来的"②。众所周知,地球只有一个,其生态承受力一旦被突破,消费的"可持续性"就完全没有存在的可能。因此,消费主义表现的各种高消费、炫耀消费、攀比性消费,毫无节制地增加了资源消耗、加剧了环境破坏,是与可持续消费背道而驰的。

其次,从人与人的关系上来看,"可持续性消费"也是公平和公正消费的代名词。可持续消费是一种新的消费模式,并非是消费不足和消

---

① 《习近平在全国生态环境保护大会上强调　坚决打好污染防治攻坚战　推动生态文明建设迈上新台阶》,《人民日报》2018年5月20日。

② 《马克思恩格斯选集》第3卷,人民出版社2012年版,第410页。

费过度之间的折中。可持续消费追求平等、公平的消费,每一个人都有追求幸福生活的权利,任何人都不应由于自身的消费而危及他人的生存和消费,当代人不应该因为本代人的消费而危及子孙后代的生存与消费权利。

最后,从消费与经济的发展关系来看,可持续消费是与经济发展相适应的适度消费。可持续消费不是抑制消费,消费停滞必然带来经济停滞甚至经济倒退,出现"零增长"或者"负增长",最终不能满足人民群众日益增长的美好生活需要。因而,过度浪费不是可持续消费,过度节俭也不是可持续消费。

可见,可持续消费反映的是一种合理性的适度消费观。一方面它并不反对消费,反而强调消费应该要满足人们提升生活质量的全面所需,但这种消费必须是适度的,而不是过分甚至是无节制的。同时也应该是可循环的、不违反自然规律的。另一方面它着意长远,综合协调并尝试解决当代消费和未来消费二者之间的矛盾,是一种可持续的有希望的消费模式。此外,生态消费还关注公共资源的消费。与传统消费观只在乎能不能买得起不同,生态消费还倡导在购买能力之外是否对公共自然环境造成了损害,从而保护公共自然环境。

二、积极营造可持续消费氛围

前文已经提到,影响消费者消费选择的不仅有经济能力,还有消费观念和消费习惯。能否采取可持续消费模式,与公众是否具有可持续消费意识密切相关。要努力营造可持续消费环境,培育消费者可持续消费意识,政府、媒体、企业、非政府组织都有共同的责任。正如习近平2018年在全国生态环境保护大会上提到:"生态文明是人民群众共同参与共同建设共同享有的事业,要把建设美丽中国转化为全体人民自觉行动。每个人都是生态环境的保护者、建设者、受益者,没有哪个人是旁观者、局外人、批评家,谁也不能只说不做、置身事外。要增强全民节约意识、环保意识、生态意识,培育生态道德和行为准则,开展全民绿色行动,动员全社会都以实际行动减少能源资源消耗和污染排放,为生态环境保护作出贡献"①。

一是政府要公开产品的环境信息和环境标准,维护公众的可持续消费的知情权、参与权、选择权和监督权。一般说来,公众对产品的环保信息主要通过政府权威机构的认证得以了解,并且依据政府提供的标识决定自己的消费选择。政府要及时公开产品的环保标准,对污染严重、超标违规、损害消费者权益的企业进行曝光,并鼓励公众参与监督,维护消费者的权益。2015 年修订的《环境保护法》在总则中明确规定了"公众参与"原则,并对"信息公开和公众参与"进行专章规定。中共中央、国务院《关于加快推进生态文明建设的意见》中提出要"鼓励公众积极参与。完善公众参与制度,及时准确披露各类环境信息,扩大公开范围,保障公众知情权,维护公众环境权益"②。

二是政府要建立可持续消费的教育和资源共享平台,让公众参与环保监督。环境保护部 2015 年印发的《环境保护公众参与办法》支持和鼓励公众对环境保护公共事务进行舆论监督和社会监督,规定了公众对污染环境和破坏生态行为的举报途径,以及地方政府和环保部门不依法履行职责的,公民、法人和其他组织有权向其上级机关或监察机关举报。该办法还设立有奖举报专项资金给那些实名举报破坏生态环境行为的人。这是一种铸实监督利剑、磨快并交予公众,建立健全全民参与的环境保护行动体系。

三是要发挥非政府组织(Non-Governmental Organizations)等民间机构对可持续发展的策划和宣传作用。随着我国环境的日趋恶化,环境非政府组织发展迅速,在环境保护领域内开展各种各样的活动,发挥着越来越重要的作用。其中较为著名的包括自然之友、北京地球村、中国野生动物保护协会、北京野生动物保护协会、中国绿化基金会、中国环保产业学会、中国自然资源学会等多达几十个的非政府组织机构,其中中国低碳协会就致力于绿色经济可持续发展,推动低碳技术创新,走绿色低碳发展道路。与国家和政

① 《习近平在全国生态环境保护大会上强调　坚决打好污染防治攻坚战　推动生态文明建设迈上新台阶》,《人民日报》2018 年 5 月 20 日。
② 《推动公众参与依法有序发展,提高环保公共事务参与水平》,《中国环境报》2015 年第 3 期。

府间组织相比,环保 NGO 在环境保护领域能够发挥其独特作用,主要体现在环保意识的普及、教育、宣传,推动和促进环境保护领域的公众参与活动,对环境保护提供重要资助,积极参与环境保护的国际交流活动等方面。可持续消费强调通过每个人负责任的行为,来寻求更有效解决社会与环境发展不平衡的办法。例如,自 2013 年开始,中国连锁经营协会(CCFA)、世界自然基金会(WWF)携手中国零售业可持续发展圆桌成员企业召开"绿色可持续消费宣传周"活动,集结零售行业力量,号召广大消费者绿色生活、智慧消费。其主题为"优选可持续海产品,保护蓝色海洋资源""小包装,大作为""旧衣回收计划"等,活动遍及北京、上海、广州、深圳等大城市的近五百家连锁门店,一周时间内,有上千万消费者在消费过程中有机会学习绿色环保知识,了解可持续消费理念和产品信息。2018 年 8 月,根据中国连锁经营协会(CCFA)、世界自然基金会(WWF)共同发布的调查显示,2015 年至 2017 年,中国一二线城市消费者对绿色产品标识的认知度大幅上升,其中对能效标识的认知度从 78% 上升到 89%,绿色食品标识的认知度从 58% 上升到 83%。中国有机食品消费市场以每年 25% 的速度增长,世界有机行业发展中,中国是重要的助推力量。有机农业在乡村振兴、生态文明建设中起到了积极作用。① 我们相信,在良好的可持续消费政策和可持续消费氛围的引导下,传统的食品、零售企业也越来越多地增加有机商品的品类,新一代中国消费者不仅愿意购买高品质的产品,同时也关注生产方式中对自然环境的影响。

三、加快完善可持续消费政策

我国可持续消费大众化刚刚起步,比例较低,不足 20%,较少的消费者在选购商品时会考虑生态环境因素,这种比例在美国、德国、意大利分别为77%、82%、94%,中国可持续消费比例低下主要由于对持续消费的意义认识不足,可持续消费理念缺乏,迫切需要得到改变。在调动全社会资源通过

---

① 王小萱:《我国消费者绿色消费意识明显提升》,《中国食品报》2018 年第 1 期。

各种方式方法进行全民生态教育帮助人们养成生态消费习惯的同时,还必须以国家法律的强制力量来规范全社会的消费行为,要求他们承担起保护生态环境应负的重大责任。

一是完善绿色产品标准、认证和标识。标准与认证具有战略性、基础性、引领性作用,它能增加绿色产品有效供给,引导绿色生产和绿色消费,全面提升绿色发展质量和效益,增强社会公众的获得感。2016年,国务院办公厅出台了《关于建立统一的绿色产品标准、认证、标识体系的意见》对于规范市场秩序,建立并传递信任,激发市场活力,促进供需有效对接和结构升级具有重要意义。当前还要健全绿色产品认证有效性评估与监督机制。推进绿色产品信用体系建设,严格落实生产者对产品质量的主体责任、认证实施机构对检测认证结果的连带责任,对严重失信者建立联合惩戒机制,对违法违规行为的责任主体建立黑名单制度。运用大数据技术完善绿色产品监管方式,建立绿色产品评价标准和认证实施效果的指标量化评估机制,加强认证全过程信息采集和信息公开,使认证评价结果及产品公开接受市场检验和社会监督。

二是学习发达国家经验,从政府和国有企业采购入手,出台绿色采购制度。政府的率先垂范对普通群众有很好的引导作用。政府注重生态消费,绿色采购,上行下效,老百姓也会如此。世界上很多发达国家,他们便借助了政府的这一影响力,出台了政府绿色采购制度。如美国的《环境友好产品采购指南》、日本的《绿色采购法》、韩国的《鼓励采购环境友好产品法》、欧盟的《政府绿色采购指南》等。截至目前,我国有些法律条文涉及绿色采购这一内容的规定。主要有《环境保护法》第22、36条,《清洁生产促进法》第16条,《循环经济促进法》第8、41条,《固体废物污染环境防治法》第7条,《大气污染防治法》第50条,《节约能源法》第51、64、81条,《政府采购法实施条例》第6条,以及《节能产品政府采购实施意见》和《企业绿色采购指南(试行)》。但是,相关规定过于分散。而作为统领我国政府采购活动的《政府采购法》以及与之配套实施的《政府采购法实施条例》仅是在个别条款中提及绿色采购问题,缺少系统性的绿色采购法律政策;相关规定还过于笼统,难以落实,最后往往流于形式。当前要尽快出台专门调整绿色采购的法律政策,并且细化这些规定的配套措施及相关标准。

三是为生态消费税立法,开征生态消费税,以提高生态消费成本的方式遏制不良生态消费行为。在社会主义市场经济条件下,每一个经济人都是理性的,税收手段的运用将使理性经济人减少或放弃不良消费方式,从而成为国家降低生态保护成本的有效手段。同时,政府对某一产品消费的鼓励和限制,通过税收手段亦很容易实现调控目标,进而引导整个社会走上生态文明之路。在欧美国家,受资源环境恶化的影响,他们很早就不约而同地选择了"寓禁于征",绿色消费税的课征力度正不断加大。如比利时征收电池消费税、意大利征收不可降解塑料袋税、丹麦征收一次性饮料包装物税、美国征收损害臭氧化学品税。我国早在 1994 年就开征了消费税,2008 年就发布了《中华人民共和国消费税暂行条例》,但针对生态消费的专门税收法规尚显缺位和不足,需要通过继续努力方能实现。

四是完善配套的绿色经济政策,重视经济政策手段以及其他配套制度在推进可持续消费中的作用。国际经验表明,发达国家完善配套的绿色经济政策对促进绿色消费发挥了重要作用,中国要综合运用多种经济手段,激励利益相关群体进行可持续生产和消费,推动可持续消费的有效管理。比如政府倡导购买小排量汽车,倡导节能产品,可以通过降低消费税或者消费补贴的方式引导可持续消费。政府政策要更多地保护消费者而非更多地保护生产者,通过消费者选择形成可持续消费模式。同时,政府还可以考虑推进可持续消费的政府协调机构,负责管理、协调、监督可持续消费法律法规的贯彻执行。

四、努力践行可持续消费方式

美国著名的农业科学家莱斯特·R.布朗认为,如果把追求物质财富当作一种最高的目标,一定会导致某些灾难,物质财富方面,人类只需追求维持生活所必需的最低限度的财富,真正要追求的,应该是在精神方面。这些思想包含着对可持续发展至为重要的价值观。消费社会问题的产生无非是无穷的欲望与有限的资源之间的矛盾,"拥有越多越幸福"的价值观只会加剧这一矛盾。践行可持续消费方式就是要在物质消费领域打断"更多"与"更好"之间的联结,使"更好"与"适度"结合在一起,甚至实现"更好"与"更少"的结合,实际上就是"由量的标准转向质的标准"。

第一,要做到尽可能少买必需品之外的物品。可持续消费不是禁欲主义,不是压制人的正常合理的消费,它倡导的是购买必要的东西。可什么是必需品?有位美国作家斯科特,为了抵制消费主义,她决定一年不购物,后来将这一年的心得体会写成了 *The Year Without a Purchase* 这本书,书中写道:"我们陷入了无止境的购物中,所以我们需要停下来,问一问自己,买了这些东西究竟为我的生活带来什么价值?"这也是我们需要问自己的问题。买一件商品带来的满足感往往是转瞬即逝的,只有买了真正必需的东西才能给生活带来价值。我们知道,每年的 11 月 24 日是国际无购物日(Buy Nothing Day),刚好是美国感恩节的后一天,传统上也是美国圣诞购物潮的第一天,这个运动是在 1993 年由加拿大的一个"广告克星(Adbusters)"组织所发起的,往往感恩节到圣诞节这段期间,整个北美陷入一片购物潮,为了赶过节送礼,人们纷纷涌到大型购物中心或百货公司瞎拼一番,这个情况有点像是我国春节前夕办年货的情况,无购物日的设立是为了提醒人们,减少购买、尽量挑选耐久实用的物品、充分利用旧物。少买必需品之外的物品,让生活变得更简单,而这并不是做不到的事情。正如生态学马克思主义者高兹认为,"只要能生产出更多的耐用品以及更多不破坏环境的东西,或者更多地生产出那种每个人都可以得到的东西,那么,消费得越少,但生活得却更好,这就是可能的。只要在消费领域能够实现'更好'与'更少'的结合,那么人类就可能进入'更少地生产,更好地生活'的境界"①。

第二,尽可能购买绿色环保产品。可持续消费方式的核心内容就是购买对环境没有影响或者影响最小的产品,比如,危害到消费者和他人健康的商品,在生产、使用和丢弃时,会造成大量资源消耗的商品;因过度包装,超

---

① 转引自陈学明:《人的满足最终在于生产活动而不在于消费活动——生态学马克思主义的一个重要命题》,《马克思主义与现实》2002 年第 6 期。

过商品本身价值或过短的生命周期而造成不必要消费的商品;使用稀有动物或自然资源的商品,含有对动物残酷或不必要的剥夺而生产的商品;对其他国家尤其是发展中国家有不利影响的商品。自觉抵制和不消费那些破坏环境或大量浪费资源的商品是可持续消费方式的具体表现,比如,自觉放弃购买大排量的汽车、过度包装的月饼、生产过程中产生较多污染的服装等。更为重要的是,要"将绿色消费从单纯消费方式升华成一种生活理念。在生活中积极践行绿色、环保的价值理念,于细微处发力,于点滴处做起,构筑绿色消费进一步发展的微观基础"①。

第三,坚持物品的共享和循环利用。与一次性物品消费不同,可持续消费坚持产品的重复利用,可以多人享用达到"物尽其用"的目的,从而减少对环境的伤害。当前流行的共享经济就是一种共享物品的消费方式,尽管共享经济现在也变成了资本增持的手段,但共享经济的最初目的和本质是整合线下的闲散物品或服务,让他们以较低的价格提供产品或服务。对于供给方来说,通过在特定时间内让渡物品的使用权或提供服务,来获得一定的金钱回报;对需求方而言,不直接拥有物品的所有权,而是通过租、借等共享的方式使用物品。实现闲置资源的功能最大化目的。在生活中,我们将闲置物品有偿或者无偿供他人使用,对环境而言都是有益处的。而循环使用是指以消费资源的高效利用和消费环境的最少污染为核心,以"消费品——消费——废弃物——再生资源——再生产品"循环流程为特征,以人与自然的和谐为目的。比如坚持废物利用,坚持可再生和不可再生垃圾分类,都是循环使用、有利于环境的可持续消费方式。

第四,积极倡导极简主义生活方式。极简主义是一种奉行"少即是多,简即是美"的生活方式,通过去掉生活中一些弊大于利的东西,来减少这些事情给你的通知和打扰,从而改善你的生活。然而,极简主义者的言论也遭到了大量批判——对于那些生活拮据的人来说,"少即是多,简即是美"的口号听起来更像是一种奢侈,而不是一种牺牲。"极简主义,只有当它是一

---

① 石若文:《新时代高质量发展背景下绿色消费发展路径研究》,《西北大学学报》2020年第1期。

个选择时才是一种美德,它的受众基础聚集在富裕的中产阶级",斯蒂芬妮·兰德在《纽约时报》中写道,"在不那么富裕的人看来,简约生活并不是一个衷心的选择"。极简主义者对于那些渴望采取某些举措遏制购物欲的人来说是不错的指导。他们也愿意摒弃不必要的人际关系,这能使他们关注到日常生活中他们曾经忽视的重要部分。事实上,减少物品只是手段,通过减少这些生活中无益的事情,腾出时间精力来留给更有价值的事情,才是极简主义的核心。在这样一番"断舍离"之后,我们留下的会是什么呢? 一个黑白灰的家? 几套性冷淡风的衣物? 几本时读时新的书? 从生活中去掉的东西越来越多,保留的越来越少,我们才会越来越清楚什么才是真正在乎的。他说:"特别是当人们发现更多的并非必然是更好的,发现挣得越多、消费得越多并非必然导向更好的生活,从而发现还有着比工资需求更重要的需求之时,他们也就逃脱了经济合理性的禁锢……。当人们认识到并不是所有的价值都可以量化的,认识到金钱并不能购买到一切东西,认识到不能用金钱购买到的东西恰恰正是最重要的东西,或者甚至可以说是最必不可少的东西之时,'以市场为根基的秩序'也就从根本上动摇了。"[1]可以说,单纯量的增加并不能必然改善整个人类的命运,只有注重质的标准才能从根本上解决人类获取幸福的问题。这需要变革人的需求结构,要建立一种把消费的质、生活的质放在第一位的需求结构。正如亚里士多德所说:"对于一切沉溺于口腹之乐,并在吃、喝、情爱方面过度的人,快乐的时间是很短的,就只是当他们在吃着、喝着的时候是快乐的,而随之而来的坏处却很大。对同一些东西的欲望继续不断地向他们袭来,而当他们得到他们所要的东西时,他们所尝到的快乐很快就过去了。除了瞬息即逝的快乐之外,这一切之中丝毫没有什么好东西,因为总是重新又感觉到有需要未满足。"[2]

事实上,历史上就有过"更少"与"更好"结合在一起的范例。贝尔克在《第三世界消费文化》一书中就指出历史上曾经存在过物质资料稀缺但是

---

① 转引自陈学明:《人的满足最终在于生产活动而不在于消费活动——生态学马克思主义的一个重要命题》,《马克思主义与现实》2002年第6期。

② 参见周辅成主编:《西方伦理学名著选辑》上卷,商务印书馆1964年版,第82—85页。

人们的需要也很少的文明形式。他以喀拉哈里沙漠上生活的游牧人为例,虽然他们的生活环境相当艰苦,但是他们想要得到的很少,以致他们可以只为满足基本物质生活需要而相对悠闲地工作,也可以说这是一种"低生产—低消费",但是人们却相对满足的状况。我们今天的生活感受也可以说明这一点。我们今天的物质生活比我们的父辈都不知道好上多少倍,可是我们的幸福感是不是也相应增加了很多倍呢? 现在越来越多的人有这种感觉了:过年时找不到穿新衣、吃饺子的快乐了;过去偶尔下饭馆奢侈一回的幸福被现在太多的"应酬饭"的烦恼取代了;挣的钱越来越不够花了……可以借用经济学的话语说,物质带给我们的幸福感受是遵循着"边际效应递减"的原则。这也正好印证了心理学的研究,这种研究表明:"消费与幸福之间的关系是微乎其微的。更糟糕的是,人类满足的两个主要源泉——社会关系与闲暇,似乎在奔向富有的过程中已经枯竭或停滞。这样在消费者社会中的许多人感觉到我们充足的世界莫名其妙地空虚……"①由此看来,今天我们的工作的目标应该要发生改变。工作它占用了我们每天的大部分时间,应该不是一味地追求收入,它是我们生活本身的一部分。当然这种改变不是工作越少的时间挣得更少的收入,也不是要我们回到假设的古代的美好时代。对于许多人来说,时间比金钱变得更为稀缺和珍贵,如果我们根本没有时间去使用我们支付得到的物品,我们需要的就是更多的休闲而不是更多的收入。一个人的富有取决于他所拥有的可自由支配的时间。选择更多的休闲而不是更多的物品更能获得心理上和生态上的利益,并且更多的闲暇、更健康的身心和更安全与更稳定的生存状态应该成为更多人所追求的幸福目标。

① [美]艾伦·杜宁:《多少算够——消费社会与地球的未来》,毕聿译,吉林人民出版社 1997 年版,第 6 页。

结　语

　　萧伯纳曾说过,人生有两大苦恼,第一大苦恼就是温饱问题没有解决;第二大苦恼就是,温饱问题这么轻易就解决了。相应地,有人说,在吃饱之前,人只有一种烦恼,可在吃饱之后,人就有无数的烦恼了。人类的发展也是一样,经济学家凯恩斯在《我们后代在经济上的可能前景》一文中指出,迄今为止,经济问题、生存竞争,一直是人类首要的、最紧迫的问题。人类生存和发展的基本需要得不到满足,可谓人类的第一大烦恼,这是处于发展中国家的人们至今还面临的烦恼。但是,他预言到,经济问题将可能在100年内获得解决,或者至少是可望获得解决。也就是说,经济问题不会是"人类永恒的问题"。而如果经济问题得以解决,人们传统的生存目的将不复存在。人们要抛弃那些经过无数代的培养,已经深入骨髓的习惯和本能,使之脱胎换骨、面目一新,是难乎其难的。当人们摆脱了经济的束缚,科学技术的发展又给人们带来了闲暇和自由时间,"而他又该如何来消磨这段光阴,生活得更明智而惬意呢?"①怎样在物质基础相对丰富的情况下,拥有一种更加自由、更加惬意的生活,这是人类的第二大烦恼,可以说,这是无论对于发展中国家还是发达国家来说都存在的烦恼。

　　毫无疑问,贫穷和匮乏不是社会主义。中国人民已饱受贫穷之苦,不能再穷下去了。"发展是硬道理""以经济建设为中心""人民群众对美好生活的向往就是我们的奋斗目标",不断提高全体人民的物质生活和精神生活的水平,促进人民群众消费升级,满足人民群众对美好生活的需求是党和政

---

　　① ［英］凯恩斯:《预言与劝说》,江苏人民出版社1997年版,第357—359页。

府的庄严承诺,是始终不可动摇的首要任务。我国将在 2020 年全面建成小康社会,曾经困扰了无数代人的温饱问题将得以彻底解决。人生的第一大烦恼将得以消除。

可是,温饱问题解决了,物质产品丰富了,自由时间增多了,我们应该选择怎样的方式创造美好生活,实现人的全面自由的发展,这是我们建设中国特色社会主义的根本目的,也是中国特色社会主义新时代必将面对和必须解决的重大问题。我们需要认真研究何为"消费升级"、何为"美好生活"。消费必然能带来美好生活吗? 如果有钱就任性,沉溺于无穷的物质欲望和无尽的消费,物欲横流、精神空虚、价值扭曲,消费升级就毫无意义,美好生活也成为空话。只有超越于财富之上,"物物而不物于物",才能真正实现人的自由和全面发展。人类历史发展证明,发达的物质文明并不必然带来精神文明,因而消费文化需要不断创新和建设,这也是本文研究的目的所在。

德国一位著名建筑师说过的一句话:"Less is more(少即是多)",其中蕴含着人生的大智慧,简单的东西往往会给人们带来更多。我们曾经经历物质匮乏的时代,不断给家里添置各种各样的设备直至全副武装,每增加一件都会给人带来富足和幸福感,因为每一件都是生活必需品。现在,尽管中国还没有进入消费社会,但是对很多人来说,已经是什么都不缺的时代,"多一件"的满足感往往转瞬即逝,而享受工作、拥有健康和自由时间可以给人生带来恒久的充实和幸福。正如西美尔所言:"金钱只是通往最终价值的桥梁,而人不能栖居在桥上"①,消费也只是通往美好生活的桥梁,是满足人的需要的手段。人不能以消费为目的,因为"生活不止眼前的苟且,还有诗和远方"。

---

① [德]齐奥尔格·西美尔:《货币哲学》,陈戎女等译,华夏出版社 2002 年版,第 78 页。

中英文参考文献

一、著作

[1]《马克思恩格斯选集》第1—4卷,人民出版社2012年版。

[2]《马克思恩格斯全集》第12卷,人民出版社1962年版。

[3]《马克思恩格斯全集》第30卷,人民出版社1995年版。

[4]《马克思恩格斯全集》第31卷,人民出版社1998年版。

[5]《马克思恩格斯全集》第32卷,人民出版社1998年版。

[6]《马克思恩格斯全集》第42卷,人民出版社1979年版。

[7]《马克思恩格斯全集》第44卷,人民出版社2001年版。

[8]《马克思恩格斯全集》第46卷,人民出版社2003年版。

[9]《马克思恩格斯文集》第1-9卷,人民出版社2009年版。

[10]《1844年经济学哲学手稿》(单行本),人民出版社2000年版。

[11]《邓小平文选》第三卷,人民出版社1993年版。

[12]《习近平谈治国理政》第一卷,人民出版社2014年版。

[13]《习近平谈治国理政》第二卷,人民出版社2017年版。

[14][德]阿多诺:《否定的辩证法》,张峰译,重庆出版社1993年版。

[15][德]哈贝马斯:《作为"意识形态"的技术与科学》,李黎、郭官义译,上海学林出版社1999年版。

[16][德]海德格尔:《海德格尔选集》,孙周兴选编,上海三联书店1996年版。

[17][德]霍克海默:《批判理论》,李小兵译,重庆出版社1989年版。

［18］［德］马克思·韦伯:《新教伦理与资本主义精神》,于晓、陈维纲等译,三联书店1987年版。

［19］［德］曼海姆:《意识形态和乌托邦》,霍桂桓译,中国人民大学出版社2013年版。

［20］［德］齐奥尔格·西美尔:《货币哲学》,陈戎女等译,华夏出版社2002年版。

［21］［德］齐奥尔格·西美尔:《金钱、性别、现代生活风格》,刘小枫编,顾仁明译,学林出版社2001年版。

［22］［德］齐奥尔格·西美尔:《时尚的哲学》,费勇译,文化艺术出版社2001年版。

［23］［德］桑巴特:《奢侈与资本主义》,王燕平、侯小河译,上海人民出版社2005年版。

［24］［法］阿尔都塞:《保卫马克思》,顾良译,商务印书馆1984年版。

［25］［法］阿尔都塞等:《读〈资本论〉》,李其庆、冯文光译,中央编译出版社2001年版。

［26］［法］布尔迪厄:《关于电视》,许钧译,辽宁教育出版社2000年版。

［27］［法］布尔迪厄:《艺术的法则》,刘晖译,中央编译出版社2001年版。

［28］［法］布西亚:《物体系》,林志明译,上海人民出版社2001年版。

［29］［法］吉尔·利波维茨基:《永恒的奢侈——从圣物岁月到品牌时代》,胡著、谢强译,中国人民大学出版社2007年版。

［30］［法］居伊·德波:《景观社会》,王昭风译,南京大学出版社2006年版。

［31］［法］让·鲍德里亚:《消费社会》,刘成富、全志钢译,南京大学出版社2000年版。

［32］［法］让·博德里亚尔:《完美的罪行》,王为民译,商务印书馆2014年版。

［33］［法］萨特:《存在与虚无》,陈宣良等译,三联书店1987年版。

［34］［古希腊］柏拉图:《理想国》,郭斌和、张竹明译,商务印书馆1996

年版。

　　[35][古希腊]亚里士多德:《尼可马科伦理学》,中国社会科学出版社
1999 年版。

　　[36][荷兰]舒尔曼:《科技时代与人类未来》,李小兵等译,东方出版
社 1995 年版。

　　[37][加拿大]克卢汉:《理解媒介》,何道宽译,商务印书馆 2011 年版。

　　[38][美]阿瑟·阿萨·伯杰:《通俗文化、媒介和日常生活中的叙
事》,姚媛译,南京大学出版社 2000 年版。

　　[39][美]艾里希·弗罗姆:《占有还是生存》,关山译,生活·读书·
新知三联书店 1988 年版。

　　[40][美]彼得·N.斯特恩斯:《世界历史上的消费主义》,邓超译,商
务印书馆 2015 年版。

　　[41][美]戴维·哈维:《后现代的状况》,阎嘉译,商务印书馆 2013
年版。

　　[42][美]丹尼尔·A.科尔曼:《生态政治:建设一个绿色社会》,梅俊
杰译,上海译文出版社 2002 年版。

　　[43][美]丹尼尔·贝尔:《后工业社会的来临》,高铦等译,商务印书
馆 1984 年版。

　　[44][美]丹尼尔·贝尔:《资本主义文化矛盾》,赵一凡等译,三联书
店 1989 年版。

　　[45][美]丹尼斯·米都斯:《增长的极限——罗马俱乐部关于人类困
境的报告》,吉林人民出版社 1997 年版。

　　[46][美]道格拉斯·凯尔纳、斯蒂文·贝斯特:《后现代理论——批判
性的质疑》,张志斌译,中央编译出版社 2001 年版。

　　[47][美]凡勃伦:《有闲阶级论》,蔡受百译,商务出版社 1964 年版。

　　[48][美]弗洛姆:《健全的社会》,欧阳谦译,中国文联出版公司 1988
年版。

　　[49][美]卡罗琳·韦伯:《罪与美:时尚女王与法国大革命》,徐德林
译,商务印书馆 2013 年版。

[50][美]克里斯托弗·贝里:《奢侈的概念——概念及历史的探究》,江红译,上海人民出版社 2005 年版。

[51][美]蕾切尔·卡森:《寂静的春天》,吕瑞兰等译,上海译文出版社 2014 年版。

[52][美]理查德·舒斯特曼:《生活即审美——审美经验和生活艺术》,彭锋等译,北京大学出版社 2007 年版。

[53][美]罗伯特·弗兰克:《奢侈病》,蔡曙光等译,中国友谊出版公司 2002 年版。

[54][美]马尔库塞:《爱欲与文明》,黄勇、薛民译,上海译文出版社 1987 年版。

[55][美]马尔库塞:《单向度的人——发达工业社会意识形态研究》,刘继译,上海译文出版社 2006 年版。

[56][美]马克·波斯特:《第二媒介时代》,范静哗译,南京大学出版社 2001 年版。

[57][美]马泰·卡林内斯库:《现代性的五副面孔》,顾爱彬、李瑞华译,商务印书馆 2002 年版。

[58][美]马歇尔·伯曼:《一切坚固的东西都烟消云散了:现代性体验》,徐大建、张辑译,商务印书馆 2013 年版。

[59][美]尼尔·波兹曼:《娱乐至死》,章艳译,广西师范大学出版社 2004 年版。

[60][美]莎朗·佐京:《购买点:购物如何改变美国文化》,梁文敏译,上海书店出版社 2011 年版。

[61][美]舒马赫:《小的是美好的》,虞鸿钧、郑关林译,商务印书馆 1984 年版。

[62][美]约翰·肯尼迪·加尔布雷斯:《富裕社会》,周定瑛、舒小昀译,江苏人民出版社 2009 年版。

[63][美]詹明信:《晚期资本主义的文化逻辑》,陈清侨译,三联书店 1997 年版。

[64][挪威]拉斯·史文德森:《时尚的哲学》,李漫译,北京大学出版

社 2010 年版。

[65][日]堤清二:《消费社会批判》,朱绍文等译,经济科学出版社 1998 年版。

[66][日]广松涉:《物象化论的构图》,彭曦、庄倩译,南京大学出版社 2002 年版。

[67][日]三浦展:《第四消费社会》,马奈译,东方出版社 2014 年版。

[68][英]安德鲁·古德温:《电视的真相》,魏礼庆、王丽丽译,中央编译出版社 2001 年版。

[69][英]安东尼·吉登斯:《现代性的后果》,田禾译,译林出版社 2000 年版。

[70][英]安东尼·吉登斯:《现代性与自我认同》,赵旭东译,三联书店 1998 年版。

[71][英]鲍桑奎:《美学史》,刘超译,北京出版社 2012 年版。

[72][英]本·海默尔:《日常生活与文化理论导论》,王志宏译,商务印书馆 2008 年版。

[73][英]弗兰克·莫特:《消费文化——20 世纪后期英国男性气质和社会空间》,余宁平译,南京大学出版社 2001 年版。

[74][英]葛凯:《中国消费的崛起》,曹槟译,中信出版社 2011 年版。

[75][英]迈克·费德斯通:《消费文化中的身体》,龙冰译,吉林人民出版社 2003 年版。

[76][英]迈克·费琴斯通:《消解文化——全球化、后现代主义与认同》,杨渝东译,北京大学出版社 2009 年版。

[77][英]迈克·费瑟斯通:《消费文化与后现代主义》,刘精明译,译林出版社 2000 年版。

[78][英]齐格蒙特·鲍曼:《工作、消费、新穷人》,仇子明等译,吉林出版集团有限责任公司 2010 年版。

[79][英]齐格蒙特·鲍曼:《全球化———人类的后果》,郭国良、徐建华译,商务印书馆 2001 年版。

[80][英]汤林森:《文化帝国主义》,冯建三译,上海人民出版社 1999

年版。

[81][英]西莉亚·卢瑞:《消费文化》,张萍译,南京大学出版社2003年版。

[82][英]约翰·汤林森:《全球化与文化》,郭英剑译,南京大学出版社2001年版。

[83]包亚明:《浪荡者的权力——消费社会与都市文化研究》,中国人民大学出版社2004年版。

[84]比尔·麦吉本:《消费的欲望》,中国社会科学出版社2007年版。

[85]陈昕:《救赎与消费》,江苏人民出版社2003年版。

[86]陈学明、吴松、远东:《痛苦的安乐:马尔库塞、弗洛姆论消费主义》,云南人民出版社1998年版。

[87]迟福林:《消费主导——中国转型大战略》,中国经济出版社2012年版。

[88]戴慧思、卢汉龙:《中国城市的消费革命》,上海社会科学院出版社2003年版。

[89][美]戴维·哈维:《后现代的状况》,阎嘉译,商务印书馆2003年版。

[90]董天策:《消费时代与中国传媒文化的嬗变》,中国社会科学出版社2011年版。

[91]杜维明、卢风:《现代性与物欲的释放》,中国人民大学出版社2008年版。

[92]段永朝:《互联网:碎片化生存》,中信出版社2009年版。

[93]高岭:《商品与拜物:审美文化语境中商品拜物教批判》,北京大学出版社2010年版。

[94]高文武、关胜侠:《消费主义与消费生态化》,武汉大学出版社2011年版。

[95]何昀:《节约型社会背景下的奢俭消费研究》,湖南师范大学出版社2012年版。

[96][德]霍克海默、阿道尔诺:《启蒙辩证法:哲学断片》,渠敬东、曹

卫东译,上海人民出版社 2003 年版。

[97]姜彩芬:《面子与消费》,社会科学文献出版社 2009 年版。

[98]蒋建国:《消费文化传播与媒体社会责任》,中国社会科学出版社 2011 年版。

[99][匈]卢卡奇:《历史与阶级意识》,张西平译,重庆出版社 1989 年版。

[100]鲁品越:《资本逻辑与当代现实》,上海财经大学出版社 2006 年版。

[101]陆扬、王毅:《文化研究导论》,复旦大学出版社 2009 年版。

[102]陆扬:《"日常生活审美化"批判》,复旦大学出版社 2012 年版。

[103]罗钢、刘象愚:《文化研究读本》,中国社会科学出版社 2000 年版。

[104]罗钢、王中忱主编:《消费文化读本》,中国社会科学出版社 2003 年版。

[105]罗建平:《破解消费奴役———消费主义和西方消费社会的批判与超越》,社会科学文献出版社 2015 年版。

[106]孟秋菊:《消费和谐论》,西南交通大学出版社 2010 年版。

[107]欧阳志远:《最后的消费:文明的自毁与补救》,人民出版社 2000 年版。

[108]彭华民:《消费社会学新论》,北京师范大学出版社 2011 年版。

[109]覃志红:《马克思总体生产思想研究》,人民出版社 2012 年版。

[110]王宁:《从苦行者社会到消费者社会——中国城市消费制度、劳动激励与主体结构的转型》,社会科学文献出版社 2009 年版。

[111]王宁:《消费社会学》,社会科学文献出版社 2001 年版。

[112]王岳川:《后现代主义文化研究》,北京大学出版社 1992 年版。

[113]吴宁:《日常生活批判》,人民出版社 2007 年版。

[114]伍庆:《消费社会与消费认同》,社会科学文献出版社 2009 年版。

[115]夏建中:《社会分层、白领群体及其生活方式的理论与研究》,中国人民大学出版社 2008 年版。

［116］肖翠祥、刘可风:《消费的学问》,湖北人民出版社 1995 年版。

［117］徐贲:《走向后现代与后殖民》,中国社会科学出版社 1996 年版。

［118］徐新:《现代社会的消费伦理》,人民出版社 2009 年版。

［119］许荣:《中国中间阶层文化品位与地位恐慌》,中国大百科全书出版社 2007 年版。

［120］闫方洁:《西方新马克思主义的消费社会理论研究》,上海人民出版社 2012 年版。

［121］杨玲玲、史为磊:《解开束缚中国居民消费的绳索》,云南教育出版社 2013 年版。

［122］仰海峰:《走向后马克思:从生产之镜到符号之镜——早期鲍德里亚思想的文本学解读》,中央编译出版社 2004 年版。

［123］姚建平:《消费认同》,社会科学文献出版社 2006 年版。

［124］尹世杰:《消费力经济学》,西南财经大学出版社 2010 年版。

［125］尹世杰:《消费与产业结构研究》,经济科学出版社 2010 年版。

［126］袁志刚:《中国居民消费前沿问题研究》,复旦大学出版社 2011 年版。

［127］张文台:《生态文明建设论》,中共中央党校出版社 2010 年版。

［128］赵吉林:《中国消费文化变迁研究》,经济科学出版社 2009 年版。

［129］赵萍:《消费经济学理论溯源》,社会科学出版社 2011 年版。

［130］赵卫华:《地位与消费:当代中国社会各阶层消费状况研究》,社会科学文献出版社 2007 年版。

［131］赵毅衡:《符号学》,南京大学出版社 2012 年版。

［132］郑红娥:《社会转型与消费革命:中国城市消费观念的变迁》,北京大学出版社 2006 年版。

［133］郑也夫:《后物欲时代的来临》,上海人民出版社 2007 年版。

［134］周笑冰:《消费文化及其当代重构》,人民出版社 2010 年版。

［135］朱晓慧:《新马克思主义消费文化批判理论》,学林出版社 2008 年版。

［136］Adorno.T.W,The Culture Industry,London:Routledge,1991.

［137］Angela McRobbie, Feminism and Youth Culture, Basingstoke: Macmillan Publiashers Limited,2000.

［138］Bailey,Leisure and Class in Victorian England,London:Routledge & Kegan Paul,1978.

［139］Baudrillard.J,The Mirror of Production,St Louis:Telos Press,1975.

［140］Benson.J,The Rise of Consumer Society in Britain, 1880—1980, London and New York,1994.

［141］Douglas.M. and Isherwood,B:The World of Goods,Harmondsworth: Penguin,1980.

［142］Goodwin, NevaR. Ackerman, Frankand Kiron, David (edited) : The Consumer Society Washington,D.C:Island Press,1997.

［143］Gross Gary, Time and Money: The Making of Consumer Culture, London:Routledge,1993.

［144］Henri Lefebvre, Everyday Life in the Modern World, Transactions Publishers,1994.

［145］Horkheimer. M. and Adorno. T, Dialectic of Enlightenment, New York:Herder & Herder.Indiana University Press,1972.

［146］Jameson. F, Postmodernism and the Consumer Society in H. Forst (ed) ,Postmodern Culture,London:Pluto Press,1984.

［147］Joan,Economic Policy and Projects:the Development of a Consumer Society in Early Modern England,Oxford:larandon Press,1978.

［148］Johan Forans, Cultrual Identity & Late Modernity, London Sage,1995.

［149］L. Sklair,Sociology of the Global System,Harvester Wheatsheaf,1991.

［150］Lee.Martyn,Consumer Society Reader.Malden(ed.) ,UK:Blackwell, 2000.Pasi Falk.The Consuming Body,London Sage,1994.

［151］Rojck.C,Capitalism and Leisure Theory,London:Tavistock,1985.

［152］Zygmunt Bauman, Work, Consumerism and the New Poor, Philadelphia:Open University Press,1998.

[153]Goodall C,How to Live a Low Carbon Life:The Individual's Guideto Stopping Climate Change,Earthscan,2007.

二、期刊

[1]鲍金:《从资本逻辑的视角看现代性消费文化的源起》,《理论学刊》2008 年第 5 期。

[2]鲍金:《揭开消费主义的意识形态面纱》,《马克思主义研究》2013 年第 11 期。

[3]鲍金:《马克思"消费生产着生产"思想及其对当代的启示》,《现代经济探讨》2012 年第 4 期。

[4]鲍金:《现代性消费文化的谱系》,《长白学刊》2008 年第 4 期。

[5]蔡陈聪:《西方马克思主义消费异化理论的启示》,《东南大学学报》(哲学社会科学版)2009 年第 6 期。

[6]柴婷婷:《生存论基础上的"新"消费观》,《理论月刊》2011 年第 8 期。

[7]陈恢军、邝小文:《消费主义在中国的扩散、危害及治理》,《消费经济》2016 年第 3 期。

[8]陈文玲:《供给侧结构性改革的动力源——新时代的十大新消费趋势》,《人民论坛·学术前沿》2018 年第 1 期。

[9]陈宇宙:《从马克思到鲍德里亚:生产与消费关系理论的后现代变迁》,《武汉理工大学学报》(社会科学版)2012 年第 6 期。

[10]丛志强:《消费主义语境下中国设计生态失衡研究——基于资本逻辑与符号逻辑的视角》,《文艺争鸣》2017 年第 5 期。

[11]董雅丽、杜振涛、唐洁文:《消费文化观念对消费意向的影响研究》,《经济问题探索》2010 年第 9 期。

[12]付晓丽:《消费主义冲击下大学生消费文化的自我表达》,《中州学刊》2011 年第 5 期。

[13]高小康:《大数据时代的消费文化与空间冲突》,《湖北社会科学》

2014 年第 12 期。

　　[14]高宣扬:《论消费文化与权力的交错影响》,《马克思主义与现实》2010 年第 2 期。

　　[15]郭景萍:《鲍德里亚:后现代消费文化面面观》,《广东社会科学》2015 年第 5 期。

　　[16]郭力源:《中国特色社会主义新时代休闲消费的价值引领》,《河海大学学报》(哲学社会科学版)2018 年第 3 期。

　　[17]韩保江、窦勇:《积极消费就是爱国》,《瞭望》2009 年第 7 期。

　　[18]何文辉:《浅议消费主义勃兴的必然性》,《经济论坛》2011 年第 2 期。

　　[19]胡建:《建设生态文明与克服消费主义》,《上海师范大学学报》(哲学社会科学版)2016 年第 1 期。

　　[20]胡敏中:《消费文化与文化消费》,《北京师范大学学报》(社会科学版)2011 年第 1 期。

　　[21]户小坤、郭旭新:《改革开放视域下我国消费主义的问题、表现及悖论研究》,《经济问题探索》2014 年第 8 期。

　　[22]户晓坤:《〈剩余价值学说史〉中的资本逻辑———马克思对资本主义物质生产的前提性批判》,《现代哲学》2012 年第 3 期。

　　[23]户晓坤:《中国社会转型内在张力中的消费主义悖论》,《经济学家》2014 年第 5 期。

　　[24]贾雪丽:《消费主义思潮及对社会价值观的影响》,《齐鲁学刊》2016 年第 1 期。

　　[25]姜玮、毛智勇:《当前我国收入分配差距的现状、特点及原因研究》,《江西社会科学》2012 年第 10 期。

　　[26]蒋建国:《开放、多元与主体重塑:当代中国消费文化的路向》,《贵州社会科学》2012 年第 3 期。

　　[27]蒋建国:《论网络消费文化的特征》,《贵州社会科学》2010 年第 12 期。

　　[28]蒋建国:《马克思主义消费文化理论及其当代意蕴》,《马克思主义

研究》2007 年第 3 期。

[29]鞠龙克:《消费文化浅析》,《理论界》2012 年第 7 期。

[30]孔明安:《完美何以有罪——鲍德里亚对现代技术与形而上学问题的研究》,《厦门大学学报》(哲社版)2003 年第 2 期。

[31]雷龙乾:《扬弃"物的依赖性"是现代社会主义的核心价值》,《马克思主义与现实》2007 年第 2 期。

[32]李海鸥:《马克思异化理论视域下的消费主义批判》,《理论学刊》2013 年第 1 期。

[33]李慧敏:《基于哲学视角的消费主义分析》,《人民论坛》2016 年第 4 期。

[34]李涛:《晚期资本主义从"物"的世界到"符号"帝国单向度建构的政治逻辑》,《社会科学论坛》2011 年第 1 期。

[35]李长春、蒋和胜:《马克思消费理论探讨》,《天府新论》2013 年第 1 期。

[36]梁爱强:《马克思消费思想的人学意蕴》,《求实》2011 年第 12 期。

[37]刘福森、张兴桥:《消费主义的神话:生活质量、健康与幸福》,《长白学刊》2005 年第 1 期。

[38]刘冠君:《当代中国消费主义解读》,《中共中央党校学报》2015 年第 6 期。

[39]刘建军:《论马克思的消费经济理论及其现代意义》,社会科学家2003 年第 7 期。

[40]陆林:《现代消费主义文化的符号化特征》,《学术前沿》2010 年第 1 期。

[41]罗建平:《论消费主义的滥觞、政府失位及其救赎》,《东南学术》2013 年第 6 期。

[42]毛勒堂、高惠珠:《消费主义与资本逻辑的本质关联及其超越路径》,《江西社会科学》2014 年第 6 期。

[43]毛中根、叶胥:《新时代新消费不断满足人民日益增长的美好生活需要——学习贯彻党的十九大报告有关消费论述的体会》,《财经科学》

2017 年第 11 期。

[44]莫少群:《当代中国的消费主义现象:消费革命抑或过度消费?》,《南京师大学报》(社会科学版)2012 年第 4 期。

[45]穆宝清:《后现代社会与消费主义———鲍曼对消费文化"综合症"的一种解读》,《齐鲁学刊》2013 年第 5 期。

[46]南丽军、王玉华:《生态文明视野下绿色消费文化探析》,《黑龙江社会科学》2016 年第 1 期。

[47]宁全荣:《论当代消费文化的双重矛盾》,《辽宁大学学报》(哲学社会科学版)2015 年第 6 期。

[48]邱月:《娱乐至上———一场媒介与消费主义的合谋》,《文艺争鸣》2015 年第 10 期。

[49]石开斌:《社会主义核心价值体系引领消费文化建设的路径探析》,《求实》2012 年第 2 期。

[50]时学成、张彤玉:《我国高收入阶层的影响因素分析与对策》,《学术探索》2011 年第 2 期。

[51]孙正聿:《人与世界的否定性统一》,《天津社会科学》2015 年第 1 期。

[52]唐正东:《"消费社会"的解读路径:马克思的视角及其意义》,《学术月刊》2007 年第 6 期。

[53]陶开宇:《建立扩大消费需求的长效机制》,《人民日报》2010 年 11 月 24 日。

[54]陶小白:《论消费主义批判的总体性逻辑》,《山西师大学报》(社会科学版)2017 年第 5 期。

[55]汪怀君:《媒介的历史变迁与消费文化嬗变》,《齐鲁学刊》2017 年第 1 期。

[56]王成兵:《价值哲学视野中的当代消费文化问题刍议》,《北京师范大学学报》(社会科学版)2011 年第 1 期。

[57]王代月:《试论消费主义的意识形态性》,《理论学刊》2004 年第 11 期。

[58]王德胜、李雷:《"日常生活审美化"在中国》,《文艺理论研究》2012 年第 1 期。

[59]王欢:《从马克思的资本逻辑到鲍德里亚的符号逻辑》,《前沿》2009 年第 10 期。

[60]王宁:《从节俭主义到消费主义的转型的文化逻辑》,《兰州大学学报》(社会科学版)2010 年第 3 期。

[61]王宁:《地方消费主义、城市舒适物与产业结构优化》,《社会学研究》2014 年第 4 期。

[62]王宁:《中国何以未能走向消费社会:低成本发展战略与现代化进程中的转型困境》,《社会》2009 年第 2 期。

[63]王裕国:《对当前消费经济领域重点研究的几个问题的意见》,《消费经济》2011 年第 1 期。

[64]王裕国:《以实现人民美好生活需要为宗旨,开拓消费研究新天地》,《消费经济》2017 年第 6 期。

[65]魏红霞:《马克思消费理论中的两个维度及其现实意义》,《科学社会主义》2012 年第 2 期。

[66]魏红霞:《消费主义在中国传播的缘由考量》,《经济问题探索》2010 年第 10 期。

[67]吴加才:《身体消费的现代性悖论》,《前沿》2011 年第 6 期。

[68]武慧俊:《当前消费文化建设的困境及其应对策略》,《太原理工大学学报》(社会科学版)2013 年第 1 期。

[69]徐京波:《从消费主义到消费生态化:可持续消费模式的建构路径》,《学习论坛》2015 年第 12 期。

[70]宴辉:《资本的逻辑运行与消费主义》,《中国人民大学学报》2005 年第 6 期。

[71]杨波:《西方现当代美学思想嬗变及其对现实生活的超越》,《求索》2012 年第 10 期。

[72]杨德霞:《消费主义身份建构批判》,《理论导刊》2007 年第 3 期。

[73]杨威:《审美主义、消费文化与当代日常生活实践》,《同济大学学

报》(社会科学版)2014年第5期。

[74]仰海峰:《商品社会、景观社会、符号社会——西方社会批判理论的一种变迁》,《哲学研究》2003年第10期。

[75]叶德珠、连玉君、黄有光、李东辉:《消费文化、认知偏差与消费行为偏差经济研究》2012年第2期。

[76]余保刚:《消费主义思潮的困境与超越》,《南京师大学报》(社会科学版)2016年第6期。

[77]余源培:《评鲍德里亚的"消费社会理论"》,《复旦学报》2008年第1期。

[78]喻厚伟:《运用供给侧改革引导消费文化健康发展》,《求实》2016年第5期。

[79]曾建平:《消费方式生态化的价值诉求》,《伦理学研究》2010年第5期。

[80]曾薇:《中国化马克思主义消费思想的历史演进》,《东北大学学报》(社会科学版)2015年第1期。

[81]张冰:《消费时代的异化美学——论鲍德里亚对马克思异化理论的继承与发展》,《河南大学学报》2013年第1期。

[82]张凤莲:《中国特色社会主义消费文化刍探》,《山东社会科学》2015年第10期。

[83]张剑:《消费社会理论研究的马克思主义哲学反思》,《马克思主义研究》2010年第8期。

[84]张剑:《消费主义批判的生态之维》,《南京社会科学》2010年第4期。

[85]张劲松:《消费社会与生活方式的变革》,《武汉理工大学学报》(社会科学版)2011年第2期。

[86]张奎良:《唯物史观与历史唯物主义的生成和特点》,《马克思主义与现实》2012年第2期。

[87]张明之:《从"中国威胁论"到"中国责任论":西方冷战思维定势下的中国发展安全》,《世界经济与政治论坛》2012年第3期。

[88]张旭:《警惕消费主义消解社会发展根基》,《人民论坛》2018 年第 2 期。

[89]张艳涛:《新常态境遇下中国消费文化建设路径探析》,《山东社会科学》2016 年第 1 期。

[90]张寅:《消费主义文化领导权及其对剩余价值榨取的影响》,《哲学研究》2014 年第 10 期。

[91]张召、路日亮:《我国消费文化发展思考》,《理论探索》2012 年第 3 期。

[92]赵汇、杨超然:《文化消费主义对青年价值观的影响与引导》,《中国特色社会主义研究》2017 年第 4 期。

[93]赵玲、高品:《消费主义的中国形态及其意识形态批判》,《探索》2018 年第 2 期。

[94]赵玲、徐华伟:《中国特色社会主义新时代的消费合宜性论析》,《毛泽东邓小平理论研究》2018 年第 3 期。

[95]赵鑫铖、谭鑫:《自然资源对中国经济增长的贡献分析》,《经济问题探索》2013 年第 7 期。

[96]赵义良:《消费异化:马克思异化理论的一个重要维度》,《哲学研究》2013 年第 5 期。

[97]赵迎芳:《中国优秀传统消费思想及其现代转换》,《齐鲁学刊》2015 年第 1 期。

[98]赵玉婷:《消费何以为美:消费主义及其超越》,《中北大学学报》(社会科学版)2017 年第 3 期。

[99]赵振华:《马克思的消费理论及其启示》,《当代经济研究》2011 年第 1 期。

[100]郑红娥:《中国的消费主义及其超越》,《学术论坛》2005 年第 11 期。

[101]周怀红:《消费主义批判与消费伦理之建构》,《学术论坛》2012 年第 12 期。

[102]周杨、赵龙:《消费主义视角下的中国式消费》,《河北大学学报》

（哲学社会科学版）2013 年第 5 期。

[103]朱晓虹:《西方消费理论的问题所在》,《毛泽东邓小平理论研究》2015 年第 9 期。

[104]朱晓虹:《现代社会消费主义的三重伦理悖论》,《浙江社会科学》2016 年第 8 期。

[105]朱逸:《关系嵌入:网络社会中的消费行为刍议》,《北京社会科学》2015 年第 1 期。

[106]邹广文、宁全荣:《马克思生产与消费理论及其当代境遇》,《河北学刊》2013 年第 4 期。

[107]张志丹:《改革开放以来我国主流意识形态的创新》,《马克思主义研究》2019 年第 11 期。

[108]张书杨、马天鑫:《我国消费文化的现实维度》,《学术交流》2019 年第 9 期。

[109]汪怀君:《媒介的历史变迁与消费文化嬗变》,《齐鲁学刊》2017 年第 1 期。

[110]藤飞:《消费文化影响下青少年道德观教育探讨》,《学校党建与思想政治教育》2020 年第 1 期。

[111]吴震东:《技术、身体与资本——"微时代"网络直播的消费文化研究》,西南民族大学学报 2020 年第 5 期。

[112] Cecilia Ricci, The Consumeras Citizen: The Role of Ethics for a Sustainable Consumption [J]. Agriculture and Agricultural Science Procedia, 2016 Vol.8.

[113]Christine Rooney-Browne,Public Libraries as Impartial Spaces in a Consumer Society:Possible,Plausible,Desirable? [J].New Library World,2010 Vol.111(11).

[114]John F.Hoffmeyer,Thinking The Logically About Consumer Society [J].Dialog,2010 Vol.49.

[115]Lisa Kastner,"Much do about nothing?"Transnational Civil Society, Consumer Protection and Financial Regulatory Reform [J]. Review of

International Political Economy, 2014 Vol.216.

[116] Mlike Feathers, Consumer Cultrual and Postmodernism [J]. Sage piblication one, 2007 vol.1.

[117] Miller, Vincent Jude. Consuming Religion: Christian Faith and Practice in a Consumer Ulture[J].Continuum, 2004.

[118]Paul Burkett, Marx's Vision of Sustainable Human Development[J]. Monthly Review, 2005 Vol.57.

[119]Routine, Why Karl Marx was Right[J].the Wall Street Journal, 2012 August.

[120]Zhengdong Tang, A Path of Interpreting the"Consumer Society": The Perspective of Karl Marx and Its Significance [J]. Frontiers of Philosophy in China, 2008 Vol.3.

[121] UNEP, Elements Forpolicies for Sustainable Consumption [R]. Nairobi, 1994.

后　记

　　十五年前，我进入武汉大学攻读博士学位，有幸师从著名马克思主义哲学家陶德麟先生。"让马克思主义说中国话"是陶先生毕生的学术追求。求学期间，先生一再教育我："理论研究要密切联系实际，你时刻都要记得你是中国的马克思主义哲学专业的博士生。"先生明确指出当前最需要花力气去研究的还是那些与我们的现代化和民族振兴有重大关系的哲学问题，而理论的生命之源就在于社会的需要和人民的需要，不能跟着人家亦步亦趋。先生对现实的忧思和作为学术大家的勇于担当深深影响了我。在先生的指导下，我的博士论文"当代中国消费主义研究"对受西方消费主义文化影响的中国的不合理消费现象进行了批判，对中国如何建立科学合理的消费文化进行了思考。陶先生对我的博士论文给予了充分肯定。此著作立足中国消费文化的具体特点，对中国消费文化为什么要创新，其创新的价值选择和现实路径是什么等问题进行了详细的分析和构想，也可说是博士论文研究的延续。万分遗憾的是，导师陶先生今年5月驾鹤西去。如今，想见风范空有影，欲闻教诲杳无声，唯有沿着先生指明的学术方向努力前行，才能不负如海师恩。

　　著作付梓之际，心中有点小激动，更有满满的感恩。要特别感谢一直激励我前行，不断充当"打气筒"的长沙理工大学马克思主义学院的领导和同事们，如果不是他们给我制定项目结题时刻表，由于我的"拖延症"，也许还要延期此著作的写作。好友董艾辉教授、郭华博士、邓琼云博士通读了全稿，并提出了修改建议。硕士研究生曾妍、付荣、张琼月承担了大量收集和整理文献的工作，研究生曾茜、谭依雯完成了全文的校对工作。人民出版社马列部主任崔继新教授对本书的出版给予了鼎力支持,并对全书大纲给予了悉心指导;人民出版社邓浩迪老师、高华梓老师对全书进行了细心高效的编辑校对,并提出了很多修改建议,没有两位老师的辛苦工作,本书不能顺利出版。也要感谢我的父母、丈夫和女儿。在我写作期间,年迈的父亲承担了家里所有的家务,工作繁忙的丈夫承担了辅导和照顾女儿的重任,年幼乖巧的女儿为了支持我写作,不仅放弃了难得的家庭暑假旅行,还努力做好自己的事情,给我营造良好的写作环境。这些都是鼓励我前行的动力,我将铭记在心!

此著作是本人承担的国家社会科学基金项目"转型期中国消费文化创新的价值选择和现实路径研究"(项目号:12CZX011)的结项成果,也得到了长沙理工大学马克思主义学院的出版基金资助。

李雨燕

2020 年 6 月 1 日

责任编辑:邓浩迪

图书在版编目(CIP)数据

当代中国消费文化创新研究/李雨燕 著. —北京:人民出版社,2020.9
ISBN 978－7－01－022784－9

Ⅰ.①当…　Ⅱ.①李…　Ⅲ.①消费文化-研究-中国　Ⅳ.①D669.3

中国版本图书馆 CIP 数据核字(2020)第 250103 号

当代中国消费文化创新研究
DANGDAI ZHONGGUO XIAOFEI WENHUA CHUANGXIN YANJIU

李雨燕　著

人民出版社 出版发行
(100706　北京市东城区隆福寺街 99 号)

北京九州迅驰传媒文化有限公司印刷　新华书店经销

2020 年 9 月第 1 版　2020 年 9 月北京第 1 次印刷
开本:710 毫米×1000 毫米 1/16　印张:13.75
字数:205 千字

ISBN 978－7－01－022784－9　定价:85.00 元

邮购地址 100706　北京市东城区隆福寺街 99 号
人民东方图书销售中心　电话 (010)65250042　65289539